D1697834

L'art de la nouvelle
entre Occident et Orient

Espaces Littéraires

Collection fondée par Maguy Albet

Dernières parutions

Augustin COLY, *Duplications et variations dans le roman francophone contemporain*, 2015.

Marie-Denis SHELTON, *Eloge du séisme*, 2015.

Marie-Antoinette BISSAY et Anis NOUAIRI, *Lorand Gaspar et la matière-monde*, 2015.

Thierry Jacques LAURENT, *Le roman français au croisement de l'engagement et du désengagement*, 2015.

Moussa COULIBALY et Damien BEDE, *L'écriture fragmentaire dans les productions africaines contemporaines*, 2015.

Jean Xavier BRAGER, *De l'autre côté de l'amer, Représentations littéraires, visuelles et cinématographiques de l'identité pied-noir*, 2015.

Isabelle CONSTANT, *Le Robinson antillais. De Daniel Defoe à Patrick Chamoiseau*, 2015.

Tiannan LIU, *L'image de la Chine chez le passeur de culture François Cheng*, 2015.

Jakeza LE LAY, *Le Parnasse breton. Un modèle de revendication identitaire en Europe*, 2015.

Servilien UKIZE, *La pratique intertextuelle d'Alain Manbanckou. Le mythe du créateur libre*, 2015.

Elena BALZAMO, *« Je suis un vrai diable ». Dix essais sur Strindberg*, 2014.

Fatima AHNOUCH, *Littérature francophone du Maghreb. Imaginaire et représentations socioculturelles*, 2014.

Céline BRICAIRE, *Une histoire thématique de la littérature russe du XXe siècle. Cent ans de décomposition*, 2014.

Elisabeth SCHULZ, *Identité séfarade et littérature francophone au XXe siècle*, 2014.

Jelena NOVAKOVIĆ, *Ivo Andrić. La littérature française au miroir d'une lecture serbe*, 2014.

Przemyslaw SZCZUR, *Produire une identité, le personnage homosexuel dans le roman français de la seconde moitié du XIXe siècle (1859-1899)*, 2014.

Naïma RACHDI

L'art de la nouvelle entre Occident et Orient

Guy de Maupassant et l'Égyptien Mahmûd Taymûr

Influence de la littérature française sur la littérature arabe moderne

http://www.harmattan.fr
diffusion.harmattan@wanadoo.fr
harmattan1@wanadoo.fr

ISBN : 978-2-343-06746-9
EAN : 9782343067469

INTRODUCTION GÉNÉRALE

Tout le monde emprunte à tout le monde : ce grand travail de sympathies est universel et constant

Philarète Chasles (1835)

L'image de l'Orient dans la littérature occidentale a longtemps tenu du mythe. Qu'il s'agisse d'images littéraires ou de considérations philosophiques, cet Orient invoqué correspond à une vision magnifiée d'un Orient lointain et exotique. Celui que nous décrivons ici est le véritable Orient, celui de l'Égypte moderne qui s'ouvre sur l'Occident à l'époque de la *Nahda*, la renaissance culturelle arabe, qui s'étend de la fin du XVIIe siècle jusqu'au milieu du XXe siècle. Par cette étude comparative, nous mettrons en lumière ce que deux sociétés et deux littératures bien distinctes ont partagé et qu'elles possèdent aujourd'hui en commun, mais également ce qui les différencie. Les rapprochements que nous effectuons nous serviront à mieux connaître et comprendre à la fois l'Occident si attrayant pour les pionniers de la renaissance culturelle arabe et l'Orient qu'on se plaisait en Occident à imaginer comme étant mystérieux et lointain.

Depuis l'expédition de Bonaparte en 1798 et jusqu'au milieu du XXe siècle, le monde arabo-musulman a connu une période sans précédent d'ouverture vers l'Occident. Cette rencontre, qui fut au début plutôt une confrontation, a donné lieu dans l'Orient arabe à un désir de prendre exemple sur l'Occident qui a prouvé sa supériorité dans un premier temps par sa force militaire. Cette intrusion de la France en Égypte a amené ce pays à prendre conscience de sa vulnérabilité face à l'Occident. L'organisation de missions scientifiques et culturelles à partir de 1826 vers l'Occident et plus particulièrement vers la France avait pour but de former des cadres dans les domaines scientifique, économique et politique, mais aussi des gens de lettres. Ces hommes devaient ensuite servir l'État et contribuer ainsi à réduire l'écart qui séparait l'Égypte des pays développés. Ces projets se concrétisèrent et servirent par la suite le domaine culturel. Durant cette période, l'Occident constitua la plus importante source d'inspiration pour l'Égypte et pour le monde arabe notamment dans le domaine culturel où on érigea souvent la littérature occidentale en modèle et où l'on se consacra à la traduction et à l'adaptation de ses œuvres les plus connues.

L'exemple de Mahmûd Taymûr (1894-1973) qui adopta le genre occidental de la nouvelle, suivit les théories du réalisme et s'inspira de Guy de Maupassant (1850-1893) est l'un des auteurs les plus représentatifs de cette démarche d'ouverture vers la littérature occidentale. L'étude de ses œuvres en comparaison avec celles de Maupassant nous permettra de mieux appréhender la question de l'influence et de l'adoption des techniques et théories littéraires européennes par les pionniers de la littérature arabe moderne. Nous pourrons ainsi comprendre, grâce à l'étude approfondie de ces écrits, comment un auteur peut s'inspirer d'un autre qu'il perçoit comme un prédécesseur et un modèle, et comment toute une littérature peut se renouveler grâce à l'emprunt étranger.

Les nouvelles que nous avons choisi d'aborder ici nous offrent un large éventail de thèmes et de procédés d'écriture ; elles vont de la nouvelle réaliste à la nouvelle fantastique ; le choix effectué est fonction des parallélismes intéressants qu'on peut établir entre elles. Cette étude comparative nous amène à porter un autre regard sur l'œuvre de Maupassant qui est connu en France comme étant le grand maître de la nouvelle classique, mais moins comme ayant joué indirectement un rôle important dans la littérature arabe moderne ; aborder son œuvre par le biais de la comparaison avec celle d'un auteur égyptien, c'est à la fois la redécouvrir autrement, et en même temps connaître celle de Mahmûd Taymûr, le pionnier de la nouvelle arabe surnommé dans son pays le « Maupassant égyptien ».

PREMIÈRE PARTIE

LA RENCONTRE
DE L'ORIENT ET DE L'OCCIDENT

INTRODUCTION À LA PREMIÈRE PARTIE

L'étude de la littérature arabe moderne relève indiscutablement de la littérature comparée. Son histoire étant liée à celle des littératures étrangères auxquelles elle a emprunté un certain nombre d'éléments linguistiques, poétiques, génériques, stylistiques, etc., elle demande forcément une étude binaire, en fonction du pays récepteur et du pays émetteur. Ce dernier a été essentiellement la France pour l'Égypte pour la période qui nous intéresse, c'est-à-dire celle de la *Nahda*, la renaissance culturelle arabe qui va de la fin du XVIIIe siècle jusqu'au milieu du XXe siècle. Le terme *al-Nahda* ne signifie pas en arabe une deuxième naissance comme pour la Renaissance française, mais plutôt un réveil après une période d'assoupissement, littéralement un "redressement". C'est un mouvement de renouvellement de la société égyptienne, où furent entreprises de grandes réformes que connut également la Turquie sous forme de "Tanzimat". Albert Hourani parle d'un « *liberal age* » arabe[1]. Cette renaissance révèle à la fois une continuité avec le passé et une rupture avec celui-ci, car si elle marque un véritable élan vers la modernité, elle reste attachée à ses traditions. Cette ouverture sans précédent sur l'Occident a soulevé beaucoup d'inquiétudes dans le monde arabo-musulman, mais à l'époque de la *Nahda* il fallait d'abord avancer en apprenant de ceux qui ont prouvé leur supériorité dans plusieurs domaines.

L'étude historique nous éclairera sur ces questions et sur le contexte de la réception d'une littérature occidentale étrangère et du développement d'une littérature arabe moderne, un contexte défini par la rencontre à la fois politique, économique et culturelle entre deux mondes amenés désormais à tenir compte l'un de l'autre. Cette première partie décrit et explique les évènements politiques qui furent, après l'expédition de Bonaparte, à l'origine des premiers changements survenus dans la société égyptienne. Ces évènements marquèrent le début d'une phase d'ouverture de l'Égypte vers les pays d'Occident. L'influence culturelle occidentale qui est notre sujet principal découle de ces premières confrontations et de cette rencontre. L'Égypte a ainsi connu à partir du XIXe siècle un mouvement de modernisation pro-

---

[1] HOURANI (Albert), *Arabic thought in the liberal age, 1798-1939*, Oxford University press, 1962. Trad. de S. Besse-Ricord, *La Pensée arabe et l'Occident*, Paris, Ed. Nawfal, 1991.

gressif de la société, notamment grâce à l'adoption de la technologie moderne. L'étude des évènements qui sont à l'origine des bouleversements que la société égyptienne a connus nous éclaire sur ce qui a ensuite amené les Orientaux à tenir compte d'une culture étrangère au point de s'en inspirer. L'histoire de l'Égypte moderne est ainsi marquée par sa rencontre avec la France, même si celle-ci se fit la première fois par le biais d'une invasion militaire.

Avant d'aborder la question de la nouvelle arabe et de ce qu'elle doit à la nouvelle française, nous nous intéresserons à la littérature arabe telle qu'elle était avant sa réception des œuvres occidentales pour déterminer ce qui fait sa particularité et ce qu'elle a emprunté à l'étranger. Nous déterminerons aussi la place que le récit narratif occupe dans la littérature arabe classique afin de répondre à la question de la préexistence d'une littérature romanesque et nouvellistique avant l'emprunt étranger. Nous verrons ensuite ce que l'effort de traduction, d'adaptation et d'imitation des œuvres occidentales a pu apporter de nouveau à la littérature arabe moderne.

I. LA RENCONTRE
DE LA FRANCE ET DE L'ÉGYPTE

1. L'expédition de Bonaparte

La plupart des historiens arabes considèrent le XVIIIe siècle sous le gouvernement ottoman comme une période de « décadence » où l'activité culturelle a été réduite à l'imitation des Anciens. D'autres s'érigèrent contre cette vision qui tend à séparer définitivement la période de la *Nahda* de ce qui la précédait pour montrer qu'au contraire cette renaissance avait déjà été entamée avant le XIXe siècle[2]. S'il est certain qu'il faut considérer cette période de façon plus nuancée, il est néanmoins vrai que l'Empire ottoman a connu une longue période de vicissitudes politiques et que l'activité culturelle dans les pays qu'il gouvernait, notamment l'Égypte, en a été affectée et ralentie. Durant cette période, les portes de l'Orient demeurèrent fermées à l'Occident jusqu'en 1798 quand eut lieu l'expédition de Bonaparte en Égypte. Cette entreprise amena ce pays sinon à découvrir l'Occident du moins à voir l'état d'isolement dans lequel il se trouvait par rapport aux puissances occidentales. L'historien Jules Michelet déclare à propos de la conquête de l'Égypte par les Français : « Ce n'était pas [...] une conquête ordinaire, ouverte à la cupidité, mais l'espoir fantastique, sublime, d'une résurrection »[3]. Bonaparte avait essayé de convaincre les Égyptiens de sa bonne foi pour se rapprocher du peuple. Il avait déclaré que son expédition avait pour but de délivrer les Égyptiens des mains des Mamelouks, promettant au peuple de participer au pouvoir politique et donnant aux ulémas et aux notables égyptiens, jusque-là démunis de tout pouvoir sous les Ottomans, la responsabilité des affaires administratives et judiciaires. Mais malgré les efforts des Français pour gagner la confiance des Égyptiens, ceux-ci demeureraient suspicieux à leur égard se méfiant de leurs promesses et les considérant uniquement comme des occupants. ʿAbd al-Muḥsin Ṭaha Badr explique que même les initiatives les plus simples de Bonaparte, comme le fait d'avoir fait éclairer les façades des maisons et d'avoir fait

---

[2] Kilpatrick (Hilary) et Mardam-Bey (Farouk), « L'État des lieux dans le monde arabe à la fin du XVIIIe siècle », *Histoire de la littérature arabe moderne, op.cit.*, pp. 33-70.

[3] LOUCA (Anouar), « La Renaissance égyptienne et les limites de l'œuvre de Bonaparte », *Cahiers de l'histoire égyptienne,* VII, 1955, n° l, p. 6.

balayer les rues, semblaient suspectes aux habitants[4]. Le général français avait essayé de montrer aux Égyptiens qu'il allait être plus juste que les Ottomans, mais le fait qu'il était un étranger, même s'il s'était prétendu musulman, l'empêcha d'être entendu et bien perçu par la population autochtone. Il fut obligé de retourner en France en 1799 et d'abandonner ses projets concernant l'Égypte, après avoir poursuivi ses ennemis les Mamelouks jusqu'en Syrie. Certains Égyptiens qui l'avaient entouré durant son séjour et qui avaient partagé son mode de vie partirent avec lui, d'autres n'eurent pas cette chance et durent affronter la colère du peuple. Le règne de ses successeurs, le général Kléber et le général Jacques de Menou, dit Abdallah Menou (un Français converti à l'islam) ne dura que deux années après son départ. Mais en réalité le projet de Bonaparte en Égypte n'avait pas pour seul objectif de concrétiser un rêve ; ses motivations premières étaient bien d'ordre politique : « Le principal but de l'expédition », dira en effet Napoléon, « était d'abaisser la puissance anglaise. C'est du Nil que devait partir l'armée qui allait donner de nouvelles destinées aux Indes »[5].

Pour la France, cette expédition ne connut pas le succès escompté ; elle n'aboutit pas à la transformation de l'Égypte qui devait ainsi mieux servir le projet colonial. Mais le souvenir de cette expédition devint une sorte de mythe, dont le héros était un Bonaparte devenu plus tard Napoléon 1er : même si cette expédition fut en réalité un échec militaire et politique. Mais les trois années que dura l'occupation française en Égypte valurent aux autochtones une prise de conscience de la stagnation culturelle et sociale sous le règne ottoman, qui était jusque-là vécue avec fatalisme. Cette irruption des Européens en terre musulmane a permis avant tout aux Égyptiens de prendre conscience du décalage dans lequel ils se trouvaient par rapport au reste du monde. Le propos d'Anouar Louca concernant sa perception en tant qu'Égyptien des conséquences de l'expédition française est très révélateur des réels effets de cette entreprise :

> Le surgissement des Français à notre horizon ébranle fortement une nation endormie : on se réveille, on voit qu'il existe dans le monde une autre race que celle des Turcs, une race militairement plus forte que les Mamelouks invincibles [...] une race intellectuellement plus savante que les vénérables cheiks de l'Azhar, puisque ceux-ci se montrent stupéfaits devant les inventions extraordinaires des conquérants[6].

---

[4] TAHA BADR ('Abd al-Muhsin), *Tatawwur al-riwâya al-'arabiyya al-hadîtha fî misr, 1870-1938 (L'Évolution du roman arabe moderne en Égypte)*, Le Caire, Dâr al-Ma'ârif, 1963, p. 16.
[5] LOUCA (Anouar), « La Renaissance égyptienne et les limites de l'œuvre de Bonaparte », *Cahiers de l'histoire égyptienne*, op.cit., p. 8.
[6] *Ibid.*, p. 18.

2. Les voyages et les missions culturelles en Europe

L'Égypte dut à Bonaparte ses premières usines et sa première imprimerie[7] : « Installer une imprimerie était une nécessité pour Bonaparte afin d'assurer l'administration et la propagande destinée aux habitants de l'Égypte ».[8] Mais ce n'est que sous le gouvernement du vice-roi d'Égypte Mohammad Ali (ou Mehmet-Ali) que de véritables actions furent entreprises pour sortir le pays de sa stagnation. En effet, après le choc dû au surgissement des Français à l'horizon égyptien, les Ottomans tentèrent de redresser le pays et d'entamer une renaissance, qui, si elle commença sous leur égide, se termina sans eux. À l'origine, Mohammad Ali (1769-1849) était un soldat albanais engagé dans l'expédition militaire turque de 1801 destinée à vaincre les Français. Il réalisa plus tard son rêve de gouverner l'Égypte et de doter l'État d'une force militaire lui permettant de se défendre contre d'éventuels agresseurs. En effet, l'Angleterre, les Mamelouks, une masse populaire toujours défavorisée ainsi que le gouvernement de la Turquie – qui pouvait décider de sa destitution – représentaient un danger pour cet homme ambitieux et avide de pouvoir. C'est durant son règne qu'eurent lieu les premières missions culturelles à l'étranger, destinées à former des cadres dans différents domaines scientifiques. Du fait que la langue des sciences occidentales indispensables au développement de ses projets politiques était étrangère, Mohammad Ali octroya à la traduction une place très importante ; c'est en effet grâce aux traducteurs que l'Égypte pouvait entretenir des liens efficaces avec l'Europe. Il privilégia les domaines militaires, industriels, administratifs et celui de l'enseignement et c'est également sous son gouvernement que fut fondée l'imprimerie égyptienne officielle de Boulaq en 1820. Il fit même imprimer deux journaux *Le Courrier de l'Égypte* et *La Décade égyptienne*, implantant ainsi la langue française en Égypte. L'influence du français, particulièrement sur les élites, perdura jusqu'aux années 1970[9]. Le domaine culturel put ainsi progressivement bénéficier des contacts directs avec l'Occident et permettre l'existence d'une nouvelle génération d'hommes cultivés et modernistes. La première mission scolaire en Occident eut lieu en 1826 en France[10], durant laquelle se distingua une personnalité comme Rifâ'a Râfi' al-Tahtâwî (1801-1873) le jeune Cheikh d'*al-Azhar* (l'université

---

[7] DAYF (Shawqi) cite les principales œuvres de Bonaparte : « Il fonda l'Institut Scientifique Egyptien. Les savants qui l'accompagnaient firent une vaste étude de l'Egypte, consignée dans neuf volumes intitulés : *La Description de l'Égypte*. Bonaparte implanta également une imprimerie, une librairie et des usines ». DAYF (Shawqi), *Al-'Adab al-'Arabi al-mu'âsir* (*La Littérature arabe contemporaine*), Le Caire. Dâr al-Ma'ârif, (1ère éd. 1957), 4ème édition, 1971, p. 13.

[8] ISMAIL (Mahmoud), *Le Caire une cité mère à sauver*, l'Harmattan, 2010, p. 47.

[9] IBRAHIM (Amr Helmy), « 1798-1976. Le français référentiaire des élites égyptiennes », *Documents pour l'histoire du français langue étrangère ou seconde*, 38/39 | 2007. URL : http://dhfles.revues.org/148.

[10] Il est intéressant de savoir que cette première mission se fit grâce à la proposition d'un Français, l'ingénieur-géographe Edme François Jomard (1777-1862).

islamique du Caire) qui séjourna à Paris de 1826 à 1831 où il s'était rendu en tant qu'imam accompagnant les premiers étudiants égyptiens en France. À son retour, il a pu exprimer à l'intérieur de la société égyptienne ses désirs de réforme des institutions et de la morale, ainsi que son enthousiasme concernant les progrès scientifiques et techniques de l'Europe. Malgré le décalage qui existait à l'époque entre l'univers culturel européen et celui de l'Égypte, les voyageurs arabes tels que cet homme ont servi d'intermédiaire entre l'Europe et le monde arabo-musulman. Jean-Jacques Ampère[11] qui l'a rencontré le désigne comme étant « un homme distingué aux manières douces et agréables »[12] ; il apprécia « sa curiosité intellectuelle, ses expressions toutes orientales de politesse et d'admiration »[13]. La réussite de ces premiers voyages tenait aussi en partie au fait qu'ils n'étaient pas accomplis par des voyageurs seuls dans un pays inconnu, mais par des Égyptiens qui ont pu rencontrer des Français qui les ont accompagnés dans leur découverte de la France. Anouar Louca écrit à propos du voyage d'al-Tahtâwî : « Si Rifâ'a bien que novice, a substantiellement profité de son voyage, il en sait gré à Jomard, à Silvestre de Sacy, à Caussin de Perceval et à bien d'autres intellectuels qui ont accompagné ses premiers pas »[14]. Cette rencontre entre des Égyptiens et des Français fait partie des raisons pour lesquelles les œuvres des premiers écrivains voyageurs arabes en Occident véhiculaient une image plutôt positive de l'Europe. En plus de la découverte d'un pays, d'une technologie et d'une culture modernes, ces hommes ont pu rencontrer et échanger avec des Occidentaux sur leur propre sol. Rifâ'a al-Tahtâwî nous décrit Paris tel qu'il l'a perçu et compare les mœurs occidentales à celles des pays d'Orient dans son livre *Takhlîs al-ibrîz fî talkhîs Bârîz* (*L'Extraction de l'or ou Paris en résumé*) paru en 1834[15] et traduit par Anouar Louca sous le titre de *L'Or de Paris* en 1988[16]. Le jeune imam nota dans son livre un certain nombre de considérations et d'observations relatives au mode de vie, à la pensée et aux mœurs des Français. Cet écrit s'apparente au genre arabe classique de la *rihla* (récit de voyage) ; l'auteur y conserve un style très classique, mais sa modernité réside dans son contenu. Certains de ses propos concernent la justice française : la mise en évidence des structures judiciaires démocratiques était une manière de mettre l'accent sur les injustices du gouvernement turc qui régnait alors en Égypte. Il insistait sur le fait qu'en France tout citoyen, fût-il le roi, devait obéir à la loi. Le long discours de

[11] Un des premiers professeurs de littérature comparée au Collège de France.
[12] AMPERE (Jean-Jacques), *Voyages en Egypte et en Nubie*, Paris, Calmann-Lévy, 1881. pp. 259-261.
[13] *Ibid.*
[14] LOUCA (Anouar), *Voyageurs et écrivains égyptiens en France au XIXe siècle*, Paris, Didier, 1970, p. 249.
[15] TAHTÂWÎ (Rifâ'a Râfi' al-), *Takhlis al-ibriz fî talkhis Bârîz* (*L'Or raffiné ou Paris en résumé*), Le Caire, 1834. p. 4.
[16] TAHTÂWÎ (Rifâ'a Râfi' al-), *L'Or de Paris (relation de voyage) 1826-1831*, traduction et préface d'Anouar Louca, Paris, éd. Sindbad, 1988.

Rifâ'a al-Tahtâwî sur la justice française s'offre au lecteur comme un modèle de comparaison. Ce qui est nouveau dans ce récit de voyage par rapport à la traditionnelle *rihla*, c'est qu'il y a dans le discours de ce voyageur une envie de faire connaître la pensée occidentale et de montrer ce qu'il y a de compatible entre elle et la culture musulmane. Mais la modernité de cet homme lui valut d'être plus tard exilé au Soudan de 1848 à 1854 par le vice-roi Abbas 1er. Mais désormais les Égyptiens n'envisageaient plus comme possible un seul modèle politique et culturel ; ils connaissaient maintenant celui des pays d'Occident, plus démocratique. Ce début d'ouverture vers le reste du monde a donc permis aux Égyptiens de prendre conscience de la situation dans laquelle se trouvait leur pays et de la possibilité de changement.

Après les premières missions culturelles en France, le voyage à l'étranger est devenu une véritable tradition dont l'objectif était de découvrir l'Occident et d'étudier ses sciences et sa culture. Ces missions changèrent le destin de personnes devenues plus tard célèbres comme Taha Hussein (1889-1973), l'étudiant aveugle diplômé d'*al-Azhar* qui obtint une bourse pour étudier en France et qui y rencontra la Française Suzanne Bresseau (1895-1989) qui fut sa lectrice et qu'il épousa ensuite[17]. À son retour en Égypte, il devint l'un des grands pionniers de la littérature arabe moderne et le premier à appliquer les méthodes de la critique moderne à la poésie arabe[18].

Il est certain que si l'Égypte a pu amorcer son développement, c'est principalement grâce à ce type d'entreprises et surtout à l'effort pédagogique et à la généralisation de la scolarité. À la fin du XIXe et au début du XXe siècle, l'université islamique d'*al-Azhar* n'était plus le seul lieu d'érudition du pays ; la nouvelle politique scolaire permit à l'enseignement de se moderniser et de se libérer des contraintes religieuses des écoles et universités coraniques. *Al-Azhar* n'était plus perçue comme le prestigieux foyer de la culture, mais comme un endroit où étaient ressassées les données d'un passé religieux et culturel autrefois glorieux. Plus tard cette université a pu se développer et se moderniser dans une certaine mesure, mais à l'époque de Mohammad Ali et bien après l'enseignement y était sclérosé. Anouar Louca juge l'érudition des professeurs de l'époque comme étant « stérile, avec leurs méthodes médiévales, [ils] étaient si infatués de leur sagesse qu'ils méprisaient profondément le monde occidental dont ils étaient d'ailleurs complètement séparés »[19]. Ils ne méprisaient pas seulement l'Occident, mais également leurs propres étudiants quand ceux-ci ne correspondaient pas à l'image qu'ils se faisaient du parfait étudiant azharien. Taha Hussein, l'étudiant aveugle, en a fait l'amère expérience qu'il a racontée dans son

---

[17] Cf. TAHA HUSSEIN (Suzanne), *Avec toi. De la France à l'Egypte* : « *Un extraordinaire amour* » *Suzanne et Taha Hussein* (1915-1973), Le Cerf, Paris, 2011.

[18] Voir à ce propos : Luc Barbulesco, « L'itinéraire hellénique de Tâhâ Husayn », *Revue des mondes musulmans et de la Méditerranée*, avril 2002.

[19] LOUCA (Anouar), « La Renaissance égyptienne... », *Cahiers de l'histoire, op.cit.*, p. 4.

roman autobiographique *Al-Ayâm* (*Les Jours*), paru en 1929[20]. Sa critique de l'institution azharienne valut au livre d'être très critiqué depuis sa parution par les instances religieuses égyptiennes qui réussirent en 2010 à le retirer du programme scolaire où il figurait, lui reprochant de ridiculiser les dignitaires musulmans d'*al-Azhar* et de faire la propagande des idées occidentales. Ce rejet de l'Occident, exprimé par les conservateurs, accompagna l'ouverture de l'Orient sur l'Europe. Mais malgré cela, l'Occident continuait à exercer sur les pays du monde arabe une influence croissante, surtout la France, comme l'explique Henri Pérès :

> *La France a exercé, au dix-neuvième siècle sans doute plus qu'au vingtième siècle, une attraction incontestable qu'elle devait à son insu peut-être, au rayonnement des idées nées de la Révolution de 1789, au prestige de Napoléon et, ce qui est plus sûr, à la fascination de sa Ville-Lumière*[21].

Cette constatation se vérifie notamment dans *L'Or de Paris* de Rifâ'a al-Tahtâwî qui fit l'apologie des idées de la Révolution française tout au long de son livre. Le critique égyptien Luwis 'Awad (1915-1990) en faisant le portrait de Tahtâwî, insiste lui aussi sur les idées françaises d'égalité et de démocratie défendues par l'écrivain-voyageur. Les termes « démocratie libérale » reviennent souvent transcrits tels quels et devenus des néologismes *"al-dimoqratiyya al-libirâliyya"* qui constituent selon le critique, l'idée centrale des revendications de ce voyageur musulman en France qui a été séduit par l'image de la société française fondée sur cet idéal de démocratie[22]. Mahmûd Taymûr, lui aussi, fait référence à la Révolution française et à Paris dans son récit de voyage comme nous le verrons plus loin.

Quant à la présence française en Égypte à la même période, c'est-à-dire quand l'orientalisme battait son plein en Europe, Anouar Abdel Malek parle de deux types de voyageurs : les savants et les hommes de lettres, puis les philosophes et les philologues[23]. Parmi ces voyageurs et hommes de lettres, Jean-Jacques Ampère, le voyageur cosmopolite et fondateur des études de littérature comparée en France est souvent cité ; c'est lui qui accompagna Rifâ'a al-Tahtâwî durant son voyage en France. Mais il y a aussi un grand nombre de romanciers, de poètes et de peintres qui étaient pour la plupart à la recherche du mythe de l'Orient des *Mille et Une Nuits*. Gérard de Nerval était un de ces chasseurs de rêves orientalistes, dont le comparatiste M.F. Guyard dit qu'il était en quête de « vieux mythes et de bigarrures orien-

---

[20] HUSSEIN (Taha), *Le Livre des Jours*, Traduction de Jean Lecerf et Gaston Wiet, Préface d'André Gide, Gallimard, 1947.
[21] PERES (Henri), « Voyageurs Musulmans en Europe aux dix-neuvième et vingtième siècles, *Mémoire de l'Institut Français*, tome LXIII, Mélanges Maspero. Vol. III, p. 187.
[22] 'AWAD (Luwis), *al-Mu'atirât al-ajnabiyya fî al-adab al-'arabî al-hadîth* (Les Influences étrangères sur la littérature arabe moderne), Le Caire, Ma'had al-dirâsât al- 'arabiyya al-'âliya, 1962, p. 7.
[23] ABDEL-MALEK (Anouar), *La Formation de l'Idéologie dans la renaissance nationale de l'Egypte*, Paris, thèse publiée par le CNRS. 1969, p. 184.

tales »[24]. Mais la présence de ces voyageurs ne fut pas négligeable quant au développement d'une influence réciproque, car au même moment commencèrent les voyages des écrivains d'Orient vers l'Occident.

La démarche des voyageurs français aux XVIIIe et XIXe siècles était toutefois à l'opposé de celle des voyageurs arabo-musulmans en Europe après la campagne d'Égypte. Quand le voyageur occidental arrivait en Orient, c'était en pays conquis ; il le dessinait, le cataloguait et réfléchissait à la manière de le changer pour le rendre plus conforme à l'image qu'il se faisait de la civilisation. Les voyageurs arabes, eux, étaient plutôt en admiration devant la modernité de l'Occident. Dès qu'ils y pénétraient, ils prenaient conscience que l'image que les écrits classiques arabes véhiculaient d'un Occident médiéval miné par la peste était révolue. Fascinés par la technologie et par la pensée progressiste occidentales, ils cherchaient plutôt à s'en imprégner tout en s'efforçant de ne pas renier leur propre identité arabo-musulmane. Cette crainte de l'influence occidentale était très présente dans les écrits des premiers écrivains voyageurs à commencer par al-Tahtâwî, qui tenta tout au long de son voyage de concilier son admiration pour l'Occident et son attachement à sa religion et à sa culture. Mais, quelles que soient les craintes des premiers voyageurs arabes au XIXe siècle en Europe, les changements qui s'opérèrent en Égypte furent rapides et marquants et c'est la France qui exerça la plus forte influence par rapport aux autres puissances étrangères.

3. Les répercussions de la modernité sur les domaines de l'expression

3.1. La presse et son rôle dans le développement culturel de l'Égypte

La situation socioculturelle de l'Égypte à la fin du dix-neuvième siècle était très complexe et c'est principalement par le biais des journaux que les préoccupations politiques puis culturelles ont pu être exprimées. L'évènement qui marqua le début de la presse égyptienne après la parution du premier journal *al-Waqâ'i' al-misriyya* (*Les Évènements égyptiens*) en 1828 dont le rédacteur en chef était al-Tahtâwî fut la fondation du célèbre journal *al-Ahrâm* (*Les Pyramides*) en 1876 qui exprima dès le début sa sympathie pour la France. L'influence des modèles politiques et culturels occidentaux était visible dans ce nouveau mode d'expression. Une image favorable de l'Occident fut relayée notamment par la presse de « l'élite » et la presse « européenne » :

La presse privée qui se divise en presse nationale et presse de l'élite tournée vers l'Europe [...] profondément politisée, mais faisant la place la plus large aux Lettres, aux sciences, à l'économie, aux arts, à l'apport de la civilisation de l'ère industrielle d'Europe [...], enfin une presse européenne, occupée par-dessus tout

---

[24] GUYARD (M. F.), *La Littérature comparée*, P.U.F., 1958, p. 33.

à soutenir l'effort de pénétration économique et politique des puissances en Égypte [...][25].

Cependant, les débuts de la presse égyptienne, si marquée par l'exemple occidental, reflétaient également le début d'une prise de conscience nationale. Au début du XXe siècle, les intellectuels appelaient ouvertement à l'imitation des modèles européens comme *al-Fajr* (*L'Aube*) qui faisait l'éloge du renouveau. Une des idées maîtresses de ce journal était de suivre « la direction (*al-ittijâh*) de la littérature universelle », parce qu'elle était selon ses chroniqueurs la voie qui mène au progrès et à la modernité. Le propos suivant, paru en 1925 dans ce journal, étonne par la virulence de la critique émise contre la littérature arabe classique et en faveur de la littérature occidentale : « Nos nouveaux auteurs doivent rejeter explicitement leur confiance aveugle dans le rôle de la littérature arabe [classique] usée. Il faut qu'ils avancent vers les sources du savoir et qu'ils n'écrivent qu'après avoir acquis une large culture européenne »[26]. Mais malgré cette volonté de certains modernes de couper de façon nette avec le passé, rien n'était possible sans cette culture et cette littérature arabes classiques qui constituaient le fondement et la matière même de ce renouvellement. Au même moment, d'autres voix, celles des Anciens, s'élevaient contre l'adoption d'une culture étrangère et appelaient au maintien strict de la tradition. Mais malgré cette discordance, la littérature arabe a réussi à se moderniser en s'ouvrant aux littératures étrangères.

Ce renouvellement concerne en premier lieu la langue arabe, qui a pu évoluer grâce aux progrès de la presse en se simplifiant et en abandonnant les effets stylistiques tels que les rimes, les rythmes et les redondances et en adoptant un vocabulaire plus simple pour laisser la place à l'idée. Avec la *Nahda*, les notions d'immédiateté et de vitesse en matière d'écriture commencèrent à acquérir un sens ; il fallait informer rapidement et efficacement en peu de mots. Cette évolution ne se généralisa pas tout de suite à tous les domaines d'écriture ; on remarque par exemple qu'un auteur comme al-Tahtâwî qui voulait d'abord informer ses contemporains du développement de la société française dans son récit de voyage usait néanmoins largement des artifices de style couramment employés dans la langue arabe classique et cela dans le but de divertir et de plaire au lecteur à l'instar des écrivains classiques. Cependant, la presse, dès ses débuts, chercha à se libérer de ce qui pouvait enchaîner la langue et l'alourdir, car elle devait avant tout être au service de l'information, mais aussi offrir à ses lecteurs des romans-feuilletons ou des nouvelles adaptés du français facilement et rapidement lisibles.

---

[25] ABDEL-MALEK (Anouar), *La Formation de l'idéologie dans la renaissance nationale de l'Egypte, op.cit.,* pp. 182-183.
[26] Article paru dans la revue *al-Fajr* (L'Aube), n° 2 du 2 juillet 1925, p. 1 : NASSÂJ (Sayyid Hâmid al-), « Tatawwur fan al-qissa al-qasîra fî Misr 1910-1933 » (L'Évolution de l'art de la nouvelle en Égypte), Le Caire, Dâr al-kâtib al-ʿarabî, 1968, pp. 167-169.

La littérature française du XIVe et du XVe siècle par exemple connaissait la même tendance à la redondance. Les auteurs usaient de développements, d'ornements stylistiques et de tautologies qui comblaient les limites qu'imposait le moyen français. Les répétitions servaient alors à appuyer une idée ou à marquer un effet. Par la suite, la langue française a évolué vers une plus grande précision que permettait désormais la richesse du vocabulaire et de la syntaxe modernes. Mais tandis que la littérature du XVIe et XVIIe siècle français marque déjà cette limite entre le moyen français et le français classique qui commençait à abandonner le style redondant, la littérature arabe de la fin du XIXe et du début du XXe siècle continue à en user même si c'est de manière bien moins importante que dans la littérature arabe classique.

3.2. La traduction et l'adaptation des œuvres littéraires occidentales

C'est aussi grâce à la presse que le public égyptien a pu découvrir à partir du XIXe siècle des nouvelles, des pièces de théâtre et des romans traduits ou adaptés en arabe et paraissant au début en feuilletons dans la plupart des journaux auxquels ils assuraient le succès. On retrouve cette utilisation des traductions d'œuvres étrangères chez la plupart des grands journaux de l'époque, comme *al-Ahram* en 1866, puis *al-Hilal* dès sa parution en 1892 et dans les revues, les collections d'œuvres étrangères et sous forme de livres. L'importante période de traduction des œuvres occidentales à l'époque moderne commence en Égypte dans les années 1830-1840. À l'origine, le mouvement de traduction faisait partie de l'effort pédagogique déployé par l'État et la plupart des œuvres traduites au début étaient donc scientifiques ou issues de la littérature classique. La traduction devait permettre la diffusion des sciences occidentales juridiques, économiques, agronomiques, géographiques, etc. La littérature bénéficia de cet élan, et beaucoup d'œuvres occidentales surtout françaises furent traduites en arabe, ce qui joua un rôle primordial dans le développement de la littérature arabe moderne.

Le point de départ de l'engouement des Arabes pour les œuvres occidentales qu'ils s'attachèrent à traduire à partir du XIXe siècle est leur rencontre avec les Français après la campagne d'Égypte en 1798. Mais si l'arrivée des forces françaises à cette époque en Égypte a surtout obligé les penseurs arabes à s'interroger sur la relation qui les liait à l'Occident et qui commençait sous le signe de l'envahissement militaire, la réception des œuvres occidentales vers le milieu du XIXe siècle a donné une autre dimension à ce rapport à l'étranger, qui ne s'imposait plus par les armes, mais par la science et la culture. C'est ainsi que l'ouverture du monde arabe sur la culture occidentale s'est faite, dans un premier temps, en grande partie, par le biais de la traduction et de l'adaptation des œuvres européennes. Et s'il y a des textes qui ont bénéficié d'une réception massive et enthousiaste dans une société qui semblait en tous points différente, ce sont bien les livres français, pour la plupart. Ils ont servi de modèle à la littérature arabe qui, pour se tourner vers la modernité, avait besoin en cette période de son évolution d'un élément étranger pour assurer son renouvellement. Mais le texte occidental était rarement traduit tel quel, dans son intégralité et de façon fidèle. La plupart du temps, les adaptateurs faisaient perdre au texte étranger un certain nombre de ses caractéristiques ; ils effectuaient des changements dans la forme et dans le fond en partie pour permettre aux lecteurs de s'habituer aux nouvelles formes du roman, de la nouvelle et du théâtre, genres importés d'Occident et très vite adoptés aux côtés de la littérature arabe classique.

C'est à partir de l'époque des missions culturelles égyptiennes en Europe qui commencèrent en 1826 que l'ouverture du monde arabo-musulman sur l'Occident se fit véritablement. Les étudiants formés à l'étranger dans différents domaines n'ont pas manqué d'apporter à leur retour les connaissances apprises en Europe. Les livres qu'ils ont lus ont été ensuite traduits en Égypte (al-Tahtâwî avait par exemple traduit le Code civil français qu'il avait étudié en France). C'est durant cette période que le pays a connu un grand mouvement de traduction et d'adaptation des œuvres occidentales. La traduction après avoir concerné surtout les domaines scientifique, économique politique et administratif s'étendit ensuite à la culture. La langue arabe elle-même bénéficia de ce mouvement de traduction en se simplifiant et en s'enrichissant de néologismes d'origine étrangère. En littérature, on traduisait surtout les grandes œuvres classiques de la littérature française. On n'a pas aujourd'hui une liste exhaustive de tout ce qui a été traduit depuis cette époque, mais la plupart des grands auteurs français sont représentés.

Les Aventures de Télémaque de Fénelon fut un des premiers livres traduits à l'époque de la *Nahda* par Rifâ'a al-Tahtâwî en 1851, sous le titre de *Mawâqi' al-aflâk fî waqâï' Tilimâk* (*La Position des astres ou les aventures de Télémaque*). C'est ce jeune imam d'*al-Azhar*, l'Université islamique du Caire, et auteur du fameux récit de voyage *L'Or de Paris,* précédemment cité, qui a traduit cet ouvrage quelques années après avoir quitté la France. C'est également lui qui fonda, à son retour en Égypte, l'École des langues (1835) et dirigea le Bureau des traductions (1841) ; c'est à cette époque qu'il a traduit le livre de Montesquieu *Considérations sur les causes de la grandeur des Romains et de leur décadence*, ce qui est une manière d'expliquer la situation politique de l'Empire ottoman qui a connu lui aussi des phases de grandeur et de décadence. Ces institutions de traduction qu'il fonda ou qu'il dirigea formèrent les premières générations de traducteurs qui se consacrèrent dans un premier temps à la traduction pragmatique (scientifique, administrative, juridique, etc.). Ce type de traduction était plus rigoureux que la traduction littéraire qui était moins fidèle à l'œuvre originale.

Un des romans français qui a marqué l'époque de la *Nahda* est *Paul et Virginie* (1789) de Bernardin de Saint-Pierre d'abord traduit en 1872 par Muhammad 'Uthmân Jalâl (1829-1898), qui fut également l'un des premiers adaptateurs de pièces de théâtre de Racine et de Molière en dialecte égyptien ; il fut ensuite adapté par le célèbre écrivain et adaptateur égyptien Mustafa Lutfî al-Manfalûtî (1876-1924) sous le titre de *al-Fadîla* (*La Vertu*) en 1923 et c'est cette version qui resta la plus célèbre. Al-Manfalutî a réécrit plusieurs chefs-d'œuvre de la littérature française en les transformant en récits exotiques et sentimentaux. Mais malgré son manque de fidélité aux œuvres originales, ses « traductions » plaisaient au grand public. Il a adapté aussi bien *Cyrano de Bergerac* (1897) d'Edmond Rostand, transformé en roman, que *La Dame aux camélias* (1848) d'Alexandre Dumas fils ou encore *Atala* (1801) de Chateaubriand sous le titre de *Al-Shuhadâ'* (*Les Martyrs*) sous forme de nouvelle dans son recueil intitulé *al-'Abarât* (*Les Larmes*) en 1910.

La plupart des grands auteurs français ont été traduits ou adaptés ; nous trouvons par exemple plusieurs romans de Victor Hugo comme *Les Misérables* (1862) dont il existe plusieurs traductions, la plus connue étant celle de Hâfid Ibrâhîm qui est aussi la plus fidèle, parue en 1902. On traduisait aussi bien les œuvres de Zola comme *L'Argent* (1891) par Mme Esther Zuhri en 1907 ou *Thérèse Raquin* (1867) par Ibrâhîm al-Misri dans les années trente que Balzac pour *Eugénie Grandet* (1833) ou *Le Père Goriot* (1835) par plusieurs traducteurs syriens et libanais dont Michel Khûrî dans les années cinquante. Plusieurs romans de Flaubert furent traduits, dont le célèbre *Madame Bovary* par l'Égyptien Hâfid Abû Muslih en 1940.

Plusieurs romans et nouvelles de Guy de Maupassant ont été traduits en arabe, vers les années 1920. On trouve des romans comme *Fort comme la mort* et *Pierre et Jean*, mais ce sont surtout ses nouvelles qui ont été traduites. Vingt-neuf nouvelles extraites des recueils suivants : « Boule de suif », « La Maison Tellier », et « Le Rosier de Madame Husson » ont été traduites par Tawfiq 'Abd Allah dans les années 1930.

Les traductions des œuvres françaises vont des lettres classiques à la littérature de jeunesse. Ainsi nous pouvons aussi bien trouver des traductions d'œuvres de Jean-Jacques Rousseau comme *Du Contrat social* en 1837, que de la comtesse de Ségur, auteur des *Mémoires d'un âne*. Ce genre de littérature figurait et figure toujours dans les manuels scolaires destinés aux enfants. Quant aux romans d'aventures, leur succès était tel que les traductions de ce genre se multiplièrent ; c'est le cas des romans de Jules Verne comme *Le Voyage au centre de la Terre* (1864) ou *Le Tour du monde en quatre-vingts jours* (1872) qui furent traduits à la fin du XIXe siècle. Les romans de cape et d'épée comme *Les Trois mousquetaires* (1844) et *Le Comte de Monte-Cristo* (1844) d'Alexandre Dumas font partie de ces romans d'aventures dont raffolaient les lecteurs arabes ; le premier a été traduit par Najîb al-Haddâd en 1888 et le deuxième par Bishâra Shadîd en 1871. Ces livres continuent aujourd'hui à être édités, surtout dans des collections destinées à la jeunesse.

Les œuvres traduites ou adaptées appartenaient essentiellement à la littérature romantique ou postromantique. C'est ainsi qu'à travers des traductions plus ou moins fidèles, les lecteurs arabophones ont pu découvrir les œuvres de différents auteurs français. La littérature égyptienne leur doit d'ailleurs presque toute sa production de la fin du dix-neuvième siècle, jusqu'à la fin du premier quart du XXe siècle. On traduisait ou adaptait de différentes langues, surtout du français et de l'anglais. Il a été recensé plus de dix mille ouvrages traduits en cette période[27]. On commença à traduire les œuvres littéraires occidentales vers la fin du dix-neuvième siècle et de façon plus importante au début du XXe siècle et jusque dans les années soixante. Les grandes œuvres du courant romantique, réaliste et naturaliste sont les plus traduites parce que d'un côté le lyrisme et le côté dramatique des œuvres romantiques ont fait les beaux jours de la littérature de divertissement et que la littérature réaliste répondait aux nouvelles exigences de la littérature arabe moderne. Mais ces « traductions » s'apparentaient davantage à des adaptations, car elles faisaient subir aux œuvres occidentales des transformations dans le fond et la forme. Beaucoup d'œuvres occidentales étaient réécrites, orientalisées ou écourtées pour en faire des récits plus « attractifs ». Ces infidélités aux textes originaux avaient pour raison, d'un côté, la recherche du succès auprès du grand public amateur de lectures faciles et divertissantes, et de l'autre, la peur de l'influence que pourraient avoir ces œuvres si elles étaient présentées telles quelles dans une société arabo-musulmane.

À l'époque de la *Nahda*, il y a eu également l'émergence d'une littérature dite "d'imitation" qui se situe entre l'adaptation et l'œuvre originale, certains écrivains s'essayant aux nouveaux genres occidentaux en en imitant l'univers et l'écriture. Ces œuvres de fiction décrivaient souvent des sociétés étrangères au monde musulman et comme l'histoire d'amour faisait partie de leurs sujets favoris, il était en effet plus aisé pour les auteurs de représenter des personnages non musulmans afin de les faire évoluer librement. Muhammad Taymûr le frère de Mahmûd avait tenté de faire une imitation de Guy de Maupassant dans un conte intitulé « Rabbî, Liman khalaqta hâdâ al-na'îm ? » (Dieu, pour qui avez-vous créé ces bienfaits ?). Cette nouvelle est incluse dans son recueil *Mâ tarâhu al-'uyûn* (*Ce que voient les yeux*), édité au Caire en 1918.

Cette littérature de transition issue de la traduction, de l'adaptation ou de l'imitation des œuvres occidentales avait beaucoup d'imperfections, mais malgré cela elle a contribué à faire connaître, apprécier et adopter les formes occidentales du roman moderne, de la nouvelle et du théâtre.

---

[27] ASSÂJ (Sayyid Hâmid al-), *Tatawwur al-qissa al-qasîra fî Misr, op.cit.* p. 23.

II. LES DÉBUTS DE LA LITTÉRATURE ARABE MODERNE, LES NOUVEAUX GENRES

1. Le roman

1.1. Le récit dans la littérature arabe classique

S'il est convenu que l'Orient doit à l'Occident les genres modernes du roman, du théâtre et de la nouvelle, la littérature arabe classique possédait néanmoins déjà plusieurs formes d'écrits plus anciens qui peuvent être rapprochés de ces genres. La littérature arabe classique ou l'*adab*, terme signifiant littéralement la courtoisie, comprend les genres traditionnels de la poésie et de la prose. Le genre poétique comprend : *al-madîh* (le panégyrique), *al-hijâ'* (la satire), *al-rithâ'* (l'élégie), *al-ghazal* (la poésie d'amour), etc. La prose se compose de plusieurs genres : *al-maqâma* (les séances), *al-risâla* (l'épître), *al-rihla* (le récit de voyage), les compilations (de faits, d'idées, d'anecdotes, etc.), l'historiographie, les chroniques…

Malgré le fait que l'origine du roman et de la nouvelle arabe soit considérée par la plupart des critiques comme étant étrangère, la question de la préexistence d'une littérature romanesque et nouvellistique dans l'*adab* continue à être posée. Ces genres existaient-ils avant la rencontre avec l'Occident comme l'affirment certains critiques ? Aujourd'hui, le roman et la nouvelle arabes semblent tout à fait indépendants du modèle qui les a inspirés et parler de l'influence occidentale suscite les protestations de ceux qui considèrent que la littérature arabe classique possédait déjà un art narratif qui a évolué spontanément vers les genres romanesque et nouvellistique modernes. Mais en fait, si le récit avait une place importante dans la littérature arabe classique, il avait néanmoins souvent un rôle didactique et présenté sous forme d'anecdotes servant à éclairer et à illustrer les divers sujets abordés, comme dans les compilations, les chroniques et l'historiographie. Il existe plusieurs types de récits : *al-qissa* (l'histoire, qu'il s'agisse d'histoire biographique ou de récit fictionnel), *al-hikâya* (le récit, fable ou récit de fiction), *al-khabar* (la nouvelle dans le sens d'information (histoires ou anecdotes narrées comme étant véridiques), etc. Plusieurs œuvres arabes écrites bien avant la *Nahda* accordent une grande place au récit de fiction et certaines ont une structure proche du roman, mais elles n'en possèdent pas toutes les caractéristiques modernes, même si certains critiques les considèrent comme étant des romans à part entière.

Parmi ces œuvres, il y a *Kalila wa Dimna* (*Kalila et Dimna*) (an 750), un recueil de fables animalières traduites et adaptées du persan vers l'arabe par Ibn al-Muqaffa' (m. 756). Mais il serait aussi inexact de considérer ces contes comme un roman que de voir une œuvre romanesque dans *Les Fables de La Fontaine* qui s'en inspire dans quelques-uns de ses textes. Pour ce qui est de l'œuvre d'Ibn Tufayl (m. 1186) *Hayy Ibn Yaqdân* (*Vivant fils du vigilant*[28]) considéré aussi comme un des premiers romans arabes, il s'agit bien d'un récit fictionnel, entre philosophie et littérature, racontant l'histoire d'un enfant vivant sur une île déserte, élevé par une gazelle et qui s'éveille seul à la philosophie et à la connaissance de Dieu. Mais il s'agit d'un propos philosophique écrit au XIIe siècle où le récit fictionnel sert à appuyer un enseignement. Certains l'ont comparé à *Robinson Crusoé* et ont cherché comme Samar Attar à déterminer son influence sur la pensée et la littérature occidentales, notamment sur l'œuvre de Daniel Defoe[29], une ascendance remise en cause par d'autres analyses comme celle de Jean-Paul Engélibert[30]. C'est donc un récit allégorique et métaphysique qui ne correspond pas tout à fait à la définition du roman moderne même s'il en possède plusieurs caractéristiques. Il n'en demeure pas moins un des écrits fondateurs de la littérature fictionnelle arabe.

P. Khabbaz soutient dans sa thèse l'idée de la préexistence du roman et de la nouvelle dans la littérature arabe classique[31] et met en avant l'opinion de deux critiques arabes dont Shukrî 'Ayyad, auteur de *La Nouvelle en Égypte*, qui considère al-Jâhiz (773-869) qui est un des maîtres de l'*adab* et auteur de nombreuses compilations, comme un nouvelliste. Il déclare :

> *Le khabar[32] que narre al-Jâhiz [dans Le Livre des avares] repose sur un évènement drôle ou rare. C'est une histoire extrêmement simple. L'art de l'auteur apparaît cependant dans le dialogue [...] parfois le khabar et le dialogue forment une nouvelle. Ceci est cependant rare dans son œuvre. Mais la plupart de ses "nouvelles", se trouvent dans Le Livre des avares éparpillés un peu partout[33].*

Mais contrairement à ce que Pierre Khabbaz affirme, des nouvelles ne peuvent pas être « éparpillées dans une œuvre ». *Le Livre des avares* d'al-

---

[28] IBN THOFAÏL, *Hayy ben Yaqdhân, roman philosophique*, texte arabe et trad. française, Alger, 1900, 2ᵉᵐᵉ éd. Beyrouth-Paris, 1936.

[29] ATTAR (Samar), « Serving God or Mammon ? Echoes from *Hayy Ibn Yaazan* and *Sinbad the Sailor* in *Robinson Crusoe* » in L. Spass and B. Stimpson, *Robinson Crusoe, myths and metamorphoses*, London, Mac Millan, 1966, pp. 78-97.

[30] « Aucun indice intertextuel certain ni aucun document ne prouvent une influence directe d'un ou plusieurs textes sur Robinson Crusoé », ENGELIBERT (Jean-Paul), *La Postérité de Robinson Crusoé, un mythe littéraire de la modernité, 1954-1986*, Genève, Droz, 1997, note n° 3, p. 25.

[31] KHABBAZ (Pierre), *La Technique de la nouvelle chez Taymûr*, thèse de 3ᵉᵐᵉ cycle, Aix-Marseille, 1981, pp. 39-40.

[32] Le *Khabar* signifie "nouvelle" au sens premier du terme, c'est-à-dire d'information.

[33] 'AYYÂD (Shukrî), *al-Oissa al-qasîra fî misr*, (*La Nouvelle en Égypte*), Le Caire. 1968, cité par : KHABBAZ (Pierre), *La Technique...*, *op.cit.*, p. 39.

Jâhiz n'est pas non plus un recueil de nouvelles ; il s'agit de l'ancien genre des compilations où l'on trouve à la fois des idées, des faits, des poèmes, mais aussi des histoires courtes, le tout étant au service d'un thème général. Les histoires narrées dans ce type d'écrits, dont le but didactique est omniprésent, sont des anecdotes destinées à garder éveillé l'esprit du lecteur. La construction de la nouvelle est différente de celle des anecdotes contenues dans ce livre et qui donnent une place très importante à la rhétorique. Khabbaz considère également la *maqâma* comme une forme de nouvelle et cite les propos de Muhammad Rushdi Hassan[34], auteur des *Traces de la Maqâmâ dans la genèse de la nouvelle égyptienne moderne*. Ce critique considère les *Maqâmât* (Les Séances) de Hamadâni (868-1008) comme les premières nouvelles arabes. Mais ce genre particulier de la littérature arabe classique, constitué de récits s'organisant en plusieurs saynètes écrites en prose rimée et rythmée (*saj'*) ne constitue pas une nouvelle telle qu'on la définit aujourd'hui. Chaque séance correspond à l'aventure d'un personnage central qui arrive grâce à son bagout ou à sa ruse à se sortir de situations difficiles, on pourrait le rapprocher du *picaro* (ou coquin), le personnage central de la littérature picaresque. En outre, la rhétorique occupe une place trop importante et même centrale dans ce type d'écrits pour qu'on puisse les considérer comme des nouvelles au sens moderne du terme, même si là aussi ils partagent des points communs avec celles-ci.

Un autre critique confond la *maqâma* avec le roman ; il s'agit d'Émile Dermenghem auteur de l'étude sur la littérature arabe qui figure dans l'*Encyclopédie de la Pléiade,* il écrit : « le roman dans la littérature arabe ancienne est représenté par le conte réaliste et par les *maqâmât* »[35]. Le terme « roman » est ici utilisé sans doute pour désigner un récit, car un genre ne peut en « représenter » un autre. La déclaration suivante est du même critique ; elle montre bien qu'il n'est pas toujours évident de traiter les genres arabes classiques selon leurs spécificités et sans les confondre avec les genres occidentaux. Il déclare : « Le merveilleux recueil des *Mille et Une Nuits* contient des récits folkloriques des récits épiques, des romans de chevalerie [...] des romans d'amour, des romans d'aventures... »[36]. Dans les contes des *Mille et Une Nuits*, il existe des éléments qu'on retrouve dans les romans épiques, d'aventures, de chevalerie ou d'amour, mais par leur contenu et leur forme, ces contes oraux ne « contiennent » pas non plus de romans. Il s'agit d'un recueil anonyme de contes populaires d'origine persane et indienne, mais aussi arabe conçus entre le neuvième et le seizième siècle ; ils ne constituent pas des romans, même s'ils possèdent des points communs avec la construction romanesque et qu'ils ont inspiré les roman-

---

[34] HASSAN (Muhammad Rushdî), *Âtâr al-maqâma fî nash'at al-qissa al-misriyya al-hadîtha,* (*Les Traces de la* maqâma *dans le développement de la nouvelle égyptienne*), Le Caire, al-Hay'a al-misriyya al-'âmma, 1974.
[35] DERMENGHEM (Emile), « Littérature arabe », *Encyclopédie de la Pléiade,* tome I, p. 838.
[36] *Ibid.*, p. 837.

ciers d'Orient et d'Occident et cela notamment grâce à la richesse et à l'originalité de leurs techniques d'enchâssement. Nada Tomiche montre par exemple la similitude entre la « courbe suivie par le roman de Bernardin de Saint-Pierre *Paul et Virginie* et celle des récits populaires arabes anciens tels que *Les Mille et Une Nuits* ou la geste hilalienne[37]. Nous y retrouvons une succession commune d'évènements, avec une évolution du récit vers un sommet puis une descente vers un dénouement. Mais si certains aspects narratifs ont fait dire à certains critiques que ce recueil constituait un roman, les différences qui les séparent sont bien trop nombreuses pour que cette œuvre puisse être apparentée au genre romanesque ; la narration s'y distingue par son éclatement ; la continuité d'un récit moderne en est absente, à cause notamment du procédé de l'enchâssement même si celui-ci peut être utilisé à la fois dans le roman et la nouvelle modernes comme nous le verrons plus loin. D'un autre côté, les contes des *Mille et Une Nuits* appartiennent au domaine du merveilleux tel qu'on le concevait au XIIIe siècle. Ils n'ont pas non plus un auteur attitré, mais sont le résultat d'une compilation d'histoires orales d'origines diverses, alors que le roman est en principe l'œuvre d'un auteur déterminé. En revanche, ces contes qui sont vus aujourd'hui par certains critiques comme la source principale du récit arabe n'ont pas été revendiqués par les auteurs arabes de l'époque classique, car ils ne répondaient pas, selon eux, aux exigences de la littérature arabe et étaient considérés comme une littérature populaire et orale. En revanche, ces récits ont commencé à gagner leurs lettres de noblesse à la fin du XIXe siècle quand il a été décidé de les imprimer ; la traduction de Galland et d'autres orientalistes a contribué également à les universaliser et à leur conférer une place aujourd'hui incontournable dans la littérature arabe, même si régulièrement certains intégristes religieux s'insurgent contre le côté jugé licencieux de ces contes oraux et tentent de les détruire ou d'en interdire de nouvelles publications.

René Khawam, traducteur et critique littéraire, fait remonter, lui aussi, l'histoire de la nouvelle arabe à l'époque abbasside : « De Boccace à Maupassant, la nouvelle occidentale a poursuivi son chemin propre, son point de départ correspond avec celui de la nouvelle arabe au IXe siècle à Bagdad »[38]. Il considère donc que les *Hadît* (discours)[39] (qu'il ne faut pas confondre avec les *hadiths* religieux) et les *Maqamat* (séances) appartiennent au genre de la nouvelle. L'idée de faire remonter l'histoire de la nouvelle arabe au IXe siècle est intéressante, mais seulement si on y voit les prémisses de la nou-

---

[37] TOMICHE (Nada), « Naissance et avatars du roman arabe avant *Zaynab* », *Annales Islamologiques,* Institut français d'archéologie orientale du Caire, 1980, tome XVI, p. 331.

[38] *Nouvelles arabes,* choix, trad. et préface de René Khawam, Ed. Seghers, 1964, p. 32.

[39] *Les Hadîts (discours)* imitent le style et la construction des *Maqâmât* d'al-Hamadânî (Xe siècle) l'inventeur du genre. *La reprise la plus connue de cet ancien genre est celle de* Muhammad al-Muwaylihî (1868-1930) auteur de *Hadît Isa b. Hishâm* qui paraissait en feuilleton dans la revue *Misbâh al-sharq.*

velle et non le début de la nouvelle moderne. En effet, les *Maqâmât*, qui donnent une grande place à la rhétorique et sont structurées de façon particulière, ne sont pas à proprement parler des nouvelles ni des formes anciennes du roman ; elles sont par certains côtés même plus proches du théâtre que du récit romanesque ou nouvellistique. On ne peut pas considérer qu'une suite de saynètes ou qu'un ensemble d'anecdotes écrites en prose rimée, assonancée et rythmée puissent constituer un roman ou un recueil de nouvelles.

Dans son *Roman arabe*, Khadim Jihad Hassan lui aussi défend l'idée d'une littérature romanesque avant l'influence occidentale au début de son ouvrage, mais il finit par reconnaître que malgré « l'accumulation narrative et romanesque qui aurait pu provoquer l'émergence du roman arabe moderne [celui-ci] demeure cependant inimaginable dans la torpeur que connaissait la littérature arabe au début du XIXe siècle »[40].

En effet, les nouveaux genres romanesque et nouvellistique n'auraient pas pu naître en Égypte dans les circonstances culturelles de l'époque ottomane qui n'étaient pas favorables à la créativité. Même s'il y avait déjà, comme on l'a vu, les éléments nécessaires à l'épanouissement du roman et de la nouvelle, il fallait qu'un évènement extérieur vienne bouleverser la société égyptienne pour que cela ait des répercussions assez importantes sur la culture pour que celle-ci se renouvelle. Donc, si la littérature arabe classique regorge de récits divers et de textes narratifs, le roman et la nouvelle dans leur forme moderne ne se développèrent vraiment qu'à l'époque de la *Nahda*. La renaissance de la littérature arabe s'est donc faite à la fois grâce à l'héritage culturel ancien et à l'emprunt étranger.

Les orientalistes occidentaux jusqu'aux années quatre-vingt considéraient en général le roman, le théâtre et la nouvelle comme étant d'abord et avant tout un emprunt à l'Occident. Henri Pérès, lui, parle d'imitation : « L'Orient [...] compose et lit à notre époque de nombreux romans, avec une préférence marquée pour la forme plus brève de la nouvelle ou plus concise du conte. L'imitation comme dans d'autres domaines est venue d'Occident »[41]. Charles Vial adhère à la même thèse et explique la particularité des récits arabes anciens :

> *Quand un conte intervient, il n'est pas traité pour lui-même, mais en fonction de ce qu'on en attend, la préoccupation technique l'emporte sur le souci « littéraire ». Il en résulte donc des obscurités inexplicables et des dénouements déconcertants. Ce qui manque à ces morceaux d'anthologie pieusement conservés durant des siècles, ce sont les éléments d'une affabulation concertée : personnage au relief accusé, péripéties attrayantes et surtout fil conducteur. Ces éléments existent dans des œuvres, assez peu nombreuses, toutes anonymes et résultant d'une élaboration progressive*[42].

---

[40] HASSAN (Kadhim Jihad), *Le Roman arabe, 1834-2004 : bilan critique*, Sindbad/Actes Sud, 2006, p. 14.

[41] PERES (Henri), « Le Roman, le conte et la nouvelle dans la littérature arabe moderne », *Annales de l'Institut d'Études Orientales*, III, 1937, p. 266.

[42] VIAL (Charles), « Contribution à l'étude du roman et de la nouvelle en Egypte des origines à 1960 », *Revue de l'Occident Musulman*, 2e semestre, 1967, n° 4, p. 134.

Pour André Miquel : « Ce qui lancera véritablement le roman dans les lettres arabes, ce sera [...] la traduction des œuvres étrangères »[43]. La traduction et l'adaptation pratiquées la plupart du temps par des écrivains ont certes joué un rôle primordial dans l'épanouissement des genres modernes dans les pays arabes, car ils ont permis autant aux écrivains qu'aux lecteurs de s'y habituer. Mais le roman, la nouvelle et le théâtre pour se développer ont eu besoin d'abord et avant tout du récit arabe, car aucune littérature ne naît de rien. La littérature romanesque arabe, si elle a eu besoin d'un élément étranger pour s'épanouir, a aussi puisé dans son héritage ; il y a donc une continuité qu'on ne peut nier, mais aussi un emprunt à l'étranger tout aussi indéniable.

Mais avant les romans, nouvelles et pièces de théâtre considérés comme les premières œuvres arabes originales à l'époque de la *Nahda*, il y a eu des écrits intermédiaires qui ont amené la littérature arabe moderne à sa maturité.

1.2. L'avant-roman

La *Nahda,* qui a connu son apogée au XIXe siècle et s'est poursuivie jusqu'au milieu du XXe siècle, ne s'est pas créée en faisant table rase du passé ; elle est le résultat à la fois d'un effort de « revivification » de la littérature arabe classique (*al-ihyâ'*) et d'inspiration et d'emprunts aux œuvres littéraires occidentales (*al-iqtibâs)*. Les principaux genres de la littérature arabe classique en prose, tels que l'historiographie, les chroniques, les récits de voyage et la *maqâma*, ont continué d'exister à l'époque de la *Nahda*, mais en reflétant une nouvelle actualité. Mais malgré ses liens avec le passé, la culture arabe a connu à cette époque une nouvelle ère qui, à plusieurs égards, tente de rompre avec le passé. Mises à part les œuvres de traduction et d'adaptation dont le fond est occidental, les premières œuvres originales de la fin du dix-neuvième siècle sont déjà porteuses d'une certaine influence étrangère. Elles utilisent une langue plus accessible au grand public et adoptent dans une certaine mesure des structures pouvant s'apparenter à celle du roman. Toutefois, et à l'instar des écrits de la littérature arabe classique, le but didactique demeure omniprésent. Ces œuvres cherchent en effet à donner un enseignement historique ou moral explicite et sont encore très attachées au style traditionnel avec ses redondances et ses allitérations, c'est entre autres ce qui les différencie des genres modernes. Outre la relation de voyage *L'Or de Paris* d'al-Tahtâwî, qui reprend le genre de la *rihla,* et qui est considérée comme une des plus importantes œuvres du début de la *Nahda*, plusieurs écrits sont considérés par la critique comme annonçant le roman arabe. Ces œuvres utilisent l'héritage littéraire classique tout en s'en distinguant par une certaine modernité comme l'œuvre de Muhammad al-Muwaylihî (1868-1930), *Hadith 'Isâ B. Hishâm (Le Récit de 'Isa b. His-*

---

[43] MIQUEL (André), *La littérature arabe*, P.U.F, 1981, p. 117.

hâm)[44] qui fait partie de ces œuvres s'apparentant au genre ancien de la *maqâma*. C'est une des meilleures illustrations de ce qui a pu être créé à cette époque dans le but de réinventer ou de faire renaître certains genres de la littérature arabe classique dans un effort de « revivification » de la tradition. Déjà, depuis le tout début du XIXe siècle, en Égypte, on a procédé à la publication des anciennes *Maqamat* et en même temps, la plupart des grands auteurs de cette époque ont procédé à l'écriture de la leur[45]. La *Maqâma* d'al-Muwaylihî, parue entre 1898 et 1902 en feuilleton, ensuite en un volume en 1907, reprend la forme des célèbres *Maqâmât* de Badî' al-Zamân al-Hamadânî (969-1007). On y retrouve la même structure narrative et le même personnage principal : 'Îsa Bnû Hishâm. La modernité de cette nouvelle version d'un genre ancien se situe dans le choix du sujet, puisqu'il s'agit d'une critique de la société égyptienne. Cependant, cette œuvre s'apparente par bien des côtés au roman, car on y retrouve une narration assez moderne et elle diffère de la *maqâma* classique par le fait qu'elle accorde une place un peu moins importante à la rhétorique. De plus, il ne s'agissait plus de situations simples n'évoluant qu'autour d'un personnage principal ; dans l'œuvre d'al-Muwaylihî, le récit connaît une progression des évènements parallèle à l'évolution des personnages. Ce n'est pas une simple suite de saynètes, mais l'histoire d'un homme qui voit dans un cimetière une tombe s'ouvrir sur un ressuscité, un pacha ayant vécu au temps du roi Mohammad Ali, et qui cherche à retrouver son domicile. Les deux hommes partent ensemble et rencontrent au cours de leur périple une multitude de personnages issus de milieux différents. C'est ainsi qu'ils seront les témoins de la malhonnêteté des gens rencontrés. Qu'ils soient médecins, avocats ou gouverneurs, tous sont corrompus et ne pensent qu'au profit et au pouvoir. L'auteur décrit et critique également un certain aspect de l'influence occidentale en Égypte comme l'adoption d'un mode de vie étranger et l'abandon de la tradition pour des valeurs selon lui superficielles. Il est toutefois favorable à la science et aux progrès. Trois points essentiels sont développés dans cette œuvre : la critique de la société sous le gouvernement des vice-rois et pachas turcs, la peur de l'occidentalisation de l'Égypte, avec toutefois l'espoir d'un réel progrès, ainsi que le regard nostalgique de l'auteur vers un passé arabe glorieux. La modernité de cette œuvre se situe justement dans ces questionnements qu'elle pose concernant la société égyptienne. B. Hallaq et R. Sabri défendent son appartenance au genre romanesque et la comparent aux romans du XVIIIe siècle comme *Les Lettres persanes* (1721) de Montesquieu[46]. Par

---

[44] MUWAYLIHI (Muhammad Ibrahim al-), *Ce que nous conta Îsâ Ibn Hicham, Chronique satirique d'une Egypte fin de siècle,* traduit par Randa Sabry, préface de Luc Deheuvels, Editions du Jasmin, Paris, 2005.

[45] Voir à ce propos la liste des auteurs qui ont écrit des *maqâmât* : Kadhim J. Hassan, « La *Nahda* par l'*ihya*' », *Histoire de la littérature arabe moderne, op.cit.,* p. 126.

[46] HALLAQ (Boutros) et SABRY (Randa) « Au-delà de l'ihya' et de l'iqtibâs », *Histoire de la littérature arabe, op.cit.,* p. 262.

cette critique sociale, al-Muwaylihî est considéré comme le précurseur du réalisme arabe et cela malgré un début qui se situe entre merveilleux et fantastique.

Une autre de ces œuvres arabes qui cherchent à faire renaître la tradition durant la première période de la *Nahda* est celle d'Ahmad Fâris al-Shydiâq (1804-1887) *al-Sâq 'ala al-sâq* (*La Jambe sur la Jambe*[47]), publiée à Paris en 1855. Ce récit est une sorte d'autobiographie où l'auteur tantôt s'adresse à sa femme, tantôt décrit les pays visités entre Occident et Orient ; il y fait de longues listes de mots savants empruntés au « *qâmûs* » (dictionnaire arabe), et y insère même une *maqâma*. Pour Hallaq et Sabry, *al-Sâq 'alâ al-Sâq* est « l'œuvre fondatrice de la modernité littéraire arabe »[48]. Mais en raison de sa diversité générique, de son style trop classique, de ses nombreuses digressions, on ne peut parler de roman au sens moderne du terme, genre répandu en Occident quand l'auteur libanais y résidait et que, de son aveu, il ne cherchait pas à imiter ; il voulait que son œuvre appartienne à la littérature de l'*adab* et c'est le cas. D'autres écrits datent de cette époque, les uns s'inspirant du passé, d'autres, comme ceux que nous allons aborder, plus proches des genres modernes.

1.3. Le roman historique

Le représentant le plus célèbre du roman historique arabe est sans conteste Jurjî Zaydân (ou Jorge Zaydan) (1861-1914) qui fonda la revue littéraire *al-Hilâl* (*Le Croissant de lune*) au Caire en 1892. Chrétien d'origine libanaise, il émigra en Égypte comme beaucoup d'autres écrivains syriens et libanais. Il utilisa avec succès la forme du roman moderne pour relater l'histoire de la civilisation arabo-musulmane, notamment les conquêtes des Arabes au Moyen-Orient et en Espagne. Il intègre toujours une histoire d'amour imaginaire à des faits historiques réels, conférant ainsi à ses récits une structure et une dimension romanesques. Plusieurs de ses écrits portent comme titre le nom d'un personnage historique arabe célèbre, comme *al-Amin wa al-Ma'mûm, Abd al-Rahmân al-Nâsir, Abû Muslim al-Khurasâni...* Il s'agit d'hommes politiques, de conquérants ou de califes arabes. D'autres titres évoquent le voyage et l'aventure comme : *Fatât ghassân* (*La Jeune Ghassanide*), *al-Mamlouk al-sharîd* (1891) (*Le Mamelouk errant*), *Armanusa al-misriyya* (*Armanousa l'Égyptienne*), etc. Les évènements relatifs à ce dernier roman se passent en Égypte ou Armanûsa, une chrétienne, fille d'un grand prêtre, s'éprend d'Arcadius, le fils d'un chef romain. Mais l'empereur désire l'épouser aussi. La jeune femme est donc envoyée à Constantinople. Mais l'expédition de 'Amr Ibn al-'As, personnage

---

[47] CHIDYAQ (Faris), *La Jambe sur la jambe*, traduit de l'arabe par René Khawam, Paris, Phébus, 1991.
[48] HALLAQ (B.) et SABRY (R.), « Au-delà de l'ihya' et de l'iqtibas », *Histoire de la littérature arabe, op.cit.*, p. 259.

ayant réellement conquis l'Égypte au septième siècle, lui permet de revenir dans son pays et de retrouver celui qu'elle aime. En mêlant une histoire d'amour imaginaire à des faits historiques, Jurjî Zaydân cherche à « amuser en enseignant », restant ainsi fidèle au rôle didactique de la littérature arabe classique. Chez cet auteur dont l'écriture se distingue par sa modernité et son éloignement des artifices de style propres à la littérature arabe classique, on a souvent vu l'influence d'auteurs occidentaux comme Alexandre Dumas père et Walter Scott dont il admirait les œuvres. L'œuvre de cet auteur témoigne de la maturité de l'écriture arabe à l'époque de la *Nahda*, qui a dépassé le sujet emprunté à l'Occident. D'autres écrivains de la même époque se sont essayés au roman historique comme Farah Antûn, Ya'qûb Sarrûf, Jamîl Nahla Moudawwar, Salîm al-Bustânî, etc.

1.4. Les premiers romans arabes

La question de l'appartenance au genre romanesque se pose pour plusieurs œuvres arabes de fiction parues avant et pendant la période de la *Nahda* et considérées en général comme les premiers romans arabes même si certaines caractéristiques de ces écrits ont empêché les critiques de les considérer unanimement comme tels. C'est le cas par exemple de l'œuvre de l'Alépin Francis Marrash, *Ghabat al-haqq* (*La Forêt de la justice*), une allégorie idéaliste de la liberté et de l'égalité parue en 1865 et dont le discours idéologique est très présent.

Les écrits de Zaynab Fawwaz, à la fin du XIXe siècle, quant à eux, ne furent connus que comme des romans d'imitation de la littérature occidentale. L'un d'eux s'intitule *Husn al-'awâqib aw Ghada al-Zâhira* (*Une fin heureuse ou Ghada la radieuse*), édité en 1899. Son œuvre a plusieurs faiblesses dont le côté moraliste et le manichéisme des personnages. Elle est cependant considérée comme une pionnière du roman social et féministe.

'Adraa Danshawi (*La Vierge de Denshway*) de Mahmûd Tâhir Haqqi (1884-1964) paru en 1906, même s'il n'est pas considéré par tous comme le premier roman égyptien, est néanmoins la première œuvre traitant d'un sujet directement lié à la réalité de la vie rurale égyptienne avant *Zaynab*. L'auteur s'y inspire de faits historiques réels : l'affaire Denshway qui a opposé des soldats anglais à des paysans égyptiens.

L'œuvre de Gibrân Khalîl Gibrân (1883-1931) *Al-Ajniha al-mutakassira* (*Les Ailes brisées*), parue en 1912, est le premier roman de formation arabe mêlant réalisme et romantisme. On y découvre l'histoire d'un jeune homme qui cherche sa voie à travers son expérience de l'amour et en se confrontant à sa société dont il rejette les préjugés socioculturels et religieux. On pourrait le considérer comme le premier roman arabe abouti. Pourtant, on le considère rarement comme tel, peut-être parce que c'est une autobiographie et une critique sociologique avec une dimension poétique par ses nombreuses métaphores.

La critique a souvent préféré à tous ces romans celui de Muhammad Husayn Haykal (1888-1956) *Zaynab, tableaux et caractères paysans*, paru en 1914, le considérant comme le premier roman de l'histoire de la littérature arabe moderne. Cela est dû sans doute au fait qu'il est plus conforme à la définition du roman moderne qui s'inspire de la réalité sans être une œuvre d'imitation, philosophique, idéologique, didactique, poétique ou historique. Ce roman est paru sous le pseudonyme de "Misrî fallah" (un "Égyptien paysan"), Husayn Haykal, avocat de métier, voulant cacher cette activité. Le roman, était, en effet, à l'époque, un genre considéré comme moins noble que ceux de la littérature arabe classique. Mais cette œuvre ancrée dans la réalité égyptienne a apporté une nouvelle légitimité à la littérature de fiction. *Zaynab* est donc souvent considéré comme le premier roman de langue arabe, même si l'on peut considérer les œuvres fictionnelles qui l'ont précédé comme étant elles aussi des romans.

Le genre romanesque a pu acquérir ses lettres de noblesse dans les pays arabes à partir du moment où il s'est libéré des défauts de la littérature d'imitation et qu'il a cherché à représenter la réalité sociale et culturelle de l'Égypte, mais aussi en se libérant des contraintes stylistiques de l'ancien *adab*. En décrivant le pays et son peuple ou en dénonçant les injustices sociales, le roman est devenu en quelque sorte "utile" à la société, libérant ainsi le "*adib*" (l'homme de lettres) du simple rôle "d'amuseur". Cela a permis de donner une autre image du roman dans le monde arabe, longtemps vu comme un genre essentiellement divertissant et de surcroît emprunté à la littérature étrangère. D'un autre côté, le fait que les écrits arabes se soient libérés de la tradition rhétorique et de l'imitation des genres anciens ainsi que des objectifs traditionnels (didactique, pédagogique, historique, etc.) a permis au roman, œuvre de fiction, de se développer en tant que genre littéraire arabe à part entière. *Zaynab* adopte la construction romanesque occidentale, tout en s'inspirant de la réalité égyptienne. C'est le début de la reconnaissance pour le roman comme œuvre narrative d'imagination qui a sa place au sein de la littérature arabe. Dans *Zaynab*, le cadre est celui de la campagne égyptienne et l'histoire est celle d'un amour rendu impossible par l'obligation du respect des traditions familiales. L'auteur cherche à être fidèle à la complexité de la vie rurale égyptienne en évitant les univers manichéens et les personnages inconsistants des romans d'imitation.

Il est important de noter que Muhammad H. Haykal a vécu en France durant trois années et que c'est là qu'il a écrit son premier roman comme beaucoup d'autres pionniers de la littérature arabe moderne. Dans la préface d'une seconde édition, il parle de son rapport avec la littérature française :

Quand j'ai commencé à étudier la langue et la littérature françaises, j'ai vu que c'était très différent de la littérature anglaise ou arabe. Plus je lisais des livres français plus je découvrais l'aisance, la facilité de cette langue qui coulait de source tout en exprimant des choses avec précision et exactitude. Des qualités de langue et de style qui conviennent à ceux qui aiment décrire ce qu'ils voient et

pas seulement manier les belles formules. Ma passion pour cette nouvelle littéra-
ture s'est mêlée à ma nostalgie pour mon pays. C'est ainsi que j'ai décidé de
raconter mes souvenirs d'évènements et de lieux égyptiens. [...] Zaynab est donc
le fruit de ma nostalgie pour mon pays et de mon admiration pour Paris et pour
la littérature française[49].

Comme en témoigne ici Hussayn Haykal, la littérature française par son apparente simplicité et par sa clarté était un exemple encourageant pour les jeunes auteurs de la Nahda qui ont justement été amenés à simplifier la langue et à abandonner les redondances et les figures de style pour revivifier la littérature arabe.

2. Le théâtre arabe

Issu de l'effort d'adaptation et d'adoption d'un genre littéraire occidental, le théâtre n'apparaît en Égypte qu'à l'époque de la *Nahda*. Il existe de lointaines similitudes entre cet art et certaines représentations populaires, par exemple dans le théâtre d'ombres qui prit la forme de marionnettes sous l'influence du Karagöz turc ou d'autres divertissements populaires, comme les conteurs et comiques publics[50]. Mais à ses débuts en Égypte, le théâtre n'était pas destiné au peuple ; le premier lieu réservé à cet art qui a ouvert en Égypte était celui que Bonaparte avait fait construire au Caire en 1798. On y jouait des pièces françaises pour la communauté et les troupes venues de France. En 1869, le Khédive Ismaïl Bacha (1830-1895) dota Le Caire du théâtre khédivial de l'Opéra où fut joué d'abord *Rigoletto* de Verdi ainsi qu'*Aïda* en 1871, à l'occasion de l'inauguration du canal de Suez[51]. La classe aisée de la société égyptienne qui était restreinte à cette époque fut la seule à profiter des premières manifestations de cet art. Les débuts du théâtre en Égypte se déroulèrent donc dans des décors fastueux et pour la classe régnante, l'élite locale et les étrangers.

Mais le théâtre public arabe ne tarda pas à faire son apparition, d'abord en reprenant des pièces étrangères comme le fit le Libanais Mârûn al-Naqqâsh (1817-1855), qui édifia un théâtre à Beyrouth en 1847 ; il y donna des représentations de pièces adaptées d'œuvres françaises célèbres. Ainsi furent joué *L'Avare* et *Le Tartuffe* de Molière en vers arabes. Le premier théâtre égyptien, le Théâtre National, fut fondé en 1870 par Ya'qûb Sannu' (1839-1912), un Juif égyptien fondateur de la revue *Abû Naddâra* (*L'Homme aux lunettes*). Comme son prédécesseur libanais, c'est en Italie qu'il étudia le

---

[49] HAYKAL (Muhammad Hussaïn), *Zaynab, Tableaux et caractères égyptiens,* Préface, 5ème édition, dâr al-Ma'ârif, 1992, pp. 10-11.
[50] HILAL (Aziz) : « Réappropriation du passé : le théâtre face aux textes médiévaux », *Babel, Le Moyen Âge mis en scène : perspectives contemporaines,* Sous la direction de Sandra Gorgievski et Xavier Leroux, n° 15, 2007, pp. 87-126.
[51] CHAPPAZ (Jean-Luc), « Petites notes sur *Aïda* ou l'égyptologie enchantée », *Bulletin n° 5 du cercle lyonnais d'égyptologie Victor Loret,* 1991.

théâtre. Les trente-deux pièces présentées dans son théâtre furent ainsi écrites par lui ; il s'agissait de pièces comiques sociales ou de pièces de théâtre chantées. Cet art représentait alors le moyen d'expression d'une société ouverte à l'Occident où les personnages pouvaient aussi bien représenter des Égyptiens que des Européens. Les comédiens s'exprimaient surtout en arabe dialectal. Mais le Khédive Ismaïl Bacha, après avoir appelé ce pionnier du théâtre « le Molière d'Égypte », le fit exiler quand celui-ci commença à donner une direction politique à ses pièces. En effet, en 1873, après la représentation de *La Patrie et la liberté*, Ismaïl Bacha fit fermer le Théâtre National. Cet art connut alors une période d'inertie pour des raisons multiples, mais trois ans plus tard le neveu de Mârûn al-Naqqash a pu donner à Alexandrie des représentations des pièces de son oncle. Il écrivit également d'autres pièces adaptées d'œuvres étrangères avec la collaboration d'un autre syrien, Adîb Ishâq (1856-1885). Le théâtre égyptien continua donc à être un théâtre d'imitation même quand ces deux hommes quittèrent ce genre pour le journalisme et que la troupe de Yusuf al-Khayyât prit la relève. Ce dernier quitta Alexandrie pour Le Caire où il donna à l'Opéra des représentations de pièces adaptées du français comme *Phèdre* de Racine et *Horace* de Corneille. Le théâtre en cette période consistait en une mise en scène de tableaux de vies appartenant à une société située entre l'Orient et l'Occident. De temps en temps transparaissait un message nationaliste, mais les Khédives étaient aux aguets.

Le théâtre a connu le même succès en mettant en scène des pièces musicales comme chez Salâma Hijâzi (1852-1917) qui élabora des pièces chantées à partir du travail de ses prédécesseurs. Ainsi on chanta en vers arabes la célèbre pièce de Shakespeare : *Hamlet*. De son côté, la musique égyptienne, grâce au théâtre, commença à abandonner la monotonie des ritournelles turques au profit de nouvelles mélodies. Celles-ci n'étaient pas exemptes d'influence occidentale, dont les harmonies ne laissaient pas indifférents les musiciens arabes tels que Sayyid Darwîch (1892-1923). C'est ainsi que petit à petit le théâtre se popularisa et qu'un public plus large s'initia à ce nouvel art qui suivit en définitive la même voie que le roman : se plaisant tout d'abord dans l'adaptation et l'imitation du théâtre européen, avant de chercher à acquérir une identité arabe. Toutefois, depuis les débuts du théâtre arabe, les auteurs des pièces adaptées créaient aussi des pièces originales. Celles-ci ne rencontraient pas moins de succès auprès du public. C'est le cas des œuvres de Najîb al-Haddâd (1867-1899) adaptateur de *Roméo et Juliette*, mais aussi auteur de *Salâh al-dîn al-Ayyûbî* (*Saladin*) joué par la troupe de Salama Hijâzi. Mais l'adaptation et la création originale dans le domaine du théâtre - contrairement à celui du roman - coexistèrent jusqu'à nos jours. En effet, dans les pays arabes on peut aussi bien voir des pièces originales qu'un « Faux dévot » ou un « Misanthrope » musulman, les pièces de Marivaux et de Molière ayant fait depuis toujours les délices du public français ou arabe.

3. Les débuts de la nouvelle arabe et la question de l'influence

À ses débuts, la nouvelle arabe rencontra plusieurs problèmes sans que cela gênât très longtemps son épanouissement. La littérature issue de la traduction et de l'adaptation des œuvres occidentales n'était pas bien vue par les intellectuels à l'époque de la *Nahda*, notamment à cause des déformations que subissaient les œuvres originales, mais aussi parce que les œuvres de fiction n'étaient pas bien perçues. Par conséquent, la littérature romanesque et nouvellistique arabe souffrit elle aussi à ses débuts de cette image de littérature de distraction. Au début du XXe siècle, les nouvelles publiées dans les journaux égyptiens paraissaient dans la rubrique des anecdotes et des histoires drôles *(Nawâdir wa fukâhât)*. En outre, les premiers nouvellistes arabes n'avaient pas toujours les moyens de financer la publication de leurs œuvres. 'Isa 'Ubayd (1890-1922), un des pionniers de la nouvelle, précise lui-même à ses lecteurs le lieu de vente de son recueil, ce qui témoigne de ses doutes quant à sa diffusion. Il écrit dans son introduction à son recueil de nouvelles *Ihsân Hânim* (1921) : « On trouvera ce livre dans les grandes librairies et chez l'auteur, à son domicile, rue al-Zahir, ruelle des Kurdes n° 1 »[52] ! Les éditeurs eux-mêmes rencontraient ce genre de problèmes ; Ahmad Khayrî Saïd nous raconte comment il décida de fonder, lui et ses collaborateurs, la revue *al-Fajr* pour y faire paraître leurs contes et nouvelles :

> *Chacun des membres s'engageant à verser une livre par mois jusqu'à paiement des presses, des caractères et de toutes les fournitures, sans oublier le loyer du local. Sans un utile réseau de relations et en particulier la complicité du journal al-Liwa' et la collaboration de membres influents du Parti National qui nous apporte onze abonnements ! — nous n'aurions pu venir à bout de nos problèmes matériels. Malgré tout, au bout de deux ans il faut déposer le bilan, vendre le matériel [...] Au bout du compte Mahmûd Tahir Lâchin et moi avions perdu quatre-vingt-seize livres, mais réalisé des gains inestimables. Louanges à Dieu qui nous a placés dans la phalange des pionniers[53].*

Quand les auteurs réussissaient malgré tout à faire paraître leurs œuvres, le public n'était pas toujours au rendez-vous. Les lecteurs appartenaient pour la plupart à une classe réduite de la société, celle des nantis qui étaient les seuls à bénéficier vraiment de l'instruction. Quand la scolarisation devint obligatoire et gratuite à partir de 1923, cela augmenta considérablement le nombre des lecteurs quinze ou vingt ans plus tard. La femme joua aussi un rôle dans l'épanouissement de ce genre ; avec la scolarisation des filles qui devinrent plus tard des lectrices et grâce aux mouvements féministes, elle acquit une place plus importante dans la société, on s'intéressa à son sort, elle inspira les hommes de lettres ou devint elle-même écrivain. Dès le début de la *Nahda* on trouve des

---

[52] VIAL (Charles), « Contribution à l'étude du roman et de la nouvelle en Egypte, des origines à 1960 », *Revue de l'Occident musulman*, 2ème sem. 1967, n° 4, p. 151.
[53] *Ibid.*, p. 150.

femmes écrivaines comme la tante de Mahmûd Taymûr, la poétesse Aïsha al-Taymûriyya ou comme Labîba Hâshim (1880-1947), qui fut à la fois romancière, nouvelliste et fondatrice de sa propre revue. Cependant, comme beaucoup d'auteurs de cette époque, elle s'était surtout distinguée par des écrits moralisateurs et mélodramatiques publiés sous forme de feuilletons dans sa revue *Fatât al-Sharq* (*La Fille de l'Orient*). L'adaptateur Mustafâ Lutfî al-Manfalûtî, nous l'avons vu, transformait des romans français entiers en nouvelles, mais il a eu le mérite de faire adopter au grand public aussi bien la forme courte que le roman, grâce entre autres à son talent d'écrivain.

Du côté des lecteurs, la forme courte était très appréciée pour sa légèreté et parce qu'elle évitait les longueurs du roman auquel les lecteurs n'étaient pas encore tout à fait habitués. En plus, la parution des nouvelles dans des revues en facilitait la publication et la diffusion. Dans l'ouvrage qu'il a consacré à la nouvelle arabe, Yahya Haqqi (1905-1992), qui fut lui aussi un des pionniers de la littérature arabe moderne, nous rapporte les témoignages d'un groupe de jeunes écrivains dont faisait partie Mahmûd Tâhir Lâshîn (1894-1954) qui marqua les débuts de la nouvelle arabe comme Muhammad Taymûr le frère de Mahmûd. Parmi ces pionniers de la nouvelle, il y a également Hussayn Fawzi (1900-1988), Ibrahîm al-Misrî (1900-1979) et les frères 'Ubayd : 'Îsa 'Ubayd (déjà évoqué) et Chahâta Ubayd (1890-1961). Ces écrivains étaient des jeunes gens cultivés et ambitieux, nourris de littérature occidentale et rêvant de créer la leur. Ils se réunissaient pour parler de leurs lectures et faisaient paraître leurs impressions sous forme d'articles dans le journal *al-Sufûr* (*Le Dévoilement*) fondé en 1917. Yahyâ Haqqî déclare à propos de ce groupe d'écrivains avant-gardistes dont il faisait partie :

> *Ils avaient choisi pour quartier général un café — que pour rire on n'appelle plus désormais que Le Café de l'art — en face du théâtre Ramsès [...]. De leurs tables partaient comme des balles les noms de Hugo, Dostoïevski, Maupassant, Tchékhov et du grand Balzac. Un soir on manque d'en venir aux mains, l'un des assistants préférant — sous l'effet de la révolution (de 1919) — un écrivain du peuple comme Gorki à un auteur qui n'avait aucune vocation populaire comme Balzac. Mais le combat finit sans autres victimes que les graines de sésame tombées des petits pains sur le marbre de la table[54].*

On nomma ce mouvement culturel « L'école moderne » (*al-madrasa al-hadîtha*) qui connut deux genres d'influences dont la première est une influence "intellectuelle", française et anglaise, due à l'enseignement des langues étrangères. C'est par ce biais qu'élèves et étudiants découvraient les grands auteurs européens. Les principaux auteurs français et anglais étudiés par les membres de "L'école nouvelle" sont pour les auteurs anglais : Shakespeare, Walter Scott, Stevenson, Dickens. Les auteurs français sont

---

[54] HAQQI (Yahya), *Fajr al-qissa al-misriyya*, (*L'Aube de la nouvelle égyptienne*), Le Caire, al-Hay'a al-misriyya al-'âmma li al-Kitâb. 1975, pp. 77-78, trad. de : VIAL (Charles), « Contribution à l'étude du roman et de la nouvelle en Egypte, des origines à 1960 », *Revue de l'Occident musulman*, 2ème sem. 1967, n° 4, p. 150.

Corneille, Racine, Molière, La Fontaine, Balzac, Hugo, Dumas (père et fils), Flaubert et Maupassant. Plus tard, ils élargirent leur univers culturel en étudiant Goethe, Oscar Wilde, E. A. Poe, P. Verlaine, A. Rimbaud et Charles Baudelaire ainsi que Dante Alighieri, Marc Twain et Boccace. La deuxième influence qui marqua ce cercle de lecteurs et de jeunes auteurs est due à des auteurs russes comme Gogol, Pouchkine, Tolstoï, Dostoïevski, Bakhtine et Gorki.

Ces pionniers de la littérature arabe moderne prenaient très au sérieux le rôle que pouvait jouer l'exemple culturel occidental dans leur pays. Conscients de leur rôle dans le développement du genre romanesque arabe, ils discutaient des problèmes d'une littérature étrangère dont ils se considéraient comme les héritiers. Le mouvement littéraire de la *madrasa al-hadîtha*, qui fit école, prônait le refus de la rhétorique traditionnelle qui usait à outrance des artifices de style (redondances, allitérations, rime, etc.) et encourageait le respect de l'objectivité dans l'écriture en opposition au but didactique et moral de l'ancienne littérature. La représentation de la réalité faisait partie des objectifs de cette école ; le besoin d'authenticité se traduisait ainsi à travers l'adhésion aux idées des courants littéraires réaliste et naturaliste français. Cet intérêt pour les littératures étrangères va aboutir tout naturellement sur un besoin d'imiter ou d'égaler les prédécesseurs occidentaux, mais au début les pionniers de la nouvelle arabe étaient si impressionnés par la littérature européenne qu'ils n'osaient pas écrire leurs propres nouvelles comme en témoigne A. Khayrî Sa'îd un des membres de l'École moderne :

> *Au début, nous ne songions pas à éditer des nouvelles égyptiennes de notre composition. Nous nous contentions de croire en la traduction, tant était supérieure la géniale littérature romanesque européenne. Il aurait fallu être insensé ou idiot pour prétendre rivaliser avec elle*[55].

Cette attitude leur fut reprochée par des critiques arabes qui faisaient partie de la même génération, mais qui étaient moins enclins à prendre exemple sur la littérature étrangère. C'est le cas de l'Égyptien 'Abd al-Muhsin Taha Badr (1932-1990)[56] qui regrettait l'engouement des écrivains arabes pour les auteurs occidentaux, ce qui, d'après lui, limitait leur capacité à produire des œuvres originales. Il expliquait que les premiers romanciers arabes, à force de considérer la littérature occidentale comme supérieure, finissaient par penser que la traduction de ses œuvres était suffisante.

Le XIXe siècle fut ainsi l'époque de la découverte et de l'imitation de la littérature occidentale, mais le XXe siècle a été celui de l'épanouissement d'une littérature arabe moderne plus originale même si elle continuait à

---

[55] Propos de Ahmad Khayrî Sa'îd rapportés par : HAQQÎ (Yahyâ), *Fajr al-qissa...*, op.cit., pp. 78-79, traduction française : VIAL (Charles), « Contribution... », *Revue de l'Occident musulman*, op.cit., p. 152.
[56] BADR (Abd al-Muhsin Taha), *Tatawwur al-qissa...*, (*L'Évolution de la nouvelle...*), op.cit., p. 226.

prendre exemple sur la littérature étrangère. Muhammad Hussayn Haykal, nous l'avons vu, s'est exprimé sur l'influence de la littérature française sur son œuvre. Il ne cite pas une œuvre en particulier, mais Henri Pérès, lui, y voit « une influence de *La Nouvelle Héloïse* de J.J. Rousseau »[57].

Comme les premiers romans, les premières nouvelles portent elles aussi l'empreinte occidentale ; c'est le cas du recueil *Mâ tarâhu al-'uyûn* (*Ce que voient les yeux*) de Muhammad Taymûr, le frère aîné de Mahmûd, paru en 1917. On peut lire dans la préface : « Cette histoire est de Maupassant, le grand auteur français. Elle a été arabisée et égyptianisée [...] Il n'en reste que l'âme. Tolstoï a lui aussi repris des nouvelles de Maupassant en procédant de la même manière »[58]. Mais Muhammad Taymûr se trompait de référence, car si Léon Tolstoï s'est intéressé à l'auteur français, il ne l'a pas imité, mais lui a consacré un essai en 1894, en préface à la traduction russe de Tourgueniev. Tolstoï y fut très critique à propos de *Bel ami* qu'il considéra comme un roman amoral. Muhammad Taymûr voulait sans doute parler de Tchékhov qui s'était inspiré de Maupassant et qui était souvent traduit en arabe et très apprécié en Égypte à son époque.

La littérature occidentale était souvent prise comme modèle à suivre pour les premiers romanciers et nouvellistes arabes qui n'hésitaient pas à parler de l'influence qu'elle exerçait sur eux ou à se référer à leurs prédécesseurs occidentaux pour justifier ou expliquer certaines de leurs démarches. C'est ce que fit Mahmûd Taymûr en affirmant son admiration pour Maupassant, ce qui lui fut reproché par ses contemporains. 'Abd al-Muhsin Taha Badr trouve excessif que Taymûr considère Maupassant comme un modèle littéraire au-dessus de tous les autres[59]. Mais le fait est que l'imitation ou l'inspiration des œuvres occidentales a servi de tremplin aux jeunes auteurs arabes et n'a pas empêché ceux qui en avaient le talent d'écrire des œuvres originales. Dans le cas de Mahmûd Taymûr, les écrits de Maupassant ont été un modèle et non pas une source d'imitation ; ils ne l'ont pas freiné dans sa production ; bien au contraire, il dit bien que leur lecture l'a plutôt poussé à se lancer dans l'écriture. Pour lui, Maupassant représentait un « ami » et un modèle qui le portait vers un idéal de perfection. À travers les écrits que nous allons aborder, la question de l'influence est permanente. Taymûr nous donne un exemple concret de ce que fut l'empreinte de la littérature française sur la littérature arabe. Non seulement Taymûr admirait Maupassant, mais il disait vouloir écrire comme lui, considérant ses œuvres comme « un modèle » et s'en inspirant dans la forme et le contenu. La plupart des critiques qui ont abordé l'œuvre de Taymûr l'ont comparée à celle de Maupassant. À la fin du recueil *'Ammi Mitwalî* (1925), plusieurs

---

[57] PERES (Henri), *La Littérature arabe et l'Islam par les textes, les XIXe et XXe siècles*, Paris, Adrien-Maisonneuve, 1977, p. X.

[58] TAYMÛR (Muhammad), *Mâ tarâhu al-'uyûn* (*Ce que voient les yeux*), 2ᵉ édition illustrée, Le Caire, al-Matba'a al-salafiyya, 1927, p. 72.

[59] BADR ('Abd al-Muhsin Taha), *Tatawwur al-qissa...*, (*L'Évolution de la nouvelle...*), op.cit., p. 226.

études sur Taymûr son reproduites ; elles sont parues initialement dans des journaux égyptiens tels que *al-Hilal* (*Le Croissant de lune*), *al-Fajr* (*L'Aube*) ou *Kawkab al-sharq* (*L'Étoile de l'Orient*). Sur les quinze critiques citées, cinq abordent la question de l'influence occidentale sur l'œuvre de Taymûr. Certains critiques arabes louaient cette tendance, d'autres reprochaient à Taymûr d'ériger des œuvres étrangères en modèle et de traiter à l'instar des écrivains occidentaux des sujets qu'ils jugeaient impudiques. Les auteurs égyptiens avaient besoin de modèles auxquels se référer et ils ne s'en cachaient pas. Maupassant, Tchékhov, Tourgueniev, Katherine Mansfield font partie de ces auteurs dont Taymûr a maintes fois évoqué le talent. Pourtant, il est difficile de parler d'influence et même d'imitation sans craindre de faire de l'interprétation abusive. Yvan Leclerc commence son propos sur l'imitation et le plagiat par cette citation, courte, mais qui donne à réfléchir : « Il faut toujours que nous imitions quelqu'un »[60]. Aucune littérature n'est exempte d'influence ou d'emprunt et la multiplication des points communs entre les textes ne doit pas forcément nous amener à parler de plagiat. Flaubert lui-même, que Maupassant considérait comme son maître, disait dans une lettre adressée à son ami le poète Louis Bouilhet : « Tu as toujours peur de plagiats ridicules. Qu'est-ce qui ne se ressemble pas et qu'est-ce qui se ressemble ? Est-ce qu'on conçoit jamais le même sujet d'une façon identique »[61]. Flaubert met le doigt sur un point très important : malgré certaines ressemblances, deux œuvres authentiques demeurent fondamentalement différentes. La justesse de son propos concernant la ressemblance entre les œuvres nous rappelle les propos des comparatistes français qui ont toujours expliqué que si la littérature comparée insiste sur les liens qui unissent une littérature à une autre ou plus spécifiquement une œuvre à une autre, c'est avant tout pour mieux la décrire, la comprendre et l'apprécier.

En ce qui concerne les influences étrangères sur la littérature française, Philippe Van Tieghem fait la différence entre deux termes souvent employés pour expliquer l'influence littéraire : « La distinction entre modèle et source est délicate. Source implique une imitation précise, textuelle ou technique, formelle ou idéologique, modèle, une imitation générale qui concerne le genre, l'atmosphère, le cadre, le milieu »[62].

Dans notre travail, nous abordons ces deux types d'influences dont la littérature de l'imitation issue de l'adaptation des œuvres étrangères qui a pour « modèle » la littérature occidentale, car elle en reproduit le genre, l'atmosphère et le cadre. Mais notre sujet concerne surtout la littérature arabe moderne qui s'inspire de la littérature occidentale tout en recréant une atmosphère et un cadre orientaux. Les auteurs de la *Nahda* qui dépeignent un cadre occidental représentent plutôt une classe sociale égyptienne qui vit à l'heure européenne. Ces œuvres ne décrivent pas l'Occident, mais l'Orient

---

[60] LECLERC (Y.), « Maupassant, l'imitation, le plagiat », *Europe,* août-sept. 1993, p. 115.

[61] Lettre de Gustave Flaubert à Louis Bouilhet datant du 2 septembre 1850.

[62] VAN TIEGHEM (Ph.), *Les Influences étrangères sur la littérature française* (1550-1880), Paris, P.U.F., 1961, p. 7.

occidentalisé. Pour ce qui est de la notion de source, la littérature occidentale l'a véritablement été pour la littérature arabe à un certain moment, que ce soit du point de vue des thèmes traités ou des techniques d'écriture utilisées. Quant à « l'imitation idéologique », certaines idées modernes ont été empruntées à l'Occident comme la pensée communiste ou positiviste. Enfin, en ce qui concerne le terme « modèle », notre étude nous oblige à lui donner une acception plus large que celle que Van Tieghem lui réserve, car pour les auteurs arabes la littérature française n'est pas seulement une source dont on imite le texte ou la technique, c'est aussi « un modèle de genre », mais ce modèle ne concerne pas l'atmosphère et le cadre. On ne peut donc pas limiter le sens du mot modèle aux quatre critères (genre, atmosphère, cadre et milieu) que choisit Van Tieghem. En fait, les mots « source » et « modèle » se complètent et se confondent, car la littérature arabe moderne est pluriculturelle. Au début, la littérature française a constitué une source pour la littérature arabe, mais l'art occidental a cessé d'être seulement cela quand la littérature arabe a pu assimiler les éléments qu'elle lui a empruntés. Van Tieghem exprime cette idée lorsqu'il écrit à propos du rôle de l'emprunt dans le renouvellement d'une littérature un peu essoufflée ou sclérosée par le manque d'inspiration : « Jamais ne cesse ce va-et-vient, cette quête du remède étranger [...] le remède une fois assimilé, l'organisme retrouve son développement harmonieux »[63].

---

[63] *Ibid.*, p. 4.

CONCLUSION DE LA PREMIÈRE PARTIE

L'Occident a fait irruption une première fois en Orient avec l'expédition de Bonaparte, mais ces deux mondes ne se rencontrèrent véritablement que lorsque l'Orient a commencé à recevoir un certain nombre d'idées et d'objets venus d'Occident qu'il intégra à l'intérieur de sa société. Cette ouverture vers le reste du monde et spécifiquement vers la France concerna tous les aspects de la société. L'Égyptien Anouar Abdel Malek écrit :

> *Arracher tout un monde culturel à la stagnation et le restituer [...] à la vie de notre époque, constitue un acte d'intégration au grand corps du monde, d'enrichissement de la civilisation contemporaine, d'extension du champ et de la profondeur des grands mouvements de fraternité où s'inscrit le devenir de l'homme[64].*

S'ouvrir à la littérature occidentale en traduisant et en adaptant ses œuvres a permis de s'approprier un nouveau mode d'écriture et des genres littéraires nouveaux. Ce fut une étape importante dans le développement de la littérature arabe moderne et cela malgré le fait que les traducteurs et adaptateurs arabes ont fait de la traduction un mode d'écriture ; ils étaient rarement fidèles à la forme et aux contenus des œuvres originales et adoptaient la plupart du temps une démarche « cibliste », privilégiant le goût des lecteurs auxquels ils s'adressaient et prenant moins en compte l'œuvre étrangère originale dans sa spécificité. Néanmoins, ils ont réussi à lui offrir une place de choix au sein de la littérature arabe moderne[65].

Une telle adoption des œuvres occidentales en pays arabe ne signifie pas que le roman, le théâtre et la nouvelle sont nés uniquement grâce à l'emprunt étranger ; l'héritage littéraire arabe classique constitue le terreau dans lequel ces genres ont pu s'épanouir. Avant la *Nahda*, dans les pays arabo-musulmans, les circonstances socio-culturelles n'étaient pas en faveur d'un épanouissement spontané de nouvelles formes littéraires malgré le fait que la littérature arabe classique possédait déjà les éléments nécessaires à cela. Il a fallu que l'Orient arabe s'ouvre et échange avec le reste du monde pour renouveler son art et sa culture.

---

[64] ABDEL-MALEK (Anouar), *Anthologie de la littérature arabe contemporaine*, Paris, Ed. du Seuil, 1965, p. 30.
[65] RACHDI (Naïma), « De la traduction à l'adaptation : la résilience culturelle arabe face à l'altérité occidentale » *Parallèles*, Université de Genève, avril 2014. http://www.paralleles.unige.ch/dernier/numero-27-1/rachdi/Paralleles_27-1_2015_rachdi.pdf

DEUXIÈME PARTIE

À LA DÉCOUVERTE DE L'AUTRE

Guy de Maupassant (1850-1893)   Mahmûd Taymûr (1894-1973)

INTRODUCTION À LA DEUXIÈME PARTIE

Le début du vingtième siècle a vu s'épanouir la littérature arabe moderne. Ce fut une époque durant laquelle les portes de l'Égypte s'ouvrirent aux autres cultures grâce à son contact direct avec l'Occident. Le voyage à l'étranger attira de plus en plus d'étudiants et d'intellectuels égyptiens. Le premier réformiste, al-Tahtâwî, comme celui qui fut considéré comme le premier romancier, Muhammad Husayn Haykal, étaient des voyageurs, et c'est durant son voyage d'études en France que Muhammad Taymûr, le frère aîné de Mahmûd, a découvert la littérature française et qu'il a lu les œuvres de Maupassant, les faisant ensuite découvrir à Mahmûd, son frère cadet qui les érigea au rang de modèle littéraire.

Après la confrontation politique et militaire, il y a eu des rencontres entre des hommes comme dans le cas d'al-Tahtâwî qui a eu l'opportunité de côtoyer des hommes de lettres et de science en France au XIXe siècle. Pour d'autres voyageurs, comme les Taymûr, s'il n'y a pas eu de rencontre réelle avec des auteurs français, leur découverte de la France et de sa littérature fut tout aussi fructueuse.

Mais ces écrivains étaient aussi des hommes dont la vie a influencé leur parcours littéraire. Nous mettrons donc en lumière certains aspects de celle-ci, mais succinctement et seulement pour mieux comprendre leurs parcours d'écrivains et la manière dont leurs destins se sont croisés. Nous verrons qu'il y a plusieurs points communs entre la naissance, la jeunesse et la formation littéraire de ces deux hommes. L'atmosphère intellectuelle de leurs époques et les préoccupations socioculturelles et politiques qui furent les leurs nous informent sur leur manière d'écrire et de penser et sur les inquiétudes ou les espoirs qui habitent leurs œuvres respectives.

Plusieurs biographes se sont déjà penchés sur la vie de Maupassant, mais dans le cas de Taymûr, malgré plusieurs études consacrées à l'homme et à son œuvre, il n'y a pas eu de véritables biographies abordant de façon détaillée et approfondie sa vie en plus de son parcours littéraire comme celle consacrée à son frère aîné Muhammad[66]. L'auteur égyptien n'a pas non plus laissé comme Maupassant une correspondance qui aurait pu nous éclairer sur

---

[66] MOOR (Ed. C. M. de), *Un Oiseau en cage*, Amsterdam, Rodopi, 1991.

sa vie intime. Cependant, il a fait plusieurs confidences dans les introductions de ses œuvres et il a aussi écrit des pensées et des récits de voyage qui nous informent sur sa personnalité.

Le voyage est justement un des éléments primordiaux dans le parcours des deux auteurs qui nous permet de mesurer à travers leur découverte, l'un de l'Orient méditerranéen, l'autre de l'Europe et de l'Amérique, à quel point leur rencontre avec "l'Autre" a pu les marquer, même si cela s'est fait dans deux contextes politiques et culturels différents.

I. NAISSANCE, JEUNESSE
ET FORMATION LITTÉRAIRE

1. Naissance de Guy de Maupassant et de Mahmûd Taymûr

Ni l'auteur français, ni l'égyptien n'ont eu une naissance ou une enfance ordinaire ; la situation de leurs familles et leurs personnalités firent qu'étant enfants ils ne menèrent pas exactement la même vie que celle du commun des enfants de leur âge et de leurs milieux. Selon les registres locaux, Maupassant naquit le 17 août 1850 au château de Miromesnil près de Dieppe. C'était une imposante bâtisse, située dans un très bel endroit, digne de la noble naissance que voulait, pour son fils, Laure de Maupassant. Selon d'autres sources, Maupassant serait en réalité né chez sa grand-mère maternelle dans la rue Sous-bois qui s'appelle aujourd'hui *Quai Guy de Maupassant*. Mais que Maupassant soit né dans un château ou dans une maison bourgeoise située à Fécamp, ville de saleurs, il rejoignit très tôt les paysans et les pêcheurs des environs, avec qui il passa des moments qui le marquèrent.

Mahmûd Taymûr, lui, est né au Caire en 1894. Yahyâ Haqqî, romancier et critique littéraire, nous décrit le quartier où se situe la maison familiale où naquit l'auteur égyptien et où il passa une grande partie de son enfance :

Venez avec moi, marcher dans les larges avenues du Caire jusqu'à ce qu'on arrive dans un quartier éloigné et aux ruelles étroites. En y pénétrant, on pourrait penser qu'il s'agit d'un quartier de pauvres et pourtant on arrive devant une grande porte cossue d'une maison à la fois belle et discrète. Elle ressemble à un vieux fort dans ce quartier nommé Darb as-Saʿâda [le quartier du bonheur] [...] je ne connais pas de maison qui aurait pu abriter autant de trésors de littérature et d'art...[67]

La famille de Taymûr vient de Turquie et elle est d'origine kurde et arabe. Le premier Taymûr à avoir quitté sa région de Mossoul au début du XIXe siècle pour l'Égypte est l'arrière-grand-père, al-Sayyid Muhammad ʿAli Taymûr, qui était officier dans l'armée de Muhammad ʿAli et qui connut une importante promotion dans le gouvernement turc. La tradition culturelle de la famille remonte au grand-père de l'auteur, Ismâʾîl (1815-1872), qui était un homme cultivé et qui veilla à l'éducation de ses enfants.

---

[67] HAQQÎ (Yahyâ), *Fajr al-qissa al-misriyya*, (*L'Aube de la nouvelle égyptienne*), *op.cit.*, pp. 31-32.

Ainsi son fils Ahmad Taymûr (1871-1930)[68], le père de notre auteur, devint un homme de lettres et un philologue de renom et la demi-sœur de celui-ci, 'Aïsha al-Taymûriyya (1902-1840), était une poétesse. Cette famille possédait des terres et faisait donc souvent des séjours à la campagne. Taymûr y découvrit les fellahs et la vie paysanne ponctuée de leurs récits et de leurs chants. Le père de Mahmûd, Ahmad Taymûr Pacha, possédait une grande fortune et était surtout connu pour sa grande culture. Il consacra un livre à l'histoire de la famille taymûrienne[69]. Sa bibliothèque comportait plus de deux mille ouvrages qu'il offrit à son pays en 1908. C'était dans cette maison qui n'existe plus aujourd'hui que naquit Mahmûd Taymûr le 16 janvier 1894, six mois après la mort de Maupassant. Taymûr passa donc son enfance dans un quartier du Caire où foisonnaient les petits commerces et où vivaient des gens simples avec leurs particularités et leurs traditions. Quand la mère de Mahmûd Taymûr mourut en 1899 de la rougeole, ils quittèrent Le Caire pour ses environs à 'Aïn-shams. Plus tard, ils retournèrent au Caire et habitèrent au quartier Hilmiyya où vivaient à l'époque intellectuels, fonctionnaires et gens aisés. Ils passaient leurs vacances dans leur maison de campagne où ils pouvaient profiter d'une grande liberté. Qu'ils soient hauts en couleur ou plus discrets, les personnages qu'il connut dans son enfance marquèrent de leur empreinte son univers. Il les a décrits plus tard dans ses œuvres et leur a rendu hommage en choisissant leurs noms comme titres à ses recueils de nouvelles comme il l'explique dans la préface d'un de ceux-ci :

> *Mon père nous emmenait souvent à la campagne, nous passions là les vacances d'été. J'aimais la vie dans ce cadre, je passais mon temps avec les fellahs, j'assistais à leurs réunions, j'écoutais leurs propos, j'éprouvais une grande joie à entendre leurs chants, je jouais à la balle sur les aires à battre, c'est là que je connus, parmi bien d'autres, une figure originale qui fit mon admiration, celle du Shayh Jum'a, le garde du Gurn al-Awsiyya (l'aire des Awsiyya)...*[70]

2. Maupassant et Taymûr, années de jeunesse

Guy de Maupassant mena jusqu'à l'âge de treize ans une enfance mouvementée et heureuse près non pas d'un père, mais d'une mère très proche de son « poulain échappé » comme elle l'appelait ; Laure de Maupassant, de son nom de jeune fille Le Poittevin, s'était retirée avec ses deux fils Guy et Hervé loin de son mari volage, dans la villa des *Verguies* à Etretat. Ce sont ses escapades à la campagne, ses longues promenades et ses parties de pêche

---

[68] TAYMÛR (Ahmad), *Târîkh al-'usra al-taymûriya* (*L'Histoire de la famille taymurienne*), Le Caire, Lajnat nashr al-Mu'alafât al-taymûriya, [2ème édition 1948].
[69] *Ibid.*
[70] TAYMÛR (Mahmûd), *Fir'awn al-saghir* (*Le petit pharaon*), préface, Le Caire, Matba'at al-Ma'ârif, 1939, p. 9, traduction : PERES (Henri) : « Préfaces des auteurs arabes à leurs romans ou à leurs recueils de contes et nouvelles », *Annales de l'Institut d'Études Orientales*, Alger, 1939-41, V, p. 181.

dans le pays de Caux qui sont à l'origine de l'amour de Guy pour la nature, pour la navigation et pour la liberté.

Si Mahmûd Taymûr a suivi des études primaires et secondaires en arabe et en français, Maupassant, lui, continua de mener une vie libre et sans vraies attaches scolaires jusqu'à l'âge de treize ans quand sa mère l'inscrivit à l'institution ecclésiastique d'Yvetot. Il s'y sentit prisonnier et l'enseignement religieux qu'il y recevait, et que sa mère avait déjà pris soin de lui inculquer par l'intermédiaire du vicaire d'Etretat, ne fit qu'accroître sa haine de la morale chrétienne et de ses interdits. Il resta cinq ans dans ce collège puis en fut renvoyé et finit ses études au lycée de Rouen.

Maupassant et Taymûr eurent leur baccalauréat à dix-neuf ans, respectivement en 1869 et en 1913. Maupassant commença des études de droit et Taymûr s'inscrivit à l'université d'agriculture. Mais aucun des deux ne put achever ses études. En 1870, la guerre éclata entre la Prusse et la France et Maupassant fut mobilisé ; il avait alors vingt ans. Taymûr avait le même âge lorsqu'il contracta la typhoïde et dut lui aussi interrompre ses études. Il occupa ses jeunes années de maladie et d'oisiveté à la lecture. Ensuite, il mena « une vie quelque peu libre », écrit pudiquement le critique égyptien Fathî al-Ibyâri[71].

Après la guerre, Maupassant fut employé au Ministère de l'Instruction publique, puis dans celui de la Marine où, durant des heures de travail fastidieux, il trépignait d'impatience de ne pouvoir « faire le jeune homme », comme il s'en plaignait naïvement à Flaubert dans une lettre du 4 novembre 1878. Cet emploi qui était très mal rémunéré n'était guère au goût du jeune Maupassant avide de vie intense et de réussite qu'il était à ses débuts. Le temps qu'il passa au Ministère, s'il fut pénible, est à l'origine de ses nouvelles où les personnages principaux sont des fonctionnaires comme « Les dimanches d'un bourgeois de Paris » où « L'Héritage » où l'on découvre la vie de petits fonctionnaires. Maupassant exécrait cette vie réglée par les horaires de bureau ; il écrivait le 4 janvier 1882 dans *Le Gaulois* : « Sur la porte des Ministères, on devrait écrire la célèbre phrase de Dante : « Laissez toute espérance, vous qui entrez ! » ». Et pourtant, quelques années plus tard, à l'instar de Frédéric à la fin de *l'Éducation sentimentale* qui dit à Deslauriers : « C'est là ce que nous avons eu de meilleur »[72], Maupassant, nostalgique de son passé d'avant la réussite, exprime ses regrets du passé par le biais de son personnage principal qui, comme souvent, lui ressemble : « Aujourd'hui je ne sais pas vraiment quelle fantaisie me pourrait faire lever du fauteuil où je somnole [...] Comme c'était simple et bon et difficile de vivre ainsi entre le bureau à Paris et la rivière d'Argenteuil »[73].

---

[71] IBYARI (Fathî al-), *'Âlam Taymûr al-Qisasî*, (*L'Univers nouvellistique de Taymûr*), Le Caire, 1976, p. 66.
[72] FLAUBERT (Gustave), *L'Éducation sentimentale,* Paris, Gallimard, 1965, p. 455.
[73] MAUPASSANT (G. de), *Contes et Nouvelles,* tome II, p. 1169.

Taymûr dans son recueil de pensées, *Parfum et Fumée,* se souvient avec nostalgie des jours où, malade, il était cloué au lit, seul dans sa chambre, bercé par la fièvre ; il avait appris à aimer le silence, la solitude et les rêves. Et quand, des années plus tard il pense au bonheur, c'est curieusement à cette année-là qu'il repense. Mais Taymûr est lucide et reconnaît que « le passé paraît beau parce qu'il ne revient pas et [que] s'il revenait, il y aurait de quoi avoir peur[74].

Physiquement, tout séparait les deux hommes ; contrairement à Maupassant qui fut un enfant et plus tard un homme robuste, Taymûr, enfant, était fragile et le demeura tout au long de sa vie. C'était un homme frêle, de nature douce, s'habillant à l'occidentale. Maupassant était, en apparence, de constitution beaucoup plus solide ; Flaubert l'avait surnommé « le taureau normand ». Il aimait manger et boire, et appréciait beaucoup la marche à pied au grand air. À cause de sa fragilité, Mahmûd Taymûr a dû ménager ses forces, ce que Maupassant ne fit pas, et à trente-neuf ans il se vit complètement rongé par la maladie et mourut à peine la quarantaine entamée. Flaubert reprochait à Maupassant la vie qu'il menait et lui écrivait : « Trop de p.... trop de canotage ! trop d'exercice ! Vous êtes né pour faire des vers, faites-en ! Tout le reste est vain, à commencer par vos plaisirs... »[75]. C'est en effet sa recherche du plaisir qui lui fit contracter la syphilis, le grand mal du siècle.

On ne connaît pas les secrets de la vie de Mahmûd Taymûr qui fut un homme discret et qui mena une vie assez rangée, mais marquée par les deuils ; il perdit sa mère alors qu'il était encore enfant ; à vingt-sept ans, il perdit son frère aîné et plus tard son fils de vingt ans qu'il chérissait. Taymûr hérita d'une partie de la fortune de son père et continua après la mort de celui-ci à mener sa vie entre Le Caire et la campagne où il allait pendant ses vacances. Il eut un mariage traditionnel « arrangé » selon les coutumes de l'époque ; il ne put voir sa femme, la fille d'un notable du Caire, avant le jour du mariage en 1920. Il affirma que son inquiétude vis-à-vis de ce mariage se dissipa le jour où il vit sa belle épouse et qu'il apprit à mieux la connaître ; elle devint alors pour lui la meilleure des compagnes et son mariage fut heureux, malgré le tragique épisode de la mort de leur fils. On peut constater la solidité et la complicité de ce couple dans les confidences faites par l'auteur dans son récit de voyage durant son séjour en Europe et aux États-Unis où il accompagna sa femme pour la faire soigner. Et même s'il ne révèle rien d'intime sur elle, on la devine très proche de lui, l'accompagnant tout au long de sa vie.

---

[74] TAYMÛR (Mahmûd), *'Itr wa dukhân (Parfum et fumée)*, Le Caire, al-Matba'a al-'asriyya, (1ère éd. 1945), 1988, pp. 233-234.
[75] Lettre de Flaubert à Maupassant datée du 15 août 1878.

3. Muhammad et Mahmûd Taymûr

Mahmûd Taymûr a souvent évoqué l'exemple de Muhammad (1892-1921) son frère aîné de deux ans et le fait que celui-ci était à l'origine de sa vocation littéraire. Cet auteur de pièces de théâtre et de nouvelles mort prématurément et dont il a voulu continuer l'œuvre était parti en France en 1911 pour y faire des études de droit qu'il abandonna au profit de la littérature française pour laquelle il se passionna. À Paris, il a pu partager ses centres d'intérêt avec d'autres étudiants grâce à l'Association des étudiants égyptiens à Paris qui était présidée par Muhammad H. Haykal, l'auteur de *Zaynab,* précédemment cité. Trois années plus tard, il était de retour en Égypte. La guerre de 1914 l'empêcha de retourner au pays de Maupassant dont il admirait beaucoup les écrits. Il commença alors à travailler comme auteur et interprète de pièces de théâtre. Il est l'auteur du recueil *Mâ tarâhu al-'uyûn (Ce que voient les yeux)* paru en 1917[76]. Dans ce recueil, la nouvelle intitulée : « Rabbî liman khalaqta hâda al-na'îm ? » (Dieu, pour qui avez-vous créé ces bienfaits ?) est précédée d'un avant-propos où l'auteur précise qu'il s'est inspiré de la nouvelle « Clair de lune » de Maupassant[77]. Mahmûd Taymûr partagea l'enthousiasme de son frère concernant les œuvres de Maupassant et, comme lui, il a voulu en suivre l'exemple. Mais ce frère mourut subitement en 1921 à l'âge de 29 ans. C'est à partir de cet évènement que commença la vie littéraire de Mahmûd Taymûr qui chercha à continuer les projets et les rêves brutalement interrompus de ce frère tant aimé et tant admiré. Il s'efforça de garder intact son souvenir par des hommages répétés. Il lui consacra une étude en plusieurs volumes intitulée : *Les œuvres de Muhammad Taymûr*[78] et expliqua dans la préface de son recueil de nouvelles *Al-Shaykh Sayyid al-'abît* (*Le Cheikh Saïd, l'idiot*), paru au Caire en 1926 que ce frère était son ami fidèle et son grand maître[79]. Eduardus C. M. de Moor, le biographe de Muhammad Taymûr, cite cette déclaration de Mahmûd Taymûr : « Comme je t'aimais, et comme tu m'aimais. Notre amitié était mutuelle, nos tendances et espoirs étaient similaires »[80].

---

[76] TAYMÛR (Muhammad), *Mâ tarâhu al-'uyûn* (*Ce que voient les yeux*), Le Caire, al-Matba'a al-salafiyya, 2ème édition illustrée, 1927.

[77] Cf. MOOR (Ed. C. M. de), *Un Oiseau en cage*, chapitre « L'Adaptation d'une nouvelle de Guy de Maupassant », *op.cit.*, pp. 172-184.

[78] TAYMÛR (Mahmûd), *Mu'alafât Muhammad Taymûr* (*Les Œuvres de Muhammad Taymûr*), Le Caire, Matba'at al-I'timâd, 1922.

[79] TAYMÛR (Mahmûd), *al-Shaykh Sayyid al-'abit*, (*Cheikh Sayyid l'idiot*), Le Caire, al-Matba'a al-salafiyya, 1926.

[80] MOOR (Ed. C. M. de), *Un Oiseau en cage*, *op.cit.*, pp. 46-47.

4. Gustave Flaubert et Guy de Maupassant

Pour l'auteur français, les relations familiales ne furent pas aussi sereines que celles que Taymûr entretenait avec la sienne. Le père de Guy de Maupassant demeure le grand absent de la vie de son fils, écarté de la famille par la mère qu'il trompait et qui mit fin à leur relation. Les rapports de Maupassant avec son père furent uniquement tissés de rancune et de condescendance ou tout simplement d'indifférence. Les lettres de Maupassant dans ses premières années à Paris en témoignent[81]. Gustave de Maupassant n'endossa jamais vraiment son rôle de père même s'il sembla regretter tardivement son éloignement de son fils et l'attitude indifférente de ce dernier à son égard et attribuait cela au caractère trop possessif de la mère. Mais Flaubert a un peu comblé ce manque de père chez Maupassant tout en lui servant de modèle littéraire. Entre les deux hommes, il existait au début un lien de maître à disciple, mais l'histoire de leur relation devint très vite celle de deux amis[82]. Flaubert appelait Maupassant « mon disciple » ou « mon fils ». Il tint la promesse faite à son amie Laure, la mère de Maupassant, d'aider son fils à réaliser sa vocation d'écrivain en lui prodiguant de précieux conseils. Il fut le premier à déclarer que *Boule de suif* était un chef-d'œuvre. Ce qui liait les deux hommes c'étaient entre autres leur humour, leur goût commun pour la farce et leur passion pour la littérature. La ressemblance de Guy avec son oncle, Alfred Le Poittevin, le grand ami défunt de Flaubert, n'était sans doute pas étrangère à la tendresse que Flaubert avait pour Maupassant. Ils vécurent ainsi une assez brève, mais exceptionnelle relation. La carrière de Maupassant commença en 1880, avec la publication de la nouvelle « Boule de suif », parue dans le recueil des *Soirées de Médan,* pour laquelle Flaubert s'enthousiasma, mais malheureusement il ne put suivre l'évolution de la carrière littéraire de son fils spirituel, car il mourut la même année. Il laissa ainsi inachevé son roman *Bouvard et Pécuchet* et tant d'autres projets. Maupassant souffrit beaucoup de cette disparition et se lança dans une période de créativité frénétique qui dura une dizaine d'années, de 1880 à 1890 environ, « comme s'il se voulait la continuation vivante de l'ami défunt », dit Martin Pasquet[83]. Le journal *Le Gaulois* avait également présenté Maupassant comme « l'héritier littéraire » de Flaubert. Mais Maupassant cherchait surtout à se réaliser en tant qu'écrivain et c'était pour lui la seule chose qui ne lui paraissait pas ennuyeuse et vaine contrairement à tout le reste. Sa rencontre avec Flaubert fut bénéfique, mais sa carrière littéraire se situe tout à fait à part de celle de son ami. En fait, si l'un des deux auteurs pouvait être considéré comme la « continuation vivante » d'un autre écrivain, ce serait plutôt Mahmûd Taymûr par rapport à son frère. La disparition de ce dernier,

---

[81] Cf. Lettre du 23 novembre 1872 adressée par Maupassant à sa mère.
[82] *Gustave Flaubert et Guy de Maupassant, Correspondance, 1872-1880*, éd. par Sylvain Kerandoux, Paris, La Part Commune, 2009.
[83] PASQUET (Martin), *Maupassant.* Paris, Albin-Michel, 1993, p. 47.

si elle fut douloureuse, le poussa à se révolter par la créativité. Mais Maupassant et Taymûr se sont assez rapidement écartés du chemin de leurs « maîtres » et ont suivi le leur. D'ailleurs, Armand Lanoux parle de Maupassant comme du « moins flaubertien des disciples »[84]. Taymûr, quant à lui, abandonna certains principes de son frère comme l'adhésion totale au courant réaliste ou naturaliste, estimant que « l'homme de lettres ne doit pas se donner d'entraves dans la composition en s'affiliant à une école »[85]. Maupassant garda toujours les précieux conseils de Flaubert et les cita dans sa préface à *Pierre et Jean* : « Il s'agit de regarder tout ce qu'on veut exprimer assez longtemps et avec assez d'attention pour découvrir un aspect qui n'ait été vu et dit par personne »[86]. Taymûr, lui, réalisa le principal rêve de son frère : écrire des œuvres arabes modernes en adoptant les nouveaux genres de la nouvelle, du roman et du théâtre.

5. La formation de leurs goûts

L'influence de l'histoire familiale des deux hommes fut pour beaucoup dans leur vocation d'écrivain. Leurs initiateurs à la littérature ainsi que ceux qui contribuèrent à forger leurs goûts furent nombreux. Laure Le Poittevin, la mère de Guy, était la sœur du poète Alfred le Poittevin. C'était une femme cultivée et d'une sensibilité exacerbée. Elle aimait la poésie et le théâtre et inculqua ainsi à son fils l'amour des belles lettres. Elle était aussi l'amie de Gustave Flaubert à qui elle recommanda son fils. Vers l'âge de dix-sept ans, durant ses vacances scolaires que Guy passait auprès de sa mère, il rencontra le poète anglais Swinburne. Cet homme aux mœurs délictueuses marqua la mémoire et le goût du jeune Guy bien qu'il ne le rencontrât que deux fois. Il fut impressionné par ce poète singulier qui vivait avec son compagnon dans un chalet où ils s'étaient isolés pour mieux vivre dans la tradition du Marquis de Sade. Mais le jeune homme finit par fuir, surtout après avoir goûté des saveurs et senti des odeurs fort curieuses dont il n'arrivait pas à définir l'origine. Mais dans certaines de ses nouvelles comme « Fou » où « La petite Roque », apparaît sa tendance à décrire les nombreuses souffrances de pauvres victimes et l'état d'âme de criminels pervers. La main d'écorché que Swinburne offrit à l'adolescent ne le quitta jamais et fut à l'origine de certains contes fantastiques comme « La Main d'écorché ». Cependant, il est clair que la figure littéraire qui l'influença le plus est celle de Flaubert.

Pour Mahmûd Taymûr, c'est d'abord son père, présent, admiré et aimé qui l'initia aux grandes œuvres de la littérature arabe classique. L'image qu'il en garda fut celle d'un modèle auquel il était bon de ressembler. Ahmad Taymûr

[84] LANOUX (Armand), « Le Gueuloir et l'habit rouge », *Le Magazine littéraire,* n° 156, janvier 1980, p. 16.
[85] PERES (Henri), « Préfaces des auteurs arabes… », *Annales…, op.cit.,* p. 185.
[86] MAUPASSANT (G. de), *Pierre et Jean*, préface : « Le Roman », Flammarion, 1982, p. 58.

organisait des cercles culturels dans sa demeure où se retrouvaient les notables du pays, surtout des hommes de lettres. Ses enfants, Muhammad, Mahmûd et Ismaïl (ce dernier resta étranger au monde des lettres), ont assisté à ces réunions dès leur adolescence. La tante paternelle de Mahmûd, 'Aïsha al-Taymûriyya, fut elle aussi une des figures marquantes de son enfance ; c'était une des premières femmes à s'imposer en Égypte à l'époque moderne dans le domaine littéraire. Mahmûd Taymûr parla souvent de cette tante poétesse dans les introductions de ses recueils de nouvelles. Ses neveux allaient souvent lui rendre visite et la trouvaient dans sa chambre, « assise sur son large fauteuil, telle une reine portant ses cheveux blancs comme on porte une couronne. Elle se baissait de temps en temps pour caresser la tête d'un de ses nombreux chats, assis chacun sur son coussin[87]. Mais c'est son frère aîné Muhammad, un des tout premiers nouvellistes égyptiens, mort à l'âge de 29 ans, qui marqua le plus son parcours littéraire en l'initiant aux écrits de Maupassant. C'est ce qui fut décisif pour sa carrière puisque la découverte de l'œuvre de Maupassant fut pour lui une véritable révélation. Il écrit à ce propos dans l'introduction d'un de ses recueils :

Mon frère me fit l'éloge de Maupassant, le conteur français, et je me mis à lire son œuvre. À peine avais-je lu un recueil de lui que je me sentis séduit. Je poursuivais ma lecture avec une grande passion. Par la suite, mes lectures s'étendirent aux différentes branches du genre narratif européen, mais jusqu'à ce jour, j'ai toujours gardé à Maupassant la première place dans mon esprit, car il est pour moi le grand maître de la nouvelle[88].

6. La carrière littéraire des deux auteurs

À ses débuts, on parla de Maupassant comme d'un disciple du maître naturaliste Zola. Pourtant, par sa nouvelle *Boule de suif* il a démontré qu'il ne pouvait y avoir de maître ou de disciple dans le cercle de Médan. Sa nouvelle se distingue par sa qualité de l'ensemble des nouvelles de ses collaborateurs, c'est-à-dire Zola, Hennique, Alexis, Huysmans et Céard. Brunetière avait déclaré à propos de Maupassant à l'époque où on le confondait encore avec le groupe naturaliste : « Sa manière d'écrire est [...] plus simple, plus franche, plus directe que celle de la plupart de ses émules en naturalisme, et même de M. Zola. On dirait aussi que son pessimisme à quelque chose de moins littéraire ; de moins voulu par conséquent, et de plus douloureux »[89].

Taymûr comme Maupassant se voulaient poètes à leurs débuts ; le premier rédigeait des poèmes en prose et le deuxième de petites histoires qui n'avaient de poétique que la rime et le mètre. Voici par exemple quelques

---

[87] HAQQÎ (Yahyâ), *Fajr al-qissa al-misriyya*, (*L'Aube de la nouvelle égyptienne*), op.cit., p. 35.
[88] TAYMÛR (Mahmûd), *Fir'awn al-saghîr*, (*Le petit pharaon*), op.cit. p. 18, traduction de : PERES (H.) « Préfaces des auteurs arabes… », *Annales…*, op.cit., pp. 183-184.
[89] *Revue des deux mondes*, 1er août, 1884.

vers de « Terreur », qui annoncent les nouvelles fantastiques de Maupassant qui confirment le fait qu'il était avant tout un conteur :

Ce soir-là j'avais lu fort longtemps quelque auteur.
Il était bien minuit, et tout à coup j'eus peur.
Peur de quoi ? je ne sais, mais une peur horrible.
Je compris, haletant et frissonnant d'effroi,
Qu'il allait se passer une chose terrible...
Alors il me sembla sentir derrière moi
Quelqu'un qui se tenait debout, dont la figure
Riait d'un rire atroce, immobile et nerveux :
Et je n'entendais rien, cependant. O torture ![90]

Après le succès de *Boule de suif*, Maupassant publia ses poèmes dans un volume intitulé : *Des Vers*. Quant à Mahmûd Taymûr, malgré son admiration pour les poètes du *Mahjar* (*l'Exil*) (dont fait partie le célèbre G. Khalîl Gibrân) et le fait qu'il s'est essayé à la poésie en prose dans ses cahiers de jeunesse, il n'a jamais publié de poèmes contrairement à son frère Muhammad. Taymûr a appelé son premier recueil de nouvelles *Al-Shaykh Jum'a* (1925), ce nom est celui d'un garde champêtre qu'il avait connu dans son enfance. Cette première œuvre fut bien accueillie ; on en apprécia le réalisme et la simplicité d'écriture. Il était alors âgé de trente et un ans en 1925. Les dernières nouvelles parurent au milieu des années soixante. Taymûr vécut plus longtemps que Maupassant et écrivit donc durant une période beaucoup plus étendue. Il est l'auteur de vingt-cinq recueils de nouvelles, de sept romans, de seize recueils de pensées (études et voyages), ainsi que de dix-huit pièces de théâtre. Il rédigea également des chroniques dans la revue *Al-Sufûr* (*Le dévoilement*) qui appelait à la modernité et défendait la place du genre romanesque au sein de la littérature arabe. Il a d'abord travaillé au Ministère égyptien des Affaires étrangères, tout comme Maupassant qui travailla au Ministère de la Marine. Il se consacra à l'écriture et donnait des conférences sur la littérature arabe. Il fut un membre du Conseil supérieur des arts, lettres et sciences humaines. En 1950, il fut nommé à l'Académie de la langue arabe du Caire où il fut accueilli par Taha Hussein. Il ne quitta ce poste qu'à l'âge de soixante-dix-neuf ans, en 1973, quelques mois avant sa mort.

Maupassant est l'auteur de huit romans dont deux sont restés inachevés, de seize recueils de nouvelles (plus de trois cents contes et nouvelles), de trois récits de voyage, de cinq pièces de théâtre, d'un recueil de poèmes et d'à peu près deux cents chroniques. Ce fut un auteur moderne, héritier de la fructueuse révolte de ses prédécesseurs contre le romantisme. Cet ennemi du conformisme et des idées établies disait : « Je ne désire qu'une chose, c'est de n'avoir pas de goût, parce que tous les grands hommes n'en ont pas et en inventent un nou-

---

[90] Poème édité dans la revue *La République des lettres,* le 20 juin 1876, sous le pseudonyme de Guy de Valmont.

veau »[91]. Grâce à sa réussite en tant qu'écrivain, Maupassant a pu quitter la bureaucratie et mener une vie aisée et libre. Mais Maupassant qui avait écrit surtout des nouvelles voulait être d'abord un romancier. Il déclara en 1891 qu'il en avait fini avec les histoires courtes et qu'il ne voulait plus « distraire [son] cerveau avec des historiettes »[92]. Il s'apprêtait alors à se consacrer au roman. Mais il ignorait à ce moment-là que deux mois plus tard la maladie allait atteindre son cerveau et lui faire perdre la raison et qu'il laissera inachevés ses deux romans : *L'Âme étrangère* et *L'Angélus*. Il s'écria dans une dernière lettre déchirante adressée à son ami le docteur Cazalis : « Je suis absolument perdu [...] c'est la mort imminente et je suis fou. Ma tête bat la campagne. Adieu, ami, vous ne me reverrez pas »[93]. Ainsi se termina sa vie et une fulgurante carrière d'écrivain qui n'aura duré que dix ans. Maupassant disait de lui-même : « Je suis entré dans la vie comme un météore, j'en sortirai par un coup de tonnerre »[94].

Maupassant ne savait pas qu'il allait un jour être célébré dans le monde entier comme l'un des grands maîtres de la nouvelle. Et si de son vivant ses écrits rencontraient le succès, ce ne fut pas le cas pour ses pièces de théâtre qu'il tenait pourtant beaucoup à faire jouer sur scène. Mais son rêve de faire vivre ses personnages sera réalisé des années plus tard. Ses pièces comme *La Paix du ménage* et même un roman comme *Pierre et Jean* furent joués, mais c'est surtout grâce au septième art et à la télévision que ses écrits ont pu prendre vie[95].

Certaines œuvres de Mahmûd Taymûr furent également portées à l'écran en Égypte. Après 1925, son activité ne connut pas de pause ; ses œuvres furent traduites en plusieurs langues et le grand Taha Hussein disait de lui qu'il n'était pas seulement un écrivain égyptien ou arabe, mais un « véritable écrivain international »[96]. Ses œuvres furent traduites dans plusieurs pays, dont la France[97].

---

[91] Lettre de Maupassant à sa mère datant de 1878.
[92] Lettre de Maupassant datant du mois d'octobre de l'année 1891.
[93] Lettre de Maupassant datant du 31 décembre 1891.
[94] Lettre de Maupassant à José Maria de Heredia, datant de novembre 1890.
[95] Cf. « Santelli : Images d'un visionnaire », propos recueillis par Valérie Marin, *La Meslée*, *Le Magazine littéraire*, n° 310, mai 1993, pp. 87-88.
[96] TAYMÛR (Mahmûd), *Qâla al-râwi* (*Le Conteur a dit*), préface de Taha Hussein, Le Caire, al-Maktaba al-tijâriyya, 1942.
[97] Voir la liste des traductions des œuvres de Taymûr à la fin de cet ouvrage.

II. LA SITUATION POLITIQUE ET CULTURELLE DANS LES PAYS DES DEUX AUTEURS

Maupassant et Taymûr vécurent dans des époques de grands changements. Le début du vingtième siècle égyptien connut de grands progrès dans tous les domaines. Un besoin de modernité et d'ouverture vers le reste du monde succéda, ainsi que nous l'avons vu plus haut, à une période d'assoupissement durant le règne ottoman. Un renouveau progressif permit au pays de commencer le vingtième siècle dans une situation économique et politique bien plus favorable que durant l'époque précédente. Avec la *Nahda* tout semblait désormais possible, d'autant plus qu'à partir des années vingt quand Taymûr a débuté dans le domaine de l'écriture, l'Égypte commençait culturellement à ressentir les retombées des avancées culturelles apportées par son ouverture sur le reste du monde et par la généralisation de l'enseignement dans le pays.

En France, la fin du dix-neuvième siècle fut une période propice aux découvertes et au progrès scientifique et économique. Malgré un certain obscurcissement de l'atmosphère intellectuelle, les domaines en relation avec la science étaient florissants. Mais toute expansion économique ou politique est aussi synonyme de profit et de conflit. Certaines œuvres littéraires se firent ainsi l'écho de mouvements sociaux. Maupassant n'a guère participé aux débats politiques de son époque et n'a donc pas créé d'œuvres à tendance sociale comme son ami Zola par exemple. Trois régimes différents s'étaient succédé à son époque : la IIe République, le Second Empire puis le rétablissement de la république. L'évènement historique important auquel Maupassant participa c'est la guerre de 1870 entre la France et la Prusse dont il parle dans certaines nouvelles comme « Boule de suif », une expérience qui le rendit profondément antimilitariste. Il a également connu la présence française en Algérie et en Tunisie et la rapporte dans ses chroniques africaines où il a quelquefois exprimé son opinion concernant la politique coloniale française.

Mahmûd Taymûr aborde lui aussi la question de la présence française en Afrique du Nord dans son récit de voyage où il donne son avis sur cette question, mais sans s'engager dans aucun combat politique. Taymûr est né sous l'occupation anglaise ; il a donc connu l'atmosphère des révoltes et des changements de régime survenus dans son pays. En 1914, les Anglais appuyèrent leur présence en Égypte par un protectorat qui dura jusqu'en 1922. Toutefois, l'appareil militaire britannique resta présent sur le sol égyptien jusqu'en 1952, date de la « révolution égyptienne » menée par l'armée. C'est ce dernier évènement qui mit fin au règne des Turcs et des Anglais et qui permit l'instauration de la République[98]. Nombreux sont les évènements historiques qui lient l'Égypte à l'Angleterre dont l'influence est apparente dans la société égyptienne et qu'on retrouve dans la littérature. La femme émancipée et moderne à la manière de la femme occidentale est présente dans les récits de Taymûr. L'emploi d'un vocabulaire anglais dans ses textes, retranscrit phonétiquement, montre également la volonté de mettre en évidence une influence anglaise visible également au niveau de la langue. Des nouvelles comme « Comment j'ai raté Oxford » ou « L'Appel de l'inconnu » en sont des exemples ; l'auteur y parle de lieux ou de personnages anglais comme on le verra plus loin.

1. Le climat intellectuel de leurs époques

L'atmosphère intellectuelle du pays et de l'époque de Maupassant est très différente de celle de Taymûr. Tout d'abord, l'auteur égyptien appartient à une époque de renaissance économique et socioculturelle pleine de promesses et d'enthousiasme qui permit, entre autres réalisations majeures, l'épanouissement de la littérature arabe moderne. En Occident à l'époque de Maupassant, malgré les découvertes et les avancées scientifiques, on parlait beaucoup dans les milieux intellectuels de déliquescence, de nihilisme, de l'arrivée des Barbares et de la fin d'un siècle. Maupassant subit cette vague de pessimisme et l'exprima dans son œuvre en la nourrissant d'une angoisse personnelle due en partie à ses problèmes de santé.

Taymûr, à l'aube d'un nouveau siècle et d'un nouveau destin pour l'Égypte, faisait découvrir à ses compatriotes la nouvelle arabe et décidait avec les pionniers de la littérature arabe moderne des termes qui désigneraient désormais les nouveaux genres littéraires (comme nous le verrons plus loin). La renaissance égyptienne commença à peu près une cinquantaine d'années après la fin de la campagne d'Égypte. Mais c'est à partir du début du vingtième siècle que l'on entra vraiment dans une période de créativité importante et que les fruits de la *Nahda* commencèrent à être visibles. Deux tendances littéraires se complétaient, l'une représentant un attachement aux sources du savoir classique, l'autre tendant vers la modernité. Les auteurs arabes de cette époque évoluaient entre deux grandes idées : la nécessité de prendre exemple sur l'Occident pour ses techniques littéraires modernes et le besoin de conserver une identité culturelle arabe, d'où cette tendance à

---

[98] Cf. TOMICHE (Nada), « L'Égypte coloniale », *Encyclopædia Universalis*, 1989, vol. VIII, pp. 11-14.

l'emprunt « *al-iqtibâs* » et à la revivification de l'héritage culturel « *al-ihyâ'* ». Durant les différentes périodes de conflit entre les colons anglais et les vice-rois turcs, l'Occident apparaissait tantôt comme un espoir, tantôt comme un danger. Beaucoup d'écrits de cette période concernent cette découverte de l'Occident et de ses idées. La remise en question qui s'est faite à cette époque en Égypte allait de pair avec une certaine fascination pour l'Occident, sa technologie et ses idées, mais non sans une certaine méfiance vis-à-vis de ses valeurs qu'on opposait souvent à celles de l'Orient musulman.

2. Les causes du pessimisme en Occident

Les problèmes et les changements qui marquent une époque, qu'ils soient d'ordre économique, politique ou socioculturel, déterminent l'inspiration des artistes, car la recréation imaginaire du monde fait partie de leurs aspirations. Ils cherchent à le représenter et à redéfinir la condition de l'homme en tentant de se libérer de la réalité et des manques qu'elle génère en en créant une autre. Maupassant appartient à une époque qui vit le pessimisme imprégner la sensibilité littéraire plus fortement que durant l'époque romantique et une dernière fois avant le début du nouveau siècle. Plusieurs facteurs sont à l'origine du pessimisme qui assombrit l'atmosphère intellectuelle de la fin du dix-neuvième siècle. Parmi les idées qui mirent fin à la croyance en un avenir toujours meilleur, il y a par exemple certaines théories biologiques en rapport avec celle de Darwin sur l'évolution qui montre que l'humanité suit la même évolution que celle de l'homme qui naît, mûrit, vieillit puis meurt ; elle est donc condamnée à s'éteindre un jour. En outre, les progrès de l'astronomie montrent que la Terre est une planète parmi d'autres et qu'elle n'est pas à l'abri d'une catastrophe cosmique. L'homme et la nature sont par conséquent tous deux vulnérables. La théorie de l'hérédité fut également à l'origine d'un déterminisme étroit partagé par certains penseurs et cela contribua à l'assombrissement de l'horizon intellectuel. L'homme semble condamné, selon cette théorie, à porter les tares des générations précédentes sans espoir d'y échapper. Cet aspect de la destinée humaine est bien illustré par Zola dans *Le Roman expérimental.* En outre, l'influence de la médecine psychiatrique sur l'opinion littéraire a poussé certains écrivains à établir une relation entre les maladies du corps et celles de l'esprit. On songe alors aux romans respectifs de Zola et des frères Goncourt *Thérèse Raquin* et *Germinie Lacerteux,* ou encore, dans un genre différent, à Des Esseintes, le héros de Huysmans dans *À Rebours.* Ce personnage illustre bien le cas du décadent, de l'homme moderne, névrosé à force de rechercher des sensations nouvelles et que le « spleen » guette. La science positiviste nourrissait le pessimisme ambiant, car elle décrivait un monde régi par un ensemble de lois implacables. L'image d'un Dieu juste s'éloigna alors au profit de lois aveugles. L'image du néant, aboutissement inévitable de l'être, se fit plus angoissante. La mort d'un ordre divin fit s'écrouler les limites entre l'homme et l'absurde. Maupassant n'échappa pas à cette confrontation, ainsi que le nota dans son journal Jules Renard : « Maupassant est mort de peur, le néant l'a affolé et tué »[99]. Les idées nihilistes qui circulaient dans les milieux cultivés trouvaient dans la philosophie de Schopenhauer une solide assise. Pourtant l'ouvrage essentiel de cet auteur, c'est-à-dire *Le Monde comme volonté et comme représentation*, n'a été traduit qu'en 1886. L'ouvrage qu'on connaissait de lui et qui parut en 1880 et que Maupassant a lu n'est qu'une anthologie[100]. Cela explique le fait que Maupassant avait une connaissance assez succincte de la pensée du philosophe allemand qui préconise le « détachement » au lieu de la « volonté » ou du « vouloir-vivre » qui est la cause du malheur de l'homme, puisque cette attitude lui fait miroiter un bonheur qu'il n'obtient jamais. Il faut donc, selon ce penseur, se désintéresser du monde et le regarder de façon lucide au lieu d'user de volonté. Il compare l'état « contemplatif » auquel ce chemin mène à l'état des mystiques hindous ; ces idées rappellent la pensée bouddhiste dont la philosophie du penseur allemand est inspirée. Parmi les dangers qui menacent l'homme, Schopenhauer désignait la femme qui le pousse vers le « vouloir-vivre » qui lui est fatal. Dans la religion, elle l'est aussi, et représente la tentatrice. Mais quand la religion recommande la contemplation de Dieu, Schopenhauer propose la « contemplation esthétique », autrement dit l'art, auquel n'accède qu'une élite. Ces idées sont largement illustrées dans l'œuvre de Maupassant, notamment concernant la femme qui semble représenter un piège pour l'homme. Et comme pour son philosophe préféré, la croyance religieuse est un leurre et seul l'art compte. Maupassant s'exprima souvent à propos de Schopenhauer qu'il admirait et qu'il considérait comme étant « le plus grand saccageur de rêves qui ait passé sur la terre »[101].

Des raisons sociales et politiques s'ajoutèrent aux causes scientifiques et philosophiques pour assombrir le climat de l'époque. La défaite des Français devant les Prussiens causa un grand sentiment d'humiliation. Maupassant participa à cette guerre et en parla dans sa première comme dans sa dernière œuvre où il explique l'absurdité du conflit militaire[102]. Les personnages s'y divisent en deux camps, les gens du peuple, dont certains sont patriotes et même quelquefois héroïques, et les notables, plus lâches, qui ne sont émus que par le profit.

---

[99] RENARD (Jules), *Journal (1887-1910)*, Paris, Gallimard, 1960, p. 1090, à la date du 12 décembre 1905.
[100] SCHOPENHAUER (Arthur), *Pensées, maximes et fragments*, précédé d'une vie de Schopenhauer, par J. Bourdeau, Editeur : G. Baillière, 1880.
[101] MAUPASSANT (G. de), « Auprès d'un mort », *Contes et nouvelles*, tome I, p. 728.
[102] Maupassant (G. de), *Boule de suif et autres nouvelles de guerre*, commentées par B. Valette, Classique Larousse. 1993.

3. Les aspects du pessimisme

Le pessimisme de Maupassant apparaît à travers sa vie et son œuvre littéraire. Deux lettres qu'il envoya à une jeune femme nommée Marie Bashkirtseff, avec qui il correspondait et qui ne lui révéla jamais son identité, dénotent un profond pessimisme. Maupassant se sentait las de tout, même de la littérature qui était jusque-là sa raison de vivre. Il écrit le 14 mars 1884 :

Je prends tout avec indifférence et je passe les deux tiers de mon temps à m'ennuyer profondément. J'occupe le troisième tiers à écrire des lignes que je vends le plus cher possible en me désolant d'être obligé de faire ce métier abominable.

Il lui dit le 13 mai 1884, en guise d'adieu :

Tout m'est à peu près égal dans la vie, hommes, femmes et évènements. Voilà ma vraie profession de foi, et j'ajoute, ce que vous ne croirez pas, que je ne tiens point plus à moi qu'aux autres. Tout se divise en ennui, farce et misère[103].

Maupassant disait pourtant dans sa nouvelle « Sur L'eau » détenir l'objectivité artistique, celle de l'écrivain qui voit les choses telles qu'elles sont et non comme on voudrait les voir. Mais en fait, il envie la naïveté des autres qui croient au bonheur même s'il n'est que le résultat de leurs illusions. Cette « lucidité » qu'il évoquait si souvent et le regard sans concession qu'elle lui fit porter sur le monde le menèrent vers un profond pessimisme qui marqua son œuvre et qu'on lui reprocha d'ailleurs. Dans un article du *Temps* datant du 13 mai 1883, on pouvait lire : « Quelque qualité qu'il y ait dans *Une Vie*, M. de Maupassant est supérieur à cette œuvre. Pourquoi son tableau est-il si violemment poussé au noir. C'est ce pessimisme qui a empêché Flaubert de se renouveler, c'est lui qui frappe Zola d'incapacité psychologique ».

À la fin du XIXe et au début du XXe siècle, l'Égypte était bien loin de ce marasme philosophique européen ; la *Nahda*, la renaissance culturelle arabe, promettait des miracles. Les idées réalistes et naturalistes françaises malgré le pessimisme qu'elles pouvaient charrier plaisaient aux pionniers de la littérature arabe moderne. Et si en France à la fin du dix-neuvième siècle, on reprocha à certains écrivains d'abuser de cette vision pessimiste du monde, le même reproche fut adressé en Égypte aux auteurs qui suivirent l'exemple français de la littérature réaliste et naturaliste. On critiqua le parti pris systématique de peindre les bas-fonds et la misère humaine. Mahmûd Taymûr répondit dans la préface à *Al-Shaykh Jum'a* à ces reproches en faisant l'apologie de la littérature réaliste comme le fit Maupassant avant lui : « Elle dévoile la réalité de la vie quelque dure qu'elle soit pour l'exposer aux gens

---

[103] MAUPASSANT (G. de), « Les lettres à l'inconnue », *Le Magazine littéraire*, n° 310, mai 1993, p. 83-86.

dans toute sa nudité, telle qu'elle est et non comme certains voudraient la voir »[104].

Toutefois, Maupassant comme Taymûr ne défendaient que les principes d'un réalisme modéré ; ils refusaient d'ailleurs toute idée d'appartenance à un courant littéraire défini. Maupassant considérait que « la basfondmanie » des naturalistes [était] mutilante pour l'art »[105]. Le journal *Le Monde* déclarait à propos de la société française de la fin du dix-neuvième siècle que « le peuple [était] le seul élément sain dans [cette] société sur le flanc... »[106]. Maupassant décrit des gens, mais ce qu'il dépeint, ce sont souvent leurs failles, leurs malheurs, leurs défauts. Grâce à sa lucidité, son hypersensibilité ainsi que son pessimisme, il a rarement été, pour ne pas dire jamais, le peintre du bonheur tranquille.

On a souvent utilisé le terme « décadence » pour parler de son époque, puis, après 1890, on appela cette période « fin-de-siècle ». Cette manière d'appréhender le monde n'était pas uniquement celle de quelques artistes atteints d'un mal étrange ; l'esprit décadent s'était nourri d'une profonde déstabilisation des valeurs établies, d'une remise en question philosophique amenée par les mutations que subissaient les sociétés française et européenne. Des termes tels que « névrosisme », « spleen », « hypnotisme » ou encore « morphinisme », etc. traduisent un malaise propre à cette « fin-de-siècle » et témoignent du bouleversement, de la difficulté d'être, autrement dit, des maux du nouvel homme moderne.

4. « Fin de siècle » et Renaissance

Taymûr est le représentant d'une époque d'optimisme et de confiance en un certain nombre d'idées et d'idéaux qui répondaient aux besoins de cette époque de renaissance. L'Égypte à l'époque de la *Nahda* et malgré la présence anglaise s'émancipait de plus en plus et se libérait de l'Empire turc qui l'avait jusque-là condamnée au silence. Un grand nombre de penseurs, prônant un islam ouvert au progrès, permit à l'Égypte d'accueillir plus facilement les technologies et les sciences occidentales dans la société égyptienne rendant tous les rêves de progrès possibles. Certains penseurs modernistes et réformistes de la *Nahda* comme Mohammad Mahmûd al-Shanqîtî (1829-1904) et Mohammad 'Abduh (1849-1905) ont fréquenté les cercles culturels organisés par le père de Mahmûd Taymûr, le philologue Ahmad Bacha Taymûr[107]. Quant aux pionniers de la littérature arabe, ils sont de la génération intellectuelle de Mahmûd Taymûr à qui il rend souvent

---

[104] PERES (Henri), « Préfaces des auteurs ... », *Annales...*, *op.cit.*, p. 169.
[105] BANCQUART (M. C.), « Un Auteur fin de siècle », *Le Magazine littéraire*, n° 310, 1993, p. 48.
[106] *Le Monde*, spécial « Frisson fin-de-siècle », août 1991, p. 3.
[107] GABRIELI (Francesco), « L'Opera letteraria di Mahmûd Taimur » (L'œuvre littéraire de Mahmûd Taymûr), *Oriente Moderno* (*L'Orient moderne*), Roma, Instituto per l'Oriente, n° 32, mai-juin 1952, p. 142.

hommage dans ses écrits. Parmi les noms les plus cités et les plus marquants pour Taymûr, il y a celui du poète Khalîl Gibrân (1883-1931) de l'école syro-américaine précédemment cité. Il est le représentant arabe de la poésie romantico-symbolique. Il parle également de Muhammad Hussayn Haykal, un des premiers romanciers arabes, que nous avons déjà évoqué et de bien d'autres. Taymûr fait partie de ces pionniers de la littérature arabe moderne qui avaient peu de temps à accorder aux doutes et aux incertitudes. Les années d'imitation et de traduction ont permis à ces hommes d'avoir confiance en leur capacité d'écrire des œuvres originales. Pour l'Égypte, ce début du vingtième siècle fut porteur non pas d'une angoisse existentielle ou de la crainte du fameux « néant », mais du désir d'avancer et de concrétiser le plus de rêves possible. Taymûr était loin de nourrir des idées aussi obscures que celles de Maupassant ; s'il vécut quelque peu en retrait, ce ne fut pas par désenchantement, mais parce que sa santé fragile lui interdisait d'avoir une vie riche d'activités et de plaisirs. Ces interdits, il en parle dans son introduction à son recueil *Le petit pharaon :*

> *La médecine, tyrannique, m'a prescrit des règles desquelles je ne peux me départir. Je vis ainsi dans ma maladie comme dans une cage, en regardant ceux qui sont en bonne santé jouir de leur liberté ; [...] j'ai senti dans le plus profond de mon âme une déficience qui m'a exclu de la jouissance de ce qui a été permis aux autres. Ce manque m'a poussé et me pousse encore à compléter par le rêve ce que je ne peux atteindre dans la réalité...*[108]

Maupassant, lui, a bien profité des activités physiques, que ce soit dans le canotage, la marche à pied ou dans ses expéditions dans le désert, sans parler des plaisirs de tous genres à commencer par ceux de la chair. Taymûr dut se contenter d'une vie sage et sans écarts. L'écriture, ses séjours à la campagne, ses voyages en Europe, constituaient les plaisirs tranquilles de cet homme discret et qui vécut soixante-dix-neuf ans.

5. Les épreuves de leurs vies

De dures épreuves ont marqué l'existence des deux auteurs, rendant Maupassant encore plus amer et plus satirique et poussant Taymûr à rechercher la sérénité. La discordance fit très tôt son apparition dans l'univers de Maupassant ; durant son enfance, il assista à de terribles scènes de ménage opposant une mère tourmentée et un père volage. Ces scènes le marquèrent profondément ; il en parle indirectement dans une de ses nouvelles que nous verrons plus loin et qui raconte le traumatisme d'un enfant assistant aux disputes de ses parents : « J'avais vu l'autre face des choses, la mauvaise ; je n'ai plus aperçu la bonne depuis ce jour-là »[109].

---

[108] TAYMÛR (Mahmûd), *Al-Fir'awn al-Saghîr*, (*Le petit pharaon*), *op.cit.*, p. 24.
[109] MAUPASSANT (G. de), « Garçon, un bock ! », *Contes et nouvelles*, tome I, *op.cit.*, p. 1123.

Mahmûd Taymûr enfant dut quitter avec sa famille la maison où il naquit, fuyant le souvenir d'une mère morte trop jeune. Ensuite, il contracta la typhoïde et dut garder longtemps le lit ce qui le condamna par la suite à renoncer à beaucoup de choses à cause de sa santé fragile. En outre, quelques années plus tard, il perdit son frère aîné, puis son fils, un malheur qui le marqua profondément comme il le raconte :

> *Il avait vingt ans quand il eut une crise d'appendicite. En ce temps-là, il n'y avait pas de remède contre ce mal. Il mourut dans mes bras en quelques instants... Nous n'avons pas pu croire, sa mère et moi, que nous avons pu perdre notre fils en un instant. C'était pour moi le deuxième accident qui a teint ma vie d'une couleur sombre. Son souvenir demeure dans mon cœur et dans mon esprit. Et je pense à lui chaque fois que je vois un jeune homme droit, cultivé et bon comme mon fils Saïd. Mais c'est la volonté de Dieu...*[110]

Le regard que portait Mahmûd Taymûr sur la vie était empreint d'une douce mélancolie. Il opposait sa foi aux drames de la vie. Maupassant, lui, affrontait ceux-ci avec ironie ou avec un sentiment de révolte contre l'absurdité de l'existence comme quand il parlait de la mort de son cher ami Flaubert :

> *Plus la mort du pauvre Flaubert s'éloigne, plus son souvenir me hante, plus je me sens le cœur endolori et l'esprit isolé [...] Je sens en ce moment d'une façon aiguë l'inutilité de vivre, la stérilité de tout effort, la hideuse monotonie des évènements et des choses, et cet isolement moral dans lequel nous vivons tous, mais dont je souffrais moins quand je pouvais causer avec lui*[111].

L'ironie est l'attitude qu'il adopta quand on lui annonça qu'il était atteint de la syphilis qui allait délabrer son corps et son esprit : « J'ai la vérole ! Enfin ! La vraie !! [...] Et j'en suis fier, malheur, et je méprise par-dessus tout les bourgeois. Alléluia, j'ai la vérole, par conséquent je n'ai plus peur de l'attraper ! »[112]. Pourtant, la maladie dont souffrait Maupassant n'était pas étrangère à son humeur dépressive et à son pessimisme foncier. Il savait que sa mort était proche. Son refus de toute idée de vie après la mort renforçait sans doute sa conviction de l'inutilité de l'existence. Cependant, Maupassant cherchait à se tromper et à croire que sa maladie n'était point la syphilis, mais un autre mal, moins grave. L'ignorance des médecins de l'époque concernant cette maladie vénérienne l'aidait à se maintenir dans l'illusion d'une guérison prochaine. Les drames qu'ils rapportent dans leurs œuvres témoignent quelquefois de ce que furent leurs vies. Mais la littérature de Taymûr ne reflète pas le désespoir aussi souvent que celle de Maupassant. La souffrance, la peur, l'irrationnel ne font que traverser l'œuvre de Taymûr alors qu'ils constituent des thèmes primordiaux dans l'œuvre de Maupassant.

---

[110] IBYÂRÎ (Fathî al-), *'Alam Taymûr al-qasasî*, (*L'Univers nouvellistique de Taymûr*), op.cit., p. 67.
[111] Lettre à une amie datant du 24 mai 1880.
[112] Lettre à Robert Pinchon datée du 2 mars 1877.

III. VOYAGE, MODERNITÉ
ET MALAISES EXISTENTIELS

1. Guy de Maupassant et le monde arabe

S'il est intéressant de connaître les impressions de Taymûr sur l'Occident et plus particulièrement sur Maupassant, il est aussi instructif de se pencher sur son expérience de l'Orient. S'il n'est pas allé en Égypte, comme Flaubert qui y accompagna son ami Maxime Ducamp, il visita cependant l'Algérie et la Tunisie en tant que chroniqueur. Dans sa préface à ses *Lettres d'Afrique*, il cite Flaubert qui lui écrivait : « On peut se figurer le désert, les pyramides, le sphinx, avant de les avoir vus, mais ce qu'on ne s'imagine point, c'est la tête d'un barbier turc accroupi devant sa porte ». Maupassant conclut : « Ne serait-il pas encore plus curieux de connaître ce qui se passe dans cette tête ? »[113]. Dans cette préface à ces chroniques d'Afrique du Nord, Guy de Maupassant montre son intérêt pour le non-Occidental. C'était en tant que journaliste qu'il embarqua pour l'Algérie le 6 juillet 1881. Il y rédigea des chroniques qu'il envoyait régulièrement au *Gaulois* et à *la Revue des deux mondes* pour lesquels il travaillait. Mais si au départ il alla en Algérie avec l'intention d'y accomplir une mission journalistique, il y retourna ensuite plusieurs fois pour son plaisir. De l'Algérie, il rejoignit plus tard, par train, la Tunisie. Il cherchait en Afrique du Nord cette « chaleur bienfaisante » dont il avait besoin et cela durant toute sa période de productivité, c'est-à-dire de 1881 à 1890 (la première date est celle de ses premiers succès littéraires et la deuxième est celle où, malade, il entama deux romans qu'il n'achèvera pas). Ses chroniques africaines et cinq de ses nouvelles sont inspirées de ses nombreuses visites de l'Algérie et de la Tunisie.

Taymûr, comme Maupassant, a quitté son continent pour en visiter un autre. Durant deux ans, il vécut en France et surtout en Suisse qu'il appréciait pour sa beauté et son climat froid, alors que Maupassant appréciait la chaleur de l'Afrique du Nord ; sa maladie lui semblait disparaître dans l'excès de lumière et de température, telle une ombre qui s'évanouit au lever du jour. Il parlait fort joliment et justement du voyage et de ce que chacun pouvait y apprécier :

---

[113] MAUPASSANT (G. de), *Écrits sur le Maghreb, op.cit.*, p. 39.

On rêve toujours d'un pays préféré, l'un de la Suède, l'autre des Indes, celui-ci de la Grèce et celui-là du Japon. Moi je me sentais attiré par l'Afrique par un impérieux besoin, par la nostalgie du désert ignoré, comme par le pressentiment d'une passion qui va naître[114].

Dans ses voyages en Afrique du Nord, Maupassant était aussi à la recherche du mythe de l'Orient et se plaisait à donner de lui-même, non sans une naïve fierté et quelques exagérations, l'image du parfait Occidental, aventurier et courageux, affrontant le redoutable désert. Dans une lettre à Gisèle d'Estoc, il raconte comment il a accompli vingt-cinq étapes à cheval dans le sable, en faisant soixante-dix à quatre-vingts kilomètres chaque jour et que le soleil brillait si fort qu'il faisait quatre-vingt-cinq degrés ![115] Mais n'oublions pas qu'il s'agit d'une lettre adressée à une de ses amoureuses.

Les chroniques africaines de Maupassant, malgré certains passages qu'on pourrait considérer comme xénophobes, dans leur ensemble, prouvent à quel point il était capable de comprendre et d'apprécier les particularités d'une culture étrangère. Il parlait ainsi de deux flûtistes berbères :

Ah ! La surprenante et délicieuse sensation qui se glissa dans mon cœur avec les premières notes si légères et si bizarres, si inconnues, si imprévues, des deux petites voix de ces deux petits tubes poussés dans l'eau. C'était fin, doux, haché, sautillant : des sons qui volaient, qui voletaient l'un après l'autre sans se rejoindre, sans se trouver, sans s'unir jamais, un chant qui s'évanouissait toujours, qui recommençait toujours, qui passait, qui flottait autour de nous, comme un souffle de l'âme des feuilles, de l'âme des bois, de l'âme des ruisseaux, de l'âme du vent, entré avec ces deux grands bergers des montagnes kabyles dans cette maison publique d'un faubourg de Tunis[116].

Mais Maupassant, bien qu'il réussisse à nous étonner par la précision de sa peinture d'un pays jusque-là inconnu, surprend aussi par ses préjugés. Il peut être transporté par la beauté du pays, son art et sa culture et se lancer dans des descriptions passionnées, tout en critiquant la civilisation occidentale et la vanité d'une société attachée à des valeurs matérialistes : « Le cours de la bourse, les fluctuations des valeurs, toutes les inutiles bêtises où nous gaspillons notre courte misérable et trompeuse existence »[117], comme il peut exprimer des préjugés racistes et affirmer l'impossibilité d'amener à la civilisation un de ces « sauvages » (terme utilisé plusieurs fois dans ses chroniques), même si plus loin il décrit une belle Kairouanaise et parle de « la noblesse de sa race »[118]. Les propos xénophobes de Maupassant sont d'abord ceux de l'homme du dix-neuvième siècle avec ses idées reçues et ses contradictions. En introduction au *Soleil*, Maupassant parle de la vie immuable, de l'ennui, ce mal terrible qui l'a toujours rongé sans qu'il puisse

---

[114] MAUPASSANT (G. de), *Écrits sur le Maghreb, op.cit.*, p. 39.
[115] Lettre du 22 juillet 1881.
[116] MAUPASSANT (G. de), « L'Orient », *Ecrits sur le Maghreb, op.cit.*, p. 155.
[117] *Ibid.*
[118] *Ibid.*, p. 153.

en atténuer la souffrance sauf par le voyage en Afrique. À l'inverse, le remède de Taymûr fut l'Occident avec sa médecine, sa littérature et ses paysages. C'est d'ailleurs en Suisse que Mahmûd Taymûr s'éteignit, à l'âge de 79 ans, dans les bras de sa femme.

2. Mahmûd Taymûr et l'Occident

Le récit de voyage de Mahmûd Taymûr aux États-Unis s'intitule *Le Sphinx qui vole*. Le titre fait allusion à l'avion qu'il prit pour aller à New York. Ce livre est écrit en forme de journal qui commence le 4 avril 1946, donc un an après la fin de la Seconde Guerre mondiale, et se termine trois mois plus tard, le 8 octobre de la même année. Taymûr y est attentif à tout ce qu'il voit ; il critique certains aspects de la vie américaine et en admire d'autres. Il n'a pas la même approche de l'Occident que le fameux Rifa'a al-Tahtâwî, auteur de *L'Or de Paris,* le premier récit de voyage arabe de l'époque moderne. Al-Tahtâwî avait été très impressionné par les idées et la technologie occidentales, mais critiquait la liberté des femmes françaises. Taymûr ne découvrait pas l'Occident pour la première fois ; il avait déjà effectué un séjour de deux années en France et en Suisse pour ses études. Il portait donc sur l'Europe et l'Amérique un regard beaucoup plus moderne. En outre, en ce milieu du vingtième siècle, l'Égypte s'était beaucoup modernisée et la différence entre les deux pays n'était pas aussi flagrante qu'au XIXe siècle. Taymûr adopte dans son récit le ton de l'observateur qui décrit et compare les différents aspects de la vie du pays visité avec ce qu'il connaît du sien.

Dans ses chroniques africaines, Maupassant avait adopté ce même regard observateur et critique, même si les deux démarches étaient très différentes : Maupassant se rendait en Afrique du Nord en tant que chroniqueur avec la volonté d'informer les Français de l'état de « leurs colonies » tandis que Taymûr voyageait en Europe et en Amérique en tant que touriste et écrivain, mais aussi dans le but d'y faire soigner sa femme. C'est un Égyptien du vingtième siècle, très favorable à l'influence occidentale alors en pleine expansion dans son pays, et il porte un regard bienveillant sur les pays qu'il visite. Quand par exemple Maupassant observe la vie simple des Algériens, il raisonne en y opposant le mode de vie et les idées de la civilisation occidentale, qu'il considère comme supérieure. S'il parle des Bédouins arabes, c'est pour souligner leur immaturité :

> [C'est un] peuple étrange, enfantin, demeuré primitif comme à la naissance des races. Il passe sur la terre sans s'y attarder, sans s'y installer. Il n'a pour maison que des linges tendus sur des bâtons, il ne possède aucun des objets sans lesquels la vie nous semblerait impossible[119].

---

[119] MAUPASSANT (G. de), « L'Orient », *Ecrits sur le Maghreb, op.cit.,* p. 83.

Dans le passage suivant, il décrit dans une de ses chroniques algériennes un comportement qu'il adopte à l'instar des autres colons : « Nous entrons [dans un café], personne ne bouge. Alors pour nous asseoir et selon l'usage, on saisit les Arabes, on les bouscule, on les jette de leurs bancs, et ils s'en vont impassibles. D'autres se tassent pour leur faire place »[120]. À un autre endroit, Maupassant donne des exemples de « la fourberie arabe »[121] ou écrit : « Qui dit Arabe, dit voleur sans exception »[122]. On se demande alors comment un homme qui était sensible à la cause des pauvres en France, qui disait mépriser par-dessus tout les bourgeois et les convenances et qui a souvent combattu les préjugés pouvait exprimer une telle pensée même si, on le sait, ces propos doivent être placés dans leur contexte et que par ailleurs il a dit d'autres paroles qui contredisent celles-ci. Maupassant a en effet remis plusieurs fois en cause la présence coloniale :

Dès les premiers pas, on est saisi, gêné, par la sensation du progrès mal appliqué à ce pays, de la civilisation brutale, gauche peu adaptée aux mœurs, au ciel et aux gens. C'est nous qui avons l'air de barbares au milieu de ces barbares, brutes il est vrai, mais qui sont chez eux, et à qui les siècles ont appris des coutumes dont nous semblons n'avoir pas encore compris le sens. [...] Nous sommes restés des conquérants brutaux, maladroits, infatués de nos idées toutes faites. Nos mœurs imposées, nos maisons parisiennes, nos usages choquent sur ce sol comme des fautes grossières d'art, de sagesse et de compréhension. Tout ce que nous faisons semble un contresens, un défi à ce pays, non pas tant à ses habitants premiers qu'à la terre elle-même[123].

En visitant la France et l'Amérique, Taymûr prend le temps de rencontrer et de parler aux autochtones, car il connaissait le français et l'anglais. Maupassant ne parlait pas l'arabe et n'a pas pu communiquer directement avec les habitants de l'Afrique du Nord ce qui l'a empêché de lier avec eux de véritables relations. Le seul aspect qui paraît critiquable aux yeux de Taymûr dans la société américaine c'est la course des gens vers le gain, le progrès, la réussite, une attitude qui selon lui dessèche les cœurs[124]. Il dit ainsi à propos des Américains : « C'est une humanité qui a fondé sa civilisation sur le matériel et qui risque de devenir aussi rigide que lui »[125]. Mais Taymûr apprécie et admire l'esprit américain, progressiste et travailleur. Il appelle son « cher Orient » à prendre exemple sur les hommes de ce pays[126]. Quand il voit les

---

[120] *Ibid.*, p. 71.
[121] *Ibid.*, p. 87.
[122] *Ibid.*, p. 82.
[123] *Ibid.*, p. 45.
[124] TAYMÛR (Mahmûd), *Abû al-hawl yatîr* (*Le Sphinx qui vole*), Beyrouth, al-maktaba al-'asriyya, [1955], p. 82.
[125] *Ibid.*
[126] *Ibid.*, pp.134-135.

gratte-ciel new-yorkais, il dit que l'homme devant des constructions aussi gigantesques se sent tout d'un coup minuscule. Il compare alors la grandeur de cette nation à celle de l'Égypte ancienne, fondatrice des pyramides : « Que c'est beau, les pierres silencieuses et porteuses de l'histoire »[127]. En décrivant la vie et la ville américaines, Taymûr oscille entre ravissement et désir de se référer à ses propres valeurs. Comme beaucoup d'écrits égyptiens du vingtième siècle, son œuvre tient à concilier deux visions différentes du monde, l'une occidentale et l'autre orientale. Taymûr dans son œuvre choisit la voie d'une modernité apaisée, souhaitant pour l'Orient le progrès tout en reconnaissant l'importance de la spiritualité et du passé. Nous remarquons donc que les deux hommes comparent ce qu'ils voient avec ce qu'ils connaissent, mais tandis que l'un considère sa civilisation comme supérieure à celle des pays visités, l'autre admire les pays qu'il découvre tout en restant très attaché à sa culture.

3. Dieu, mort et religion

En France, à la fin du XIXe et au début du XXe siècle, après le succès des idées issues du scientisme et du positivisme, on commença à appréhender différemment les questions existentielles. Les propos de Jules Renard (1864-1910) montrent bien l'évolution des mentalités vers une acceptation plus sereine de l'idée de la mort comme fin et non comme résurrection. Cet écrivain s'exprime dans son *Journal* à propos du destin de l'auteur normand dont il dit qu'il est mort à cause de sa peur du néant, mais il ajoute : « Aujourd'hui, on s'occupe moins du néant, on s'y habitue, et cette évolution dans notre vie est une révolution littéraire »[128]. L'attitude et les propos de Maupassant traduisaient bien la colère de cette génération fraîchement athée qui parlait à un Dieu censé pourtant ne pas exister, comme dans le passage suivant où un des personnages de Maupassant s'insurge : « Dieu, monsieur, c'est un massacreur [...] Il a inventé les maladies, les accidents, pour se divertir... »[129] ou encore : « Dieu ténébreux [...] éternel meurtrier, faiseur de cadavres et pourvoyeur de cimetières [...] meurtrier affamé de mort »[130]. Maupassant a souvent exprimé sa peur de la mort à travers les propos attribués à ses personnages. La vie lui semblait ainsi comme un « drame sans trêve » ou comme « une honteuse comédie »[131]. Alors il voyageait, sans doute pour échapper à ses angoisses ; sa « dromomanie chronique », selon les mots d'Alain-Claude Gicquel[132], le poussait à changer sans cesse de ciel, à la poursuite du bonheur ou du moins d'une trêve à ses maux. À travers

---

[127] *Ibid.*, pp. 65-66.
[128] RENARD (Jules), *Journal (1887-1910), op.cit.*, p. 1090.
[129] MAUPASSANT (G. de), « Moiron », *Contes et nouvelles,* tome II, p. 989.
[130] MAUPASSANT (G. de), *L'Angélus, Romans,* Paris, Gallimard, 1992, p. 1223.
[131] MAUPASSANT (G. de), « L'Endormeuse », *Contes et nouvelles,* tome II, p .116.
[132] GICQUEL (Alain-Claude), *Maupassant, tel un météore, op.cit.*, p. 100.

plusieurs de ses nouvelles, Maupassant exprime son refus des solutions qu'offre la religion. Michel Delon fait remarquer que dans « Le Marquis de Fumérol », Maupassant relate une histoire qui présente des similitudes avec le « Dialogue entre un prêtre et un moribond » du Marquis de Sade, que Maupassant admirait[133]. Dans la nouvelle de Maupassant, un bon vivant à l'heure de sa mort chasse le prêtre et le pasteur venus le préparer à recevoir l'extrême-onction pour le salut de son âme en criant à leur adresse : « Sortez d'ici... sortez d'ici... voleurs d'âmes... sortez d'ici, violeurs de consciences... sortez d'ici, crocheteurs de portes des moribonds ! »[134]. Louis Forestier y perçoit des réminiscences rimbaldiennes, les deux écrivains ayant été, selon lui, influencés par Michelet qui écrivait : « Christ ! Ô Christ, éternel voleur des énergies »[135]. On dit pourtant que Maupassant a reçu l'extrême-onction d'un prêtre avant de mourir ; mais comme l'auteur français a perdu la raison trois années avant sa mort, peut-on alors vraiment dire qu'il soit retourné vers la religion à la fin de sa vie ?

Taymûr loin des angoisses existentielles de Maupassant refusait l'idée de la mort de Dieu dans les temps modernes. Il écrit dans son récit de voyage à New York en contemplant la grandeur de la civilisation du Nouveau Monde :

> Que de fois nous avons entendu des philosophes et des penseurs dire que les croyances religieuses étaient sur le point de s'effondrer, ou plutôt qu'elles l'étaient déjà ! Mais la croyance en Dieu ne tombe que pour mieux rebondir. Même s'il arrivait que les civilisations soient détruites et avec elles les plus belles créations politiques, philosophiques et scientifiques, la foi demeurera étroitement liée aux cœurs des hommes. L'homme restera toujours le même, qu'il vive dans une grotte ou dans un gratte-ciel... il aura toujours besoin de mots simples, des mots qui portent en eux l'espoir et la sérénité, les mots capables d'écarter de lui les orages de l'inquiétude de l'esprit et de l'âme[136].

4. Modernisme et spiritualité

En France, la génération de Maupassant a hérité des idées de la philosophie rationaliste et empirique. Les esprits étaient, selon le mot de Pierre Cogny, « imbus » des idées issues du domaine scientifique[137]. À l'inverse, en Égypte, sous l'occupation turque, c'est la pensée religieuse qui dominait ; l'unique lieu d'autorité dans le domaine de la pensée était l'université d'*al-Azhar* alors que la principale activité qui s'y déroulait consistait à imiter et à réciter des écrits principalement religieux et philologiques. Mais dès la fin

---

[133] DELON (Michel), « L'Ombre du grand marquis », *Le Magazine Littéraire,* n° 310, 1993, p. 81.
[134] MAUPASSANT (G. de), « Le Marquis de Fumérol », *Contes et nouvelles,* tome II, p. 811.
[135] MAUPASSANT (G. de), *Contes et nouvelles,* Note de Louis Forestier, tome II, p. 1587.
[136] TAYMÛR (Mahmûd), *Abû al-Hawl yatîr,* (*Le Sphinx qui vole*), *op.cit.,* pp. 73-74.
[137] COGNY (Pierre), *Maupassant, l'homme sans Dieu,* Paris, La Renaissance du livre, 1968, p. 19.

du XIXe et surtout au XXe siècle, la découverte d'un Occident très en avance dans beaucoup de domaines fit réfléchir sur les bienfaits d'une pensée scientifique. Dans son récit de voyage *Le Sphinx qui vole*, Mahmûd Taymûr cherche à concilier progrès et religion et explique en s'adressant aux Orientaux qu'il faut appeler au progrès comme on appelle à une nouvelle religion, ces deux notions étant selon lui tout à fait compatibles[138]. Dans le monde arabe, la religion reste aussi fortement présente que l'aspiration à la modernité. Mais après une période d'ouverture intense sur l'Occident et un grand engouement pour tout ce qui en provenait, la crainte d'une perte d'identité au profit d'un modèle occidental étranger se fit sentir. Il n'y a pas eu un retour vers les valeurs anciennes, car elles ne furent jamais quittées, mais plutôt une réflexion sur ce qu'il fallait emprunter ou non à l'Occident. Taymûr, dans son évolution, illustre bien cette évolution. Dans ses premières années d'auteur, il fut très favorable à la modernité occidentale et aux théories littéraires françaises, mais il prit ensuite quelques distances avec celles-ci plus tard et évita les mots d'origine étrangère au profit de termes autochtones. Dans son recueil de pensées intitulé *Parfum et fumée*, qui est assez tardif, il exprime son désir de retrouver certains aspects du passé que la vie moderne a modifiés. Étant par exemple réduit à ne s'habiller à l'orientale que dans l'intimité, il se sentait heureux de retrouver un coin de prière chez lui, ainsi que la tranquillité d'une vie simple à la campagne[139].

5. Maupassant et l'islam

Maupassant était athée, rejetait la pensée superstitieuse et les rites religieux ; il l'a exprimé dans ses nouvelles et aussi dans ses chroniques et même si pour lui tout ce qui concerne la religion n'est qu'une supercherie, il lui est arrivé d'apprécier les lieux de cultes qu'il a visités en Algérie et en Tunisie. Dans ses chroniques africaines, Maupassant, comme il le fait souvent, analyse et décrit en comparant ce qu'il voit à ce qu'il connaît de sa propre société ; ainsi, il oppose les aspects religieux de la société arabe de l'Afrique du Nord aux modèles occidentaux. Dans le passage suivant, il compare les mosquées arabes, dont il apprécie la nudité et le silence, aux églises françaises :

> *Tout est simple, tout est nu, tout est blanc, tout est doux, tout est paisible en ces asiles de foi, si différents de nos églises décoratives, agitées quand elles sont pleines, par le bruit des offices, le mouvement des assistants, la pompe des cérémonies, les chants sacrés, et quand elles sont vides, [elles deviennent] si tristes, si douloureuses, qu'elles serrent le cœur, qu'elles ont l'air d'une chambre de mourant, de la froide chambre de pierre où le crucifié agonise encore[140].*

---

[138] TAYMÛR (Mahmûd), '*Itr wa dukhân* (*Parfum et fumée*), op.cit., p. 160-163.
[139] *Ibid.*, p. 135.
[140] MAUPASSANT (G. de), *Ecrits sur le Maghreb*, op.cit., pp. 134-135.

La religion que Maupassant rejetait semble avoir retrouvé un autre attrait dans les sobres mosquées d'Algérie. Mais si l'esthétique abstraite et dépouillée de l'art islamique lui plaît, il rejette avec violence les rites et les croyances, preuve d'un esprit inférieur. Il peut également adopter une attitude ironique pour parler du « créateur » et de ses « créatures », en l'occurrence de l'Afrique et de ses habitants :

> On se croirait aux premiers temps du monde, aux jours où le créateur hésitant jetait à pleines poignées sur la terre, comme pour juger la valeur et l'effet de son œuvre douteuse, les races informes qu'il a peu à peu détruites, tout en laissant survivre quelques types primitifs, sur ce grand continent négligé, l'Afrique, où il a oublié dans les sables la girafe, l'autruche et le dromadaire[141].

À d'autres endroits, Maupassant se radoucit et s'émerveille devant les écrits des mystiques arabes, ou va penser à ses futurs écrits dans les mosquées si propices à la méditation : « Je vais rêvasser à mon roman dans ces très paisibles asiles de prière où aucun bruit ne pénètre jamais, où je reste des heures à côté des Arabes assis ou prostrés, sans éveiller la moindre curiosité ou la moindre hostilité de ces admirables impassibles »[142].

6. Maupassant et Taymûr, témoins de leurs époques

6.1. La colonisation française

Les chroniques de Maupassant ont une valeur documentaire, car elles nous décrivent la vie en Algérie et en Tunisie à la fin du dix-neuvième siècle. Le récit de voyage de Taymûr offre également cet intérêt. L'écrivain connaissait Paris où il avait déjà séjourné en 1925, mais la ville qu'il visite au lendemain de la guerre est pauvre et triste. Taymûr décrit ainsi les quartiers parisiens et le Grand Hôtel, jadis chic, où il revint après la guerre :

> L'hôtel ressemblait à un vieil homme écrasé par les années et qui cherchait à rester quand même élégant »[143] [...] Les quartiers où les gens s'amusaient autrefois étaient devenus silencieux, les bars et les dancings demeuraient vides et on n'y apercevait que quelques silhouettes fantomatiques[144].

Les deux auteurs ont parlé de la colonisation française, Maupassant dans le cadre de ses chroniques africaines et Taymûr dans son récit de voyage. Si Mahmûd Taymûr rejette la politique impérialiste, Maupassant a une position ambivalente : tantôt il défend les intérêts français, tantôt il tient des propos anticolonialistes. Dans les exemples suivants, nous découvrons l'opinion de chacun des auteurs.

---

[141] *Ibid.*, p. 173.
[142] *Ibid.*, p. 244.
[143] TAYMÛR (Mahmûd), *Abû al-Hawl yatîr*, (*Le Sphinx qui vole*), *op.cit.*, p. 40.
[144] *Ibid.*, p. 51.

En escale à Paris, Taymûr raconte comment, au Café de la paix, dans le quartier des Capucines, il exprima son étonnement devant la misère de Paris après la guerre à un garçon de café très patriote. Celui-ci « partit dans un long discours expliquant que la France allait retrouver sa grandeur d'avant, aujourd'hui déchue »[145]. Taymûr retint de cette discussion le fait que le serveur était très sympathique, ce qui témoigne selon lui de « la gentillesse qui caractérise les Français et leur grand cœur »[146]. Mais il est étonné devant l'écart qui existe entre la pensée humaniste française et ce qui se passe dans les pays sous occupation française :

> *Les Français parlent si bien des idées de liberté, d'égalité et de fraternité, des grands principes qui furent à l'origine de leur Révolution. Qui est alors ce Français que nous rencontrons en Tunisie, en Algérie et à Marrakech, celui qui quand il parle change ses principes humains en considérations géographiques et politiques détestables. Celui qu'on ne voit qu'habillé de son costume militaire, le visage rigide, injuste et tyrannique, cherchant à convaincre par la logique du fer et du feu...[147]*

La position de Maupassant concernant l'Afrique du Nord sous l'occupation française est ambiguë ; il est tantôt un spectateur consentant de l'œuvre coloniale dont il rend compte aux Français et tantôt il s'insurge contre les injustices dont il est témoin. Dans le passage suivant, il considère le problème de la colonisation du point de vue français, avec la volonté d'informer la métropole des résultats d'une politique expansionniste :

> *L'Algérie devient productrice sous les efforts des derniers venus [les colons]. La population qui se forme ne travaille plus seulement pour des intérêts personnels, mais aussi pour des intérêts français. Il est certain que la terre, entre les mains de ces hommes, donnera ce qu'elle n'aurait jamais donné entre les mains des Arabes, il est certain aussi que la* population primitive disparaîtra peu à peu, il est indubitable que cette disparition sera fort utile à l'Algérie [française][148].

À l'époque de Maupassant, si des voix s'élevaient contre la présence étrangère, elles provenaient la plupart du temps du camp envahi. On pouvait entendre des Occidentaux défendre les intérêts des autochtones, mais rarement remettre en cause l'idée même de conquérir des territoires étrangers. Maupassant faisait partie de ces hommes qui ont exprimé leur refus de l'injustice que subissaient les Africains du Nord sans toutefois remettre en cause la démarche coloniale. Il dit à propos de la révolution de Bou-Amama : « Notre système de colonisation consist[e] à ruiner l'Arabe, à le dépouiller sans repos, à le poursuivre sans merci et à le faire crever de misère »[149]. Il écrit aussi : « L'indigène se révolte, dites-vous. Mais est-il vrai

---

[145] *Ibid.*, pp. 45-46.
[146] *Ibid.* p. 47.
[147] *Ibid.*, p. 47.
[148] MAUPASSANT (Guy de), *Ecrits sur le Maghreb, op.cit.*, p. 126.
[149] *Ibid.*, p. 55.

qu'on l'exproprie et qu'on lui paie ses terres un centième de ce qu'elles valent ? »[150]. Selon Denise Brahimi, les propos de Maupassant contenus dans « Au Soleil », mériteraient de figurer dans une histoire de la pensée anticoloniale [151]. Mais il faudrait pour cela passer sous silence ses autres déclarations qui font l'apologie du colonialisme. L'attitude de Maupassant dans ses chroniques africaines oscille entre modernité et archaïsme : devant l'injustice, il hésite entre indignation et consentement ; en découvrant le pays et ses habitants, il passe de l'émerveillement au rejet de l'étranger et de l'inconnu. Ses positions et ses déclarations changent selon ses découvertes et ses émotions ; elles sont finalement semblables à celles de la plupart des écrivains français du XIXe siècle.

6.2. La description des différents peuples

Durant son voyage en Afrique, Maupassant observe différentes ethnies. Il décrit les particularités morales et physiques des peuples arabes, juifs, berbères... Taymûr, lui, visite le quartier des Chinois, des Afro-Américains, des Russes, des Juifs... Sa description de ces derniers est stéréotypée : « Nez proéminent, démarche lente, des yeux qui lancent des regards méfiants derrière les lunettes, leurs boutiques ressemblent à de petits ermitages anciens dont les vendeurs sont assis devant les portes, tels des moines »[152]. Les boutiques des Israélites, Maupassant les compare à des « tanières »[153]. Selon lui, il existe deux catégories de Juifs : ceux issus d'un milieu aisé dans ce cas il s'agit d'hommes instruits et intelligents qui résident principalement en Europe et les seconds qui vivent en Afrique du Nord et qui font preuve d'une cupidité sans limites ; ils sont « bouffis de graisse, sordides, et guettent l'Arabe comme une araignée guette une mouche »[154]. Le portrait que dresse Maupassant du Juif d'Afrique du Nord est celui de l'éternel usurier, mais comme le fait remarquer Denise Brahimi, Maupassant est conscient que cette attitude du Juif envers l'Arabe est en partie issue de la politique coloniale française, poussant les uns à déposséder les autres de leurs biens[155]. Si les idées de Taymûr sont moins extrêmes que celles de Maupassant concernant les différentes communautés ethniques rencontrées, ses observations peuvent s'avérer parfois hâtives et superficielles. Ainsi, la description du quartier chinois reste-t-elle très sommaire et ne fera l'objet d'aucun autre traitement approfondi : « On n'y voit que des silhouettes asiatiques, aux curieux costumes, se parlant dans un langage aux mots sautillants et semblables aux

---

[150] *Ibid.*, p. 39.
[151] *Ibid.*, p. 20.
[152] TAYMÛR (Mahmûd), *Abû al-Hawl yatîr*, (*Le Sphinx qui vole*), *op.cit.*, p. 160.
[153] MAUPASSANT (Guy de), *Ecrits sur le Maghreb*, *op.cit.*, pp. 107-108.
[154] *Ibid.*
[155] *Ibid.*, pp. 18-20.

murmures des chats »[156]. L'auteur égyptien s'attarde davantage sur le quartier de Harlem où il pense qu'il vaut mieux ne pas s'aventurer. Il cherche à comprendre le problème des Noirs aux États-Unis et décrit les origines et les aspects du malaise qu'il a remarqué chez eux :

> *Un mot ou un geste peut provoquer une bagarre [...] Les visages noirs te scrutent d'un regard inquisiteur, si tu les regardes aussi, ils se dressent, prêts à bondir [...] L'histoire des Blancs et des Noirs est une curieuse et dramatique histoire qui entache l'image de la réussite américaine qui se veut immaculée[157].*

Taymûr explique comment les Noirs américains sont victimes d'une ségrégation qui demeure présente malgré les lois justes de Lincoln. Il dit que ce qui n'a pas vraiment changé, ce sont les mentalités des descendants des anciens « maîtres » : « Le Blanc continue à voir dans le Noir celui qui pourrait le servir et il y a toujours un moyen d'écarter un Noir d'une université, d'un travail, d'une responsabilité »[158]. Dans ce portrait du Noir américain, la marque d'une histoire chargée d'injustice et de colère est très visible :

> *Il porte en lui cette amertume issue d'un passé douloureux et du poids de son désir de venger ses ancêtres maltraités. C'est pour cela qu'il adopte un air de dédain et d'orgueil qui trahit la colère et la rancune, et rend les Blancs encore plus méfiants.*

---

[156] TAYMÛR (Mahmûd), *Abû al-Hawl yatîr*, (*Le Sphinx qui vole*), op.cit., p. 162.
[157] *Ibid.*, p. 169.
[158] *Ibid.*

CONCLUSION À LA DEUXIÈME PARTIE

Connaître la vie, la formation intellectuelle et les goûts des deux auteurs ainsi que la situation politique et socioculturelle de leurs pays respectifs nous permet de mieux comprendre l'œuvre des deux hommes. Il est évident que leurs milieux socioculturels, les rencontres qu'ils ont faites, les épreuves qu'ils ont traversées ont façonné leurs vies et leurs écrits. Et malgré ce qui les sépare, on se rend compte qu'il y a plusieurs points communs entre leurs vies et leur parcours, comme leur héritage culturel et familial qui leur a offert les conditions propices à la création. Certes, ils appartiennent à des périodes historiques et à des sociétés différentes ; Taymûr a connu une Égypte confiante dans son avenir et dans les promesses des progrès scientifiques, technologiques et socioculturels et Maupassant a vécu à une époque où les intellectuels assistaient avec angoisse à la fin d'un siècle marqué par un pessimisme né des idées nihilistes et positivistes. Mais malgré ces divergences, ils ont plusieurs points communs, à commencer par le fait que de grands hommes de lettres ont fait partie de leur entourage, ainsi que leur passion pour la littérature qui les a réunis à travers les époques.

Dans le récit de voyage de Taymûr et les chroniques de Maupassant, on découvre leur pensée exprimée directement sans l'intermédiaire de personnages fictifs. Il est vrai que cette pensée n'est ni révolutionnaire, ni conservatrice, mais plutôt fidèle aux idées de leur époque, de leur société et de leur classe sociale. Maupassant hésitant entre humanisme et rejet de l'autre durant ses pérégrinations nord-africaines, et Taymûr admirant la modernité de l'Occident tout en revenant sans cesse aux remparts de ses convictions religieuses. Toutefois, Taymûr semble accepter plus facilement l'altérité occidentale et cela sans trop d'inquiétude quant à sa propre identité. Maupassant, lui, opposait sans cesse sa civilisation, perçue comme supérieure, à ce qu'il jugeait comme différent, singulier ou « barbare ». Maupassant, malgré sa rencontre avec les autres peuples, ne chercha pas vraiment à les connaître, se contentant de les observer et de les décrire de l'extérieur, ce qui l'a poussé à exprimer des jugements parfois xénophobes. Mais l'humanité de l'auteur français visible dans toute son œuvre, ainsi que ses positions anticolonialistes, rares, mais sincères, relèguent ses propos moins glorieux au niveau du préjugé propre à une époque. On peut dire que les deux auteurs ont le plus souvent montré une sensibilité et un intérêt réels pour ce qui les entourait autant dans leur propre société que dans celles qu'ils ont visitées.

TROISIÈME PARTIE

LA REPRÉSENTATION DE LA RÉALITÉ
DANS L'ŒUVRE DE MAUPASSANT ET DE TAYMÛR

INTRODUCTION À LA TROISIÈME PARTIE

Pour étudier la nouvelle arabe, il faut d'abord la situer par rapport à la nouvelle classique occidentale dont elle s'inspire et qui pose quelques difficultés quant à sa définition. Les principales caractéristiques de celle-ci sont assez claires pour en proposer une classification et une description détaillées, étayées d'exemples concrets. Nous aborderons ainsi le côté réaliste, bref et simple de ce genre. Pour voir à quel point les deux auteurs ont appliqué les principes du réalisme et du naturalisme à leurs écrits, nous analyserons plusieurs aspects de leur écriture comme le choix des personnages, des lieux et des faits quelquefois véridiques dont ils nourrissent leurs récits. Nous passerons ainsi en revue un certain nombre de personnages typiques représentés par les deux auteurs, tels que le paysan, le citadin petit fonctionnaire, ou encore l'étranger et le marginal, qu'ils situent dans des lieux reconnaissables, contribuant ainsi à la création de la fameuse « illusion réaliste » chère à la nouvelle classique.

Nous consacrerons un chapitre entier au personnage de la femme tout en abordant de nombreux thèmes qui y sont liés comme celui du piège qu'elle semble souvent tendre à l'homme dans ce type de récits. La place qu'elle occupe dans les sociétés des deux auteurs nous éclaire sur les origines de la vision qu'ils en donnent et qui paraît souvent misogyne.

Confronter les écrits des deux auteurs tout en analysant ces thèmes permet de mieux comprendre la manière dont un écrivain peut être influencé par un autre sans pour cela le plagier ni le copier, mais en utilisant son œuvre comme source d'inspiration et modèle d'écriture, et cela tout en restant attaché à la peinture de sa propre société.

I. LA NOUVELLE CLASSIQUE
EN FRANCE ET EN ÉGYPTE

1. Le rôle de Mahmûd Taymûr dans l'épanouissement de la nouvelle arabe

Le rôle que joua Mahmûd Taymûr dans l'épanouissement du genre nouvellistique en Égypte se révèle dans l'importance de ses écrits et de ses études théoriques sur la littérature arabe. Mahmûd Taymûr reçut le prix du roman en 1947 et fut nommé en 1949 membre de l'académie de langue arabe du Caire où il donna des conférences sur l'histoire de la nouvelle arabe. Avec lui, la nouvelle commença à être connue et appréciée. Il édita et vendit un grand nombre de recueils de nouvelles et, en 1962, il reçut la médaille du mérite. Au milieu du XXe siècle, de jeunes talents s'essayèrent à ce genre et Taymûr préfaça leurs œuvres ou leur prodigua des conseils. L'organisation de concours pour promouvoir la nouvelle dans les années cinquante témoigne des efforts déployés pour faire connaître ce genre. Le succès de ces concours prouve l'intérêt que suscite la nouvelle auprès du public. La revue *Al-Taqâfa* (*La culture*) annonça dans le n° 728 du 8 décembre 1952 que le gagnant de son concours verrait son œuvre éditée aux frais du journal. Pour encourager les jeunes nouvellistes, des auteurs confirmés fondèrent en 1950 le Club de la nouvelle (*Nâdi al-qissa*) qui proposait à ses adhérents de publier leurs meilleures nouvelles en recueils collectifs et permettait aux nouvellistes débutants de rencontrer des éditeurs. En janvier 1953, commença la parution d'une revue mensuelle intitulée *Al-Adab* (la littérature) qui se consacra surtout à la nouvelle. Taymûr y contribua largement en faisant paraître deux nouvelles dans chaque numéro. Il organisa par l'intermédiaire de cette revue un concours ouvert à tous les nouvellistes du monde arabe, offrant un prix aux trois meilleurs talents. Ce concours a été annoncé en juin 1953 et le résultat figurait dans un numéro spécial datant de janvier 1954. Outre sa contribution à faire connaître la nouvelle dans le monde arabe par le biais des concours et de l'enseignement, Taymûr a écrit plusieurs ouvrages théoriques sur ce genre et sur la littérature arabe moderne en général. Il y décrit les principales caractéristiques de la nouvelle comme la brièveté, la précision, le souci de vraisemblance. Il donne également sa terminologie des genres fictionnels en désignant le roman par le terme *riwâya*, le conte par le mot *uqsusa* (petite histoire), la nouvelle par *qissa qasîra* (histoire courte) ou encore *qissa* (histoire). Il y a aussi le terme *khabar* littéralement « nouvelle » au sens premier du terme et qui désigne une anecdote rapportée, mais dans le cas de l'histoire courte fictionnelle, *qissa qassira* est l'appellation la plus admise.

2. La nouvelle française : problèmes de définition

Pour décrire la nouvelle classique, Florence Goyet cite Maupassant et Tchékhov, les piliers de la nouvelle telle qu'on la conçoit au XIXe siècle en Occident. Elle les présente très justement comme étant : « Les deux sources où ont puisé à peu près tous les nouvellistes après eux »[159]. Mais le rayonnement de l'œuvre de ces auteurs a dépassé les frontières occidentales. En Égypte, Taymûr a parlé dans plusieurs de ses études théoriques de l'importance de l'œuvre de Maupassant et de Tchékhov. Ses nouvelles elles-mêmes témoignent de leur influence même si elles n'ont pas été écrites à la même période fixée par F. Goyet ; c'est-à-dire de 1870 à 1925. Taymûr commença à écrire précisément en 1925 et continua jusqu'aux années soixante, mais ses nouvelles correspondent néanmoins au schéma de la nouvelle classique que propose la critique. Pour mieux situer la nouvelle arabe par rapport à la nouvelle classique en France, il faut d'abord revenir aux problèmes de définition qu'elle pose.

René Godenne fait remarquer que la critique n'arrive pas à se mettre d'accord sur une définition de la nouvelle. Il cite différents critiques qui tentent de situer la forme courte par rapport au genre romanesque et nous fait remarquer l'inconvénient de ce genre de définitions où le roman est perçu comme une longue nouvelle et la nouvelle comme un roman condensé[160]. De nombreux critiques littéraires se sont penchés sur cette question, offrant des définitions qui restent incomplètes ou reconnaissent la difficulté à cerner ce genre littéraire. Beaucoup de théoriciens essaient de comparer le roman à la nouvelle et au conte afin d'identifier la spécificité de chaque genre, la différence primordiale entre le conte et la nouvelle étant que dans le conte l'auteur isole et traite un élément précis qui concerne un évènement ou un épisode de la vie d'un personnage, tirant ainsi sa force du resserrement de l'intrigue qui aboutit à un dénouement marquant. Nous remarquons cependant que Maupassant appelle souvent ses nouvelles des « contes », sans doute parce qu'il s'agit de récits contés où le narrateur est un personnage qui rapporte une histoire à un auditoire ou s'adresse directement aux lecteurs en la leur contant. Cependant, Maupassant n'est pas le seul à confondre ces deux termes ; plusieurs auteurs du XIXe siècle utilisent indifféremment les

---

[159] GOYET (F.), *La Nouvelle 1870-1925*, Paris, P.U.F. 1993, p. 10.
[160] GODENNE (René), *La Nouvelle française*, P.U.F., 1974, pp. 11-13.

termes « conte » ou « nouvelle » pour désigner leurs récits brefs. Dans la nouvelle, les personnages ne sont pas seulement esquissés comme dans le conte, ils semblent exister vraiment grâce aux indications données par l'auteur. Le lecteur imagine ainsi leur vie, leur milieu et leur société. Mais le nouvelliste n'offre pas cette chance à tous ses personnages ; certains sont seulement ébauchés, car l'auteur veut les laisser dans l'ombre. En outre, on situe souvent la nouvelle entre le roman et le conte, car elle utilise des éléments propres aux deux genres ; André Vial parle même de « caractère hybride »[161].

Dans cette étude, nous désignons la forme courte par le terme « nouvelle » : la première raison est que les récits de Taymûr ne sont pas assez concis pour être considérés comme des contes ; nous nous attacherons à expliquer cela dans le chapitre consacré au critère de la brièveté. La deuxième raison est que les récits de Maupassant et de Taymûr correspondent bien à la nouvelle comme la définissent les critiques tels que René Godenne[162], Florence Goyet[163] ou Antonia Fonyi[164]. Cependant, dans la troisième partie consacrée au fantastique, nous utilisons exceptionnellement l'expression « contes cruels » : dans ce cas précis, c'est l'aspect narré, conté qui est mis en valeur dans ces récits qui traitent du fantastique ou qui rapportent des évènements dramatiques sans forcément faire intervenir le surnaturel, l'expression « contes cruels » faisant référence au caractère extrême des évènements rapportés. La nouvelle est un récit court qui met en scène peu de personnages ; elle offre des indications assez brèves sur un espace et un temps limités, l'action y est souvent rapide et le tout est rapporté dans un style que caractérise l'économie de moyen. Pour bien comprendre ce qui fait la spécificité de la nouvelle, il faut aborder le problème de l'anecdote, qui constitue souvent la charpente de celle-ci. Antonia Fonyi reprend la thèse de Schlegel qui montre que l'intérêt de l'anecdote narrée dans la nouvelle réside dans la subjectivité de l'auteur[165]. C'est la présence de celui-ci qui fait d'une anecdote un chef-d'œuvre et de l'évènement banal un fait nouveau. Toutefois, on ne peut pas dire que le facteur de subjectivité différencie la nouvelle du roman, la littérature étant tout entière fondamentalement subjective. A. Fonyi tente de mettre une limite entre les deux genres en expliquant ce que la nouvelle a d'immédiat et de personnel et ce que le roman a d'universel[166], mais là encore une nouvelle peut aussi avoir une dimension universelle, surtout si l'on considère la diversité que ce genre a acquise aujourd'hui. Au XIXe siècle français et au début du XXe siècle arabe, la nouvelle française et

---

[161] VIAL (André), *Maupassant et l'art du roman,* Paris, Nizet, 1954, p. 435.
[162] GODENNE (René), *La Nouvelle française,* Paris, P.U.F., 1974.
[163] GOYET (Florence), *La Nouvelle (*1870-1925), Paris. P.U.F., 1993.
[164] FONYI (Antonia), « Nouvelle et subjectivité », *Revue de littérature comparée,* n° 4, oct.-déc. 1976.
[165] *Ibid.,* p. 356.
[166] *Ibid.,* p. 359.

l'histoire courte arabe (*qissa qassîra*) reposent sur une construction anecdotique. C'est le cas des nouvelles de Maupassant et de Taymûr qui pensent tous deux que la nouvelle doit intéresser le lecteur, l'étonner et lui laisser une impression qui dure. Christophe Lloyd confirme lui aussi cette importance de l'anecdote dans la nouvelle : « L'anecdote est au cœur de la production littéraire de Maupassant [...] C'est presque toujours l'incident banal, le fait divers ou le personnage stéréotypé qui sont à l'origine et qui forment l'ossature des contes et nouvelles »[167]. Cependant, si ce critère est important pour nos deux auteurs, il ne faut pas pour autant réduire la nouvelle chez eux à l'anecdote qu'elle rapporte, car elle en dépasse largement les limites en produisant un écho qui va au-delà de l'effet d'une simple histoire drôle, triste ou étonnante.

La nouvelle arabe ne pose pas les mêmes problèmes de définition ; d'abord par son appellation *qissa qassira* (histoire courte), l'équivalent de l'expression anglaise *short story*, il est clair qu'elle se définit elle-même d'abord par sa concision. Une nouvelle qui fait par exemple cinquante pages comme certaines nouvelles occidentales contemporaines ne saurait s'appeler « histoire courte » en arabe puisqu'elle est longue ; on la désignera donc par le terme *riwâya* (roman). Au début de la nouvelle arabe, les pionniers de la littérature arabe moderne rattachaient sa définition à celle de la nouvelle occidentale. Ils s'inspiraient pour cela des définitions anglaises et françaises qui se fondent sur certains critères récurrents dans la nouvelle classique pour la décrire, comme nous le verrons plus loin. René Etiemble nous dit bien la difficulté d'établir une définition de la nouvelle, préférant être prudent et ne pas appliquer une seule définition à l'ensemble des récits courts : « L'esprit de la nouvelle, sa fonction, varient selon l'histoire, la religion, le génie des créateurs »[168]. Jusqu'aujourd'hui, il demeure difficile pour les théoriciens de la littérature de trouver une définition canonique de la nouvelle. Mais s'il est vrai qu'on ne peut la réduire à un seul modèle, certains critères parmi lesquels la brièveté, la simplicité et le réalisme nous permettent de mieux la décrire et la cerner.

2.1. Le réalisme

En France, la nouvelle a connu son âge d'or à la fin du XIXe siècle comme en conviennent plusieurs critiques ; on parle pour cette époque de nouvelle « classique ». Celles de Maupassant constituent à elles seules un modèle du genre dont Taymûr a suivi l'exemple. Le « réalisme » est l'un des critères de ce type d'écrits ; le nouvelliste tient à ce que ses œuvres soient vraisemblables et qu'elles représentent la réalité de façon convaincante. La

---

[167] LLOYD (Christophe), « Maupassant et la femme castratrice : lecture de l'inconnu », *Maupassant et l'écriture, Actes du colloque de Fécamp. Mai 1993. Sous la dir. de L. Forestier, Nathan, 1993, p. 100.
[168] ETIEMBLE (René), *Essais de littérature (vraiment) générale*, N.R.F., 1974, p. 203.

nouvelle offre souvent, en effet, une image assez fidèle de la société et de l'époque des auteurs. René Etiemble écrit à ce propos : « Dans toutes les civilisations, la nouvelle propose en effet un tableau qui se veut non plus seulement vraisemblable, mais vrai, des mœurs du temps »[169]. Pour mieux comprendre ce désir de « faire vrai » (pour reprendre l'expression de Maupassant), il faut se pencher sur les idées du réalisme et du naturalisme qui ont influencé l'époque littéraire des deux auteurs. La nouvelle française moderne se distingue des anciennes formes du récit court (le fabliau par exemple) par son attachement entre autres au critère de réalisme. En Égypte, on adoptait la forme brève de la nouvelle en même temps qu'on découvrait les théories du réalisme. Pourtant cette recherche du critère de vérité ne limite pas la nouvelle à la réalité rationnelle ; l'écriture réaliste ou « la rhétorique du réel », pour reprendre les termes de Marianne Bury[170], peut tout à fait être au service du fantastique, comme nous le verrons dans la partie consacrée à ce genre.

2.1.1. Aperçu sur le réalisme et la position des deux auteurs

Le réalisme en tant que doctrine n'exista qu'à travers les œuvres de peintres comme Courbet ou d'écrivains comme Chamfleury et Duranty. Il y a même eu une revue consacrée à ce courant et intitulée *Le Réalisme*, fondée en 1857 par Duranty, ainsi que *La Gazette* de Chamfleury (1856). Ces magazines ne parurent pas très longtemps et les deux auteurs se virent limités par leurs propres théories sur l'art. En fait, le réalisme n'aura d'existence durable qu'en tant que tendance qu'on ne peut enfermer dans une définition normative, même si on peut parler de désir de représenter la réalité sans chercher à l'idéaliser. Quant au naturalisme, Zola, sensible aux théories littéraires des Goncourt, s'en est fait le défenseur ; il a défini les règles de la doctrine naturaliste qui prône l'application à l'art des méthodes scientifiques.

En Égypte, ces courants littéraires furent adoptés avec un peu de retard par rapport au pays émetteur, car une époque de maturation des doctrines littéraires occidentales était nécessaire. On approuvait, à l'époque de Taymûr, une littérature visant à dévoiler tous les aspects de la vie. Le romantisme n'avait plus le même attrait ; on critiquait désormais l'idéalisme et, comme les auteurs français de la fin du XIXe siècle, les auteurs arabes modernes voulaient que l'art « redescende sur terre ». Comme nous l'avons vu précédemment, en Égypte, les œuvres occidentales ont été découvertes d'abord par le biais de la traduction et de l'adaptation, y compris les œuvres réalistes et naturalistes. On pouvait mal juger du réalisme de ces œuvres dans leurs versions arabes, d'un côté parce qu'elle décrivaient un monde étranger, ensuite parce qu'elles étaient rarement fidèles aux œuvres originales. Considérons par exemple un roman écrit par un auteur naturaliste, comme

---

[169] ETIEMBLE (René), *Essais de littérature (vraiment) générale, op.cit.,* p. 198.
[170] BURY (Mariane), *La Poétique de Maupassant,* Paris, Sedes, 1994, p. 143.

L'Argent de Zola, qui a été traduit en 1907 par une certaine Mme Esther Zuhri au Caire sous le titre de *Al-Mal ! al-mal ! al-mal ! aw masâ'ib al-bursa*, ce qui signifie (*L'Argent ! L'argent ! L'argent ! ou les malheurs de la Bourse*), un titre qui nous paraît bien excessif et qui témoigne de cette tendance de la traduction de cette époque à exagérer les effets de la littérature occidentale pour plaire à un public censé apprécier les histoires sensationnelles et divertissantes. Donc, ce sont surtout les pionniers de la littérature arabe moderne avec leurs œuvres originales qui ont fait connaître les courants du réalisme et du naturalisme en Égypte en cherchant à décrire la réalité de leur pays et en en parlant dans leurs études littéraires. Les écrivains voyageurs comme Muhammad H. Haykal, l'auteur de *Zaynab*, et Muhammad Taymûr font partie des premiers auteurs qui se réclamèrent du réalisme ; ils avaient tous les deux vécu quelques années à Paris au début du XXe siècle et y découvrirent les œuvres des grands auteurs réalistes ou naturalistes français comme Zola, les frères Goncourt ou encore Flaubert et Maupassant.

Quand les auteurs égyptiens voyageurs, imprégnés de culture étrangère, sont revenus dans leur pays, ils tentèrent de créer une littérature arabe en accord avec les principes du réalisme. Ils cherchèrent ainsi à représenter leur société et les problèmes qui la touchaient directement. Muhammad Husayn Haykal, l'auteur de *Zaynab, tableaux et mœurs de la campagne* dont la première édition date de 1914, explique dans une introduction plus tardive à ce roman comment il a essayé de donner une vision réaliste de l'Égypte après avoir longtemps admiré l'authenticité et la précision de la littérature française. Il dit de son roman qu'il « traduit la réalité qui est inscrite en lui » et qu'il cherche à la « décrire de la manière la plus fidèle qui soit »[171]. Son œuvre qui est considérée par la plupart des critiques arabes comme le premier roman arabe moderne doit son succès en premier lieu à son réalisme et au fait que l'auteur, à l'instar des auteurs français, a voulu donner un tableau réaliste de la société dont il est lui-même issu.

Muhammad Taymûr, dont Mahmûd a voulu achever l'œuvre interrompue, explique dans l'introduction de son recueil intitulé *Mâ tarâhu al-'uyûn* (*Ce que voient les yeux*) qu'il veut suivre l'exemple de Maupassant et tenter de décrire le plus fidèlement possible des faits et des personnages issus de la vie égyptienne[172]. Mahmûd Khayrat (1879-1948), un des premiers romanciers égyptiens et auteur de *Fatâtu al-Rif* (*La Paysanne*) édité au Caire en 1905 dit dans l'introduction de son roman à propos des théories de la littérature réaliste française : « J'admire la façon dont les auteurs français habillent le roman du bel habit de la réalité, nourrissant chaque idée par la description

---

[171] HAYKAL (Muhammad Husayn), *Zaynab. Manâzir wa akhlâq rifiyya* (*Zaynab, tableaux et mœurs de la campagne*), Le Caire, dâr al-Ma'ârif, 1983 (1ère édition 1914), p. 10.
[172] Concernant ce recueil, voir les propos de Mahmûd Taymûr contenus dans ses préfaces traduites par : PERES (H.), « Préfaces des auteurs … » *Annales...*, *op.cit.*, pp. 177-185.

et n'omettant aucun détail digne d'intérêt »[173]. Dans son ouvrage intitulé *Les Débuts de la nouvelle en Égypte,* le critique et écrivain égyptien Yahyâ Haqqî parle de la littérature réaliste égyptienne *(al-adab al-wâqi'î)* comme étant « libérée de l'imitation, de l'adaptation et de l'imaginaire des Occidentaux »[174]. Et c'est bien cela finalement l'essentiel du réalisme arabe, c'est qu'il a permis le développement d'une littérature plus authentique, mue par une créativité originale, après celle de l'adaptation des romans occidentaux où certains écrivains essayaient d'arabiser ou d'égyptianiser un contenu étranger. Après cette recherche d'une nouvelle identité littéraire et les tâtonnements qui ont suivi, les principes du réalisme ont permis à la littérature arabe de trouver sa source d'inspiration en s'inspirant de son propre environnement. Dans la littérature arabe moderne, le réalisme est synonyme de modernité alors que la littérature arabe classique faisait la part belle à la rhétorique et aux figures de style. Certains premiers écrivains de la *Nahda,* en voulant imiter la littérature romanesque occidentale, ont réduit leurs premières œuvres à des péripéties en en exacerbant le côté lyrique. D'autres écrivains ont cherché à se détacher de ce type de littérature d'imitation et ont appliqué les principes du réalisme à leurs écrits qu'ils voulaient à la fois authentiques, fidèles à la réalité égyptienne et libérés de la rhétorique ancienne. L'art pouvait ainsi décrire la condition de l'homme, ses sentiments et ses rêves sans les dramatiser ni les idéaliser.

Taymûr défendait les principes des courants réaliste et naturaliste en opposition avec les excès de la littérature romantique et idéaliste. Il déclare dans la préface du *Shaykh Jum'a:*

> *L'école réaliste waqi'î et naturaliste tabi'î [...] dévoile la réalité quelque dure qu'elle soit et l'expose aux gens dans sa nudité, telle qu'elle est, et non comme certains voudraient la voir. Nous avons besoin de ceux qui parlent d'une façon sincère de notre vie [...] Quelle belle parole a dite le célèbre écrivain E. Zola, lorsque quelques personnes lui reprochèrent sa vigoureuse adhésion à l'école réaliste : « Nettoyez vos maisons, je nettoierai ma plume »[175].*

Outre les changements inhérents à la société égyptienne elle-même, l'influence des œuvres et des théories littéraires occidentales a permis à la littérature arabophone égyptienne du début du XXe siècle d'échapper à l'ancienne tradition du sujet religieux, merveilleux ou lyrique, pour se rapprocher de la réalité ordinaire du peuple assurant par là même son renouvellement.

Dans « L'Évolution du roman au XIXe siècle », Maupassant considère que la véritable évolution du roman se révèle dans le fait qu'on n'y raconte

---

[173] KHAYRAT (Mahmûd), *Al-Fatât al-rîfiyya (La jeune fille de la campagne)*, al-Majlis al-a'lâ li al-taqâfa, Le Caire, 1905.
[174] HAQQI (Yahyâ), *Fajr al-qissa al-misriyya (L'Aube de la nouvelle), op.cit.,* pp. 74-75.
[175] TAYMUR (M.), *Al-Shaykh Jum'a, op.cit.,* p. 13, traduction : PERES (H.), « Préfaces des auteurs … », *Annales..., op.cit.,* pp. 169-170.

plus une « aventure imaginée », mais une « aventure observée, racontée comme si elle appartenait à la vie »[176]. Les courants réalistes et naturalistes sont perçus comme annonçant et préparant la modernité et cela aussi bien en France à la fin du XIXe siècle qu'en Égypte au début du XXe siècle.

Pourtant Maupassant n'avait que très peu de goût pour les écoles littéraires elles-mêmes ; ses liens avec le naturalisme se réduisaient à sa contribution aux *Soirées de Médan*. Les auteurs de ce recueil de nouvelles qu'on a surnommé « le groupe naturaliste » sont : Paul Alexis, Henri Céard, Léon Hennique, Joris Karl Huysmans et Guy de Maupassant, sous la présidence du maître du naturalisme, Émile Zola. Maupassant fit paraître dans ce recueil sa première nouvelle « Boule de suif » en 1880. Il déclara très vite qu'il n'était pas un naturaliste et qu'il ne croyait pas beaucoup aux théories littéraires ; l'aspect pseudo-scientifique du naturalisme, lui déplaisait. Pour Maupassant même Zola, qui a pourtant voulu être fidèle à ses théories de « reproduction » de la réalité, n'est autre qu'un poète : « C'est un romantique qui a en lui une tendance au poème, un besoin de grandir, de faire des symboles avec les êtres et les choses... »[177]. Il est certain que pour Maupassant, la littérature ne doit pas avoir des prétentions scientifiques et le roman échappe à toute définition normalisante. Il déclare à ce propos : « Le réaliste s'il est un artiste, cherchera non pas à nous montrer la photographie banale de la vie, mais à nous donner une vision plus complète, plus saisissante, plus probante que la réalité même »[178]. Pour lui, être réaliste c'est d'abord donner la vision la plus convaincante de ce qu'on cherche à décrire, qu'il s'agisse d'une réalité ou d'une illusion. Il écrivait: « Faire vrai consiste [...] à donner l'illusion complète du vrai [...]. J'en conclus que les réalistes de talent devraient s'appeler plutôt des Illusionnistes [...] Les grands artistes sont ceux qui imposent à l'humanité leur illusion particulière »[179]. Dans son projet de dépeindre la réalité, Maupassant ne prétendait pas suivre une démarche scientifique contrairement aux auteurs naturalistes, même s'il a prôné une littérature émancipée du modèle romantique. Il a, lui aussi, dénoncé les mensonges de l'école idéaliste et sa tendance au lyrisme ou à la tragédie dans de nombreuses chroniques et dans son étude intitulée *Le Roman*[180]. Pour comprendre le sens que Maupassant donne au mot réalisme, il faut revenir à ses propos concernant la perception de la réalité par les sens qui sont, selon lui, très imparfaits et ne faisant parvenir à l'homme qu'une certaine image de la

---

[176] MAUPASSANT (G.), *Chroniques, op.cit.*, tome III, p. 380.

[177] Ce passage est extrait d'une étude faite par Maupassant sur Zola parue d'abord dans *La Revue politique et littéraire* et ensuite intégrée dans le volume *Les Célébrités contemporaines*, édité, par Quantin le 17 mars 1883.

[178] MAUPASSANT (Guy de), *Pierre et Jean*, préface : « Le Roman », Flammarion, 1992, p. 51.

[179] *Ibid.*, p. 22.

[180] Aujourd'hui on cherche à défendre l'idéalisme et à montrer ce qu'il y avait d'excessif dans le mépris des naturalistes et des réalistes pour ce courant. Cf. SEILLAN (Jean-Marie), *Le Roman idéaliste dans le second XIXe siècle. Littérature ou "bouillon de veau" ?*, Paris, Classiques Garnier, coll. « Etudes romantiques et dix-neuviémistes », 2012.

réalité qui varie aussi selon l'individu. Comme les philosophes nihilistes de son époque, il nie la réalité fixe des choses. C'est pour cela que Maupassant parle de « l'illusion » de la réalité.

Mahmûd Taymûr a souvent fait l'apologie du réalisme et du naturalisme, mais il a ensuite pris ses distances avec les théories sur les vérités littéraires. Dans une de ses nouvelles, le narrateur, en écho aux idées de l'auteur, déclare : « Chacun de nous crée sa vérité, guidé par différents facteurs de milieu, d'expériences et de spécificités physiques et morales innées ou acquises. Chacun de nous adapte ces principes à son tempérament et aux circonstances[181]. Ce propos est très proche de ce que déclarait Maupassant sur l'impossibilité de représenter une seule réalité valable pour tout le monde : « Quel enfantillage de croire à la réalité puisque nous portons chacun la nôtre dans notre pensée et dans nos organes. Nos yeux, nos oreilles, notre odorat, notre goût différent, créent autant de vérités qu'il y a d'hommes sur terre »[182]. En outre, le mot « tempérament », utilisé aussi dans la traduction française du texte de Taymûr, est un mot que l'on retrouve très souvent chez Maupassant qui considère que c'est là un des facteurs primordiaux qui déterminent chez un auteur son talent à évoquer sa vision du monde[183]. Nous pourrions alors nous demander pourquoi Maupassant refuse l'illusion que transmettent les textes romantiques puisqu'il s'agit là aussi d'une forme de la réalité. Mais en fait, ce qu'il refuse chez les idéalistes c'est leur manière de communiquer leur propre vision du monde, car, selon lui, il faut que la façon de décrire « l'illusion » soit convaincante et vraisemblable et que la subjectivité de l'auteur ne soit pas trop mise en avant en devenant ainsi le premier propos du texte.

2.1.2. L'Évocation de la réalité dans l'œuvre des deux auteurs

Maupassant et Taymûr parlent en général de ce qu'ils connaissent bien, des sujets qui les touchent et qui se rapprochent de leurs vies et ils défendent à travers leurs écrits des idées auxquelles ils croient. Brunetière disait en 1884 dans un article paru dans la *Revue des deux mondes* : « Ce n'est pas ce que [Maupassant] voit qu'il voit bien, mais plutôt ce dont il est imprégné »[184]. En cela, le critique et historien littéraire met le doigt sur la question de la subjectivité de l'auteur et sur ce qu'il y a d'illusoire dans ce qu'on « voit ». Maupassant lui même fait souvent allusion à cette présence de l'auteur quand il parle dans ses chroniques de « tempérament », de « sensibi-

---

[181] TAYMUR (Mahmûd), « Majnûn », *Kull 'âm wa antum bikhayr*, al-Maktaba al-'asriyya, Beyrouth, [s.d.] (1ère éd.1951), p. 53, traduction : « Fou ? », *Bonne fête*, Paris, Nouvelles éditions latines, 1954, pp. 73-74.
[182] MAUPASSANT (G. de), *Pierre et Jean*, préface « Le Roman », *op.cit.*, p. 22.
[183] *Ibid.*, pp. 17-18.
[184] BRUNETIÈRE (Ferdinand), « Les Petits naturalistes », *Revue des deux mondes,* tome soixante-quatrième, 1884. pp. 703-704.

lité » et de « vision ». Cette subjectivité présente dans toute son œuvre se révèle entre autres à travers le thème récurrent du malaise existentiel que vivent ses personnages.

Chez Taymûr, la distance entre l'auteur et ses personnages est beaucoup plus importante ; les évènements qu'il nous narre concernent rarement son expérience personnelle, même s'il distille à travers ses récits certaines de ses opinions. La manière dont il aborde certains sujets qui lui sont chers comme l'anticolonialisme, l'amour de la terre ou la nostalgie de l'enfance nous renseigne sur ses idées et sa sensibilité. Il décrit plus ce qui l'entoure que ses propres états d'âme.

Chez l'auteur français, en revanche, nous retrouvons dans chaque nouvelle un souvenir personnel ; dans chaque idée défendue avec force et conviction nous devinons la position de Maupassant, révélée ailleurs par sa correspondance ou par ses chroniques. Il en résulte que ses personnages sont forcément plus consistants et plus construits que ceux de Taymûr, mais à l'époque de Maupassant la littérature romanesque et nouvellistique française avait déjà une longue expérience derrière elle contrairement à celle des pays arabes qui commençait à peine à expérimenter les nouveaux genres. En outre, Maupassant avait été l'élève de Flaubert qui lui enseignait l'art de l'observation et de la précision. Taymûr fait partie des tout premiers écrivains arabes qui ont adopté une manière d'écrire dite « réaliste » et il a souvent réussi à donner une vision très probante de la réalité qu'il cherchait à décrire. La vie dans le Rif et dans les vieux quartiers du Caire l'a inspiré dans nombre de ses nouvelles. Jacques Berque écrit à propos de l'auteur égyptien : « Ce qui se dresse devant les yeux du lecteur avec gentillesse, vivacité, non sans cocasserie, ce sont les vicissitudes du bourgeois égyptien aux prises avec le renouvellement total du milieu et des définitions qu'il se donne de lui-même »[185]. L'orientaliste italien Francesco Gabrieli est beaucoup plus élogieux quand il déclare : « Ces nouvelles révèlent la vraie, profonde et heureuse veine de l'écrivain qui, dans les couleurs du folklore de son pays, a trouvé un fond vierge d'expériences artistiques et humaines, qu'il a su exploiter avec une main de maître »[186].

Maupassant et Taymûr ont su faire resurgir dans leurs écrits le souvenir des lieux où ils ont vécu ou qu'ils ont visités et des évènements qui les ont touchés. Dans beaucoup de ses nouvelles, Maupassant utilise des descriptions de lieux précis réellement existants ou alors fonde son récit sur des histoires vraies ou des faits divers. Mais l'œuvre de Maupassant doit sa valeur à la façon dont il traite ses sujets, qu'ils soient réels ou fictifs. Son « réalisme » réside dans sa manière de façonner le sujet qu'il traite ; il cherche à confondre réalité et fiction afin de mieux convaincre ses lecteurs. Cette contradiction entre le mensonge de la fiction et le désir de faire vrai,

---

[185] BERQUE (Jacques), *L'Égypte, Impérialisme et Révolution*, Paris, Gallimard, 1967, p. 365.
[186] GABRIELI (Francesco), « L'Opera Letteraria… » *Oriente moderno, op.cit.*, p. 145.

M.-C. Bancquart la résume en parlant de la position littéraire de Maupassant : « Tout artiste est un faussaire conscient [...], mais qui doit aller dans le sens des choses »[187].

Taymûr s'attache moins aux « faits » que Maupassant ; il ne cherche pas non plus à convaincre à tout prix un « auditoire » de la véracité de l'histoire qu'il rapporte comme le fait si souvent l'auteur français qui affirme qu'il s'agit d'une histoire vraie ; il utilise souvent ce genre d'avertissement : « Cette histoire toute simple est vraie de tout point »[188]. L'auteur donne ainsi au lecteur l'illusion d'un véritable lien de communication entre lui et le narrateur. Ce jeu de conteur Taymûr n'y recourt que très rarement. En fait, il serait bien ennuyé qu'on pense que les aventures qu'il relate puissent être autobiographiques ; cet homme discret a toujours cherché à protéger sa vie personnelle, et pour lui les récits fictionnels s'ils doivent se nourrir de la réalité ne s'y confondent que rarement. Cette distance entre la fiction romanesque et la réalité est en fait salvatrice dans une société arabo-musulmane où l'amour libre ou transgressif a toujours trouvé une place en littérature, à condition que cela n'en dépasse pas les limites. Cela protège également l'auteur de l'opinion publique. Il y a toujours eu une sorte de suspicion concernant les genres romanesques accusés de favoriser la rêverie auprès des jeunes au lieu du travail salvateur. On comprend pourquoi Muhammad Hussayn Haykal qui tenait à sa réputation d'avocat a préféré faire paraître son premier roman de façon anonyme. Taymûr a ancré ses récits dans la réalité égyptienne et a nourri ses nouvelles de faits sociaux ou historiques. C'est ainsi que les premiers auteurs ont réussi à faire du roman et de la nouvelle des genres majeurs de la littérature arabe moderne.

2.2. La brièveté

La brièveté est une des caractéristiques de la nouvelle classique. Les œuvres que nous étudions ici ont toutes plus ou moins les mêmes dimensions et vont de quelques pages à une vingtaine de pages. La concision est donc un des éléments qui définissent la nouvelle telle que nos auteurs la conçoivent. Mais selon les époques et les écrivains, les dimensions de la nouvelle varient. La nouvelle moderne n'a pas cessé de se renouveler selon l'inspiration des auteurs et il y a aujourd'hui des nouvelles assez longues pour se confondre avec un petit roman. Mais à l'époque de nos écrivains, la concision est de mise et l'espace réduit de la nouvelle impose à l'auteur d'être précis et efficace grâce à son choix des mots, des personnages et des lieux, porteurs d'un maximum d'informations en un minimum de place. Et c'est en faisant allusion à cela que le cinéaste Claude Santelli appelle Maupassant « l'inventeur de ce genre unique de nouvelle en forme d'éclair et de coup au

---

[187] BANCQUART (Marie-Claire), *Images littéraires de Paris "fin-de-siècle"*, La Différence, 1979, p. 130.
[188] MAUPASSANT (G. de), « Histoire d'un chien », *C. et N.,* tome I. p. 314.

cœur »[189]. L'art de la litote va de pair avec la forme courte de la nouvelle et Maupassant nous a prouvé qu'en quelques pages il pouvait nous révéler les secrets de toute une existence.

Certains silences dans les nouvelles des deux auteurs sont porteurs de réflexions. Les points de suspension qui terminent quelquefois leurs récits constituent la limite entre le discours et le silence ; c'est le passage de l'idée exprimée à ce qui vient après. Ces points appellent le lecteur à continuer sa réflexion après les mots du narrateur. La réflexion du lecteur peut donc dépasser les limites du texte. L'espace de la nouvelle est réduit, mais le sentiment qui naît à la lecture de l'histoire produit comme un écho. Le roman, par sa densité, montre le passage du temps et donne la sensation de la longueur des années ; dans la nouvelle qui se veut concise et concentrée, cet aspect semble impossible à rendre. Mais d'autres moyens se substituent à la longueur et donnent l'impression du passage du temps comme de mettre en scène des personnages aujourd'hui vieux qui racontent leur jeunesse, procédé utilisé par les deux auteurs. Quelques lignes en prélude ou en conclusion suggèrent l'idée de la vieillesse et de l'usure, car chez les deux auteurs le temps est souvent synonyme de dégradation, comme l'illustrent bien les nouvelles « Fini » de Maupassant et « Les jours heureux » de Taymûr, que nous verrons plus loin. Mais la brièveté octroie à la nouvelle certaines qualités inexistantes dans le roman et on ne peut considérer celui-ci comme supérieur à la nouvelle comme l'a pensé Maupassant lui-même, quand il décida de ne plus écrire que des romans et de ne plus écrire d'« historiettes »[190]. Edgar A. Poe dans un article intitulé « Sur la nouvelle », montrait au contraire ce que la nouvelle a de plus que le roman :

> *La nouvelle a, sur le roman à vastes proportions, cet immense avantage que sa brièveté ajoute à l'intensité des effets. Cette lecture qui peut être accomplie tout d'une haleine laisse dans l'esprit un souvenir plus puissant qu'une lecture brisée, interrompue souvent, par les tracas des affaires et le soin des intérêts mondains. L'unité d'impression, la totalité d'effet est un avantage immense qui peut donner à ce genre de composition une supériorité tout à fait particulière[191].*

La forme brève impose certaines orientations que les nouvellistes suivent naturellement sans avoir à s'imposer des règles contraignantes même s'ils doivent quelquefois respecter les impératifs de la publication dans un journal. En effet, Maupassant faisait paraître ses nouvelles d'abord dans le *Gil Blas* et *Le Gaulois* avant de les faire publier en recueils. Ce fut le cas également pour Taymûr dont plusieurs nouvelles parurent dans des journaux même s'il a en général plutôt publié ses nouvelles directement en recueils.

---

[189] SANTELLI (Claude), « Silence ! On tourne Maupassant », *Le Magazine littéraire*, n° 156, janvier 1980, p. 25.
[190] Lettre de Maupassant datant du mois d'octobre de l'année 1891.
[191] BAUDELAIRE (Charles), « Notes nouvelles sur Edgar Poe », *Œuvres complètes*, Paris Gallimard, 1976, tome II, p. 329.

André Sempoux déclare à propos de la forme courte de la nouvelle : « Les dimensions mêmes du texte obligent à un choix, et dès lors ferment l'horizon »[192]. On peut en effet voir la brièveté de la nouvelle comme fermeture, mais on peut aussi l'assimiler à une idée de concentration et d'ouverture brève, mais intense sur la vie. Le conte et la nouvelle tirent leur force de « l'instant crucial », d'un moment privilégié de l'existence d'un personnage ou de la mise en valeur d'un détail ou d'un fait particulier et unique, relatif à une situation que vit ce personnage. Le dénouement frappant, clé de voûte de la nouvelle, repose sur une révélation finale ou sur une précision anecdotique qui clôt le récit tout en « l'ouvrant » sur cette dernière situation (image ou anecdote) qui renverse quelquefois le sens de l'histoire. Le titre du conte ou de la nouvelle révèle souvent cette idée d'ouverture sur la vie. Le récit court ne traitant la plupart du temps que d'un seul sujet, mais intensément, le titre nous l'annonce ; c'est le cas par exemple dans « Une aventure parisienne », « Un réveillon » ou « Un cas de divorce » de Maupassant qui narrent un seul évènement ; les articles comme « un » ou « le » nous annoncent bien cette singularité. C'est aussi le cas chez Taymûr dans « Un ancien amour », « Le tram n° 2 » « La lettre de Munir bey », « Un souvenir » ; les exemples sont nombreux. Un autre type de titre montre le choix des auteurs de décrire un personnage bien précis autour duquel se déroule l'action ou évoluent d'autres personnages. Il s'agit de nouvelles dont le titre est le nom du héros ou de l'héroïne. C'est le cas dans « Clochette », « Berthe », « Mademoiselle Perle », « Miss Harriet », « Le Docteur Heraclius Gloss », etc. Chez Taymûr nous trouvons aussi un grand nombre de nouvelles portant comme titre le nom d'un personnage central, comme dans « La Fille de cabaret », « Une Mère », « La Tante de Salama Pacha », « Al-Sheikh Jum'a », « Al-Sheikh 'Afa Allah », etc.

La brièveté, critère essentiel de la nouvelle, impose des limites qui, chez Maupassant, ne sont jamais synonymes de fermeture, mais toujours d'ouverture, et cela, même quand la parole du narrateur semble enfermée dans les limites du journal ou de la lettre. Dans la nouvelle, les possibilités narratives ne sont pas limitées, mais modifiées ; le nouvelliste n'est pas réduit à « résumer » ; il choisit au contraire de s'exprimer dans les dimensions de la nouvelle, car son sujet appelle ce mode d'écriture. L'auteur ne choisit pas la forme nouvellistique par obligation, mais par goût et par nécessité. Cela n'empêchait pas ses récits courts de révéler les secrets d'une vie, comme le dit Émile Zola : « Les contes et nouvelles [de Maupassant] se succédaient [...] apportant chacun une petite comédie, un petit drame complet, ouvrant une brusque fenêtre sur la vie »[193].

---

[192] SEMPOUX (André), *La Nouvelle,* A-VII. B.2, fascicule 9, Brepols Turnhout, 1973, p. 13.
[193] Extrait du texte du discours qu'Emile Zola a prononcé aux obsèques de Maupassant le 7 juillet 1893, reproduit dans la revue : *Europe,* spécial « Guy de Maupassant », n° 482, juin 1969, p. 8.

En effet, la nouvelle est souvent perçue comme « ouverture brusque » ; c'est là une idée qui revient souvent et qui exprime le sentiment que laisse la lecture de la nouvelle classique. Pierre Danger considère qu'« elle ouvre une brèche dans nos certitudes »[194]. Il est vrai que ce dernier propos concerne la nouvelle fantastique dont la densité convient à la situation insolite du thème fantastique, mais cela se vérifie aussi pour la nouvelle réaliste. Grâce à sa brièveté, elle surprend le lecteur sans lui laisser le temps de « s'habituer » à l'atmosphère qu'elle crée. S'il y a une fermeture dans le récit court, c'est quand le lecteur se trouve pris dans la logique et entraîné par la vitesse de la nouvelle qui ne lui laisse pas le temps de reprendre son souffle : il est happé par un univers dont il ne se libère qu'à la fin de la lecture.

La question de la brièveté est intimement liée à celle de la dynamique du récit constitué par le rythme narratif, la dramatisation et les dénouements. Dans les nouvelles de Maupassant et de Taymûr, nous entrons aussitôt dans le vif du sujet ou après une brève présentation constituée par le cadre de narration que nous verrons en détail plus loin. Ces récits développent souvent un seul incident important par rapport à toute une existence. Quant au dénouement, il constitue à la fois le point culminant et la chute. Maupassant choisit souvent pour ses nouvelles des dénouements surprenants qui demandent quelquefois une relecture de l'histoire en fonction de ce qu'ils révèlent. Louis Forestier dit à propos de la nouvelle intitulée « Au printemps » que « Maupassant désormais a trouvé l'art du "mot de la fin" : celui qui, tout à la fois, concentre et prolonge l'effet de la nouvelle »[195].

Dans la préface de son recueil *Al-Shaykh Jum'a,* Taymûr cite certaines techniques narratives de Maupassant et notamment « les dénouements qui font le succès des nouvelles de l'auteur français »[196]. À l'instar de celui-ci, il a cherché dans ses nouvelles à éveiller l'intérêt du lecteur dès le début et à le maintenir jusqu'à la fin du récit avec quelquefois une fin surprenante à la Maupassant. C'est le cas dans des nouvelles comme « Le Fantôme de la mère Khalil », « Le Hibou » ou « La Dinde », où il y a une sorte de renversement de la situation initiale. Ces trois nouvelles que nous verrons en détail plus loin sont ce que Taymûr a pu écrire de plus ressemblant aux nouvelles de Maupassant. Mais la plupart du temps, la narration chez Taymûr n'est pas aussi rapide et aussi concise que celle de son prédécesseur. Mais comme nous l'avons vu, l'auteur français, le maître de la narration rapide et du mot juste, bénéficie d'une expérience que n'a pas le pionnier de la nouvelle en Égypte qui appartient à une culture où certaines longueurs ne sont pas forcément bannies dans la forme nouvellistique. En outre, quand Taymûr commence à écrire dans les années vingt, cela fait seulement quelques décennies qu'on a adopté ce genre en Égypte. Mais il est certain que la

---

[194] DANGER (Pierre), « La Transgression dans l'œuvre de Maupassant », *Maupassant et l'écriture* (Actes du Colloque de Fécamp), sous la direction de L. Forestier, Nathan, 1993, p. 158.
[195] MAUPASSANT (G. de), *Contes et Nouvelles,* Gallimard, 1974, tome I., p. 1372.
[196] PERES (Henri), « Préfaces des auteurs arabes... », *Annales..., op.cit.,* p. 184.

littérature arabe moderne à l'époque de Taymûr tend vers une plus grande sobriété stylistique et plus de concision. Toutefois, l'auteur égyptien, même s'il est un des pionniers du récit bref, ne construit pas ses nouvelles de manière aussi économique que dans les contes maupassantiens où chaque mot contribue à créer cette tension propre au récit court et qui aboutit souvent à un dénouement frappant. Ces mêmes éléments sont utilisés dans la nouvelle arabe, mais de manière moins resserrée ; la structure des récits brefs de Taymûr tend moins vers cette précision extrême qui fait des textes maupassantiens des « récits-éclairs ». Les redondances n'ont pas complètement disparu de l'écriture arabe moderne qui en conserve une certaine lenteur contrairement à celle de Maupassant dont Joseph Conrad dit : « Sa vision était le fruit d'une attention scrupuleuse prolongée et attachée aux aspects du monde visible. Il découvrait enfin les mots appropriés comme si ceux-ci s'étaient imprimés pour lui de façon miraculeuse sur le visage des choses et des évènements »[197]. L'auteur anglais parle de mots « miraculeux » qui semblent uniques et irremplaçables. Arriver à ce degré de précision n'est pas facile à imiter. Henry James est le premier à avoir utilisé le mot « miracle » pour parler du génie de Maupassant à trouver le mot juste[198]. Il décrit ainsi le style de l'auteur français :

> *Rien ne saurait égaler [...] la force tranquille de son propre style, qui fait de chaque expression un ensemble compact, de chaque adjectif un mot qui porte et qui déblaie le terrain du vague, du tout fait et du second choix. Nul aujourd'hui ne gaspille moins de coups que lui ; et nul ne frappe plus juste*[199].

Maupassant prétendait être indifférent à l'art et à ses règles ; pourtant, il travaillait beaucoup pour arriver à ce degré de perfection. Il arrivait à exprimer les choses de façon précise surtout quand il s'agissait de cette vérité humaine qu'il voulait révéler : « Quelle que soit la chose qu'on veut dire, il n'y a qu'un mot pour l'exprimer, qu'un verbe pour l'animer et qu'un adjectif pour la qualifier »[200]. Dans toute l'œuvre de Maupassant apparaît cette recherche du mot juste et unique, ce besoin de précision qu'il a hérité de Flaubert. Mais ce n'est qu'une deuxième lecture plus attentive qui nous permet de pénétrer quelques secrets de l'écriture de Maupassant dont l'art est de rendre invisibles les procédés d'écriture et de suggérer plus que d'expliquer ce qu'il veut nous dire.

L'écriture de Taymûr révèle deux influences, celle des principes littéraires de la *Nahda* qui prône une modernité apportée entre autres par une écriture simple et précise, et celle de la nouvelle occidentale et surtout celle de Maupassant qui refusait les artifices stylistiques et les mots savants au profit d'une langue à la fois riche et simple, claire et précise qui sert discrè-

---

[197] CONRAD (Joseph), « Le Courage et la justice », *Europe*, n° 772-773, août-sept. 1993, p. 23.
[198] JAMES (Henry), *Sur Maupassant*, Ed. Complexe. 1987, p. 88.
[199] *Ibid.*, p. 89-90.
[200] MAUPASSANT (Guy de), *Pierre et Jean*, préface : « le Roman », *op.cit.*, p. 59.

tement l'idée sans trahir la présence et le travail de l'artiste. Il écrit dans la préface d'un de ses recueils de nouvelles :

> *L'art de Maupassant est à mes yeux un art parfait dans lequel se rencontrent à profusion tous les éléments nécessaires à la construction d'un puissant récit, du point de vue de la présentation et du traitement du sujet, de l'analyse des personnages, de l'enchaînement des péripéties et de leur dénouement. Le tout avec clarté et équilibre. Je ne me souviens pas d'avoir lu un fragment de son œuvre sans en ressentir une vive émotion[201].*

Cette perfection dont parle Taymûr est en grande partie due à l'effacement du travail de l'auteur. Taymûr a opté pour cette apparente simplicité et a banni les préciosités stylistiques de son écriture ainsi que la plupart des auteurs de son époque. Maupassant a cherché à définir les secrets de la beauté du style, et malgré son refus de la rhétorique (au sens péjoratif du terme) il cite Nicolas Boileau (1636-1711), le théoricien de l'esthétique classique, pour sa recherche de la précision et de l'éloquence. Il montre ainsi que l'écriture moderne doit respecter certains principes de l'écriture classique. Dans « Styliana » Maupassant donne sa définition du style en s'inspirant des règles anciennes de la rhétorique :

> *Le style, c'est la vérité, la variété et l'abondance de l'image, le choix infaillible de l'épithète unique et caractéristique [...] la concordance rythmique de la phrase avec l'idée [...] la phrase doit être simple [...] étonner sans cesse par la variété de ses poses et la multiplicité de ses allures[202].*

Mahmûd Taymûr loue la langue arabe classique et il sait que la réussite d'un auteur dépend de la maîtrise de celle-ci avant de prétendre la simplifier ou la moderniser. Dans son introduction à un de ses recueils de nouvelles, il analyse les écrits de plusieurs auteurs, parmi lesquels figure le fameux adaptateur al-Manfalûtî dont il critique la tendance à l'idéalisation. Cependant, il loue chez lui « l'aisance et l'élégance du style, la nuance délicate du vocabulaire [...] le respect de la langue arabe la plus pure »[203]. Maupassant et Taymûr ne refusent pas la rhétorique, ils la cantonnent simplement au service de l'idée, qui doit prévaloir sur la forme, d'où leur recherche de cette simplicité qui cache toujours un travail stylistique sous-jacent. Car malgré la simplicité apparente du texte maupassantien, se révèle une grande variété d'images, des tournures de phrases dont la souplesse est due au choix des termes et à leur agencement ; tout cela sert à créer une impression d'authenticité. La phrase exclamative ou interrogative donne au lecteur un accès direct aux interrogations du personnage. La répétition des mots appuie

---

[201] TAYMÛR (Mahmûd), *Fir'awn al-saghîr* (*Le petit pharaon*), *op.cit.*, p. 18, traduction de : PERES (H), « Préfaces des auteurs arabes… », *Annales...*, *op.cit.*, pp. 183-184.
[202] MAUPASSANT (G. de), *Chroniques*, tome I, *op.cit.*, p. 345.
[203] TAYMUR (M.), *Al-Shaykh Saïd al-'abît* (*Le Cheikh Saïd l'idiot*), *op.cit.* (1ère éd. 1926), introduction : p. 5. Traduction : PERES (Henri), « Préfaces des auteurs arabes... », *Annales...*, *op.cit.*, pp. 176-177.

l'idée de l'hésitation, la comparaison permet de rapprocher un élément inconnu de quelque chose d'habituel et de reconnaissable. La métaphore à laquelle les deux auteurs marquèrent une fidélité assez constante fait partie des procédés qu'ils utilisent pour créer cette impression de réalité et d'évidence. Nous verrons tout au long de ce travail de nombreux textes qui recourent à ces procédés.

Taymûr croyait au travail ; il exhortait les jeunes écrivains à nourrir leur talent par l'exercice. Et malgré cette longueur ou lenteur évoquées, la nouvelle de Taymûr demeure très concise : tout se passe en quelques pages. Les histoires que nous narrent les deux auteurs commencent souvent par la description d'une première situation où un groupe d'amis écoute une étonnante histoire racontée par l'un deux. Ce prologue (ou cadre) sert à éveiller l'attention du lecteur. Il sert aussi d'introduction au récit, donnant ainsi un cachet de vérité à l'histoire. C'est un préambule qui permet à l'auteur de faire entrer rapidement le lecteur dans le vif du sujet. Ces introductions font « glisser » le lecteur dans l'univers de la nouvelle ; le dénouement, lui, joue au contraire souvent sur l'effet de surprise. Il révèle la vérité qui explique ou contredit ce qui précède. Dans ce dernier cas, ce qui est révélé remet en question ce qui a été d'abord annoncé. La chute ou « la pointe » appelle alors une relecture du texte comme nous le verrons. Le dénouement peut également maintenir l'ambiguïté comme dans les nouvelles fantastiques. Le comparatiste Henri-François Imbert cite ce propos d'E. A. Poe concernant les dénouements : « On ne peut composer, affirme-t-il, qu'en ayant constamment en vue le dénouement et par contrecoup l'effet à produire sur le lecteur »[204]. Quelquefois, la nouvelle est perçue comme étant enfermée dans une « unité » préétablie. H. F. Imbert nous rappelle en revanche que : « Le roman n'est jamais sûr de pouvoir tenir son propos »[205]. Le roman permet donc une plus grande liberté que la nouvelle. Mais comme nous l'avons vu, les dimensions de la nouvelle et les règles qui la régissent ne doivent pas pour autant être considérées comme limitant ou enfermant le propos de l'auteur dans un espace réducteur.

2.3. La simplicité

L'art fût-il une « illusion » selon Maupassant, le texte est là pour lui donner sa vérité et convaincre le lecteur de sa réalité. Pour cela, l'écrivain ne doit pas mettre en avant sa présence, ses idées et un style qui trahit trop sa présence. Maupassant conçoit l'écriture comme transparente ; la définition qu'il en donne est alors la même que celle prônée par le maître Flaubert qui faisait cette jolie comparaison : « L'auteur dans son œuvre doit être comme

---

[204] IMBERT (Henri-François), « Un Intense scrupule ou avatars de la forme courte », *Revue de littérature comparée,* n° 4, Paris, Marcel Didier, oct.-déc., 1976, p. 342.
[205] *Ibid.* p. 343.

Dieu dans l'univers, présent partout, et visible nulle part »[206]. Maupassant aimait les auteurs qui ont du style, mais non ceux qui le mettent en avant et dont les écrits regorgent d'un vocabulaire bizarre et de tournures savantes. Dans sa préface à son roman *Pierre et Jean*, Maupassant critique les « archaïsmes prétentieux et [les] préciosités » du style[207], alors que la langue est par nature « claire, logique et nerveuse »[208]. Les termes rares et les complications artistiques déplaisaient à Maupassant qui les considérait comme faussant la réalité qu'ils « poétisent » mettant ainsi en avant l'auteur. Maupassant prônait la simplicité, non que son style soit facile à imiter, mais parce qu'à force de travail, il finissait par imposer cette impression d'aisance et de simplicité qui le caractérise. Henry James explique, dans son ouvrage *Sur Maupassant,* comment l'étude du style de l'auteur français dévoile la richesse et la difficulté d'une telle écriture[209]. Micheline Besnard-Coursodon exprime cette opposition en ces termes : « Une œuvre dont la limpidité tant admirée est peut-être plus apparente que réelle »[210].

La simplicité du style chez Taymûr a une autre histoire. La langue arabe, si riche soit-elle, a dû perdre ses artifices afin de laisser la place à l'idée simple. On doit à la presse et aux pionniers de la littérature arabe moderne d'avoir cherché à représenter la réalité de façon claire et simple. La littérature arabe avait dû longtemps supporter les archaïsmes linguistiques et stylistiques fastidieux des auteurs classiques. Fuyant ces travers, les jeunes auteurs de la *Nahda* optaient pour une écriture simple. Ce choix permit le renouvellement de la littérature arabe qui étouffait depuis longtemps sous un vocabulaire chargé et des artifices de style qui ornaient tous les types d'écrits. Taymûr tendait vers la simplicité malgré sa culture très classique ; on le lui reprocha alors que pour l'époque c'était une révolution. L'orientaliste suisse G. Widmer l'approuve au contraire : « Les nouvelles de cet auteur peuvent paraître à première vue, simples. Mais cette simplicité est le secret de leur force et de leur effet sur le lecteur »[211].

Maupassant insistait sur son refus de l'écriture compliquée et artificielle : « Il n'est point besoin du vocabulaire bizarre, compliqué, nombreux et chinois qu'on nous impose aujourd'hui sous le nom d'"écriture artiste" pour fixer toutes les nuances de la pensée »[212]. Malgré le fait que la nouvelle travaille sur les paroxysmes, qu'elle possède une complexité sous-jacente, elle garde néanmoins sa simplicité. La complexité ou la difficulté de la nouvelle

---

[206] FLAUBERT (Gustave), *Œuvres complètes, correspondances* (1850-1854), lettre du 9 déc. 1852, p. 182, Ed. Louis Conard. 1902.

[207] MAUPASSANT (G. de), *Pierre et Jean, préface : « Le Roman »*, *op.cit.*, p. 60.

[208] *Ibid.*

[209] JAMES (Henry), *Sur Maupassant*, Paris, Ed. Complexe, 1987.

[210] BESNARD-COURSODON (Micheline), *Etude thématique et structurale de l'œuvre de Maupassant, le piège,* Ed. A.-G. Nizet, 1973, p. 18.

[211] Voir préface du recueil : TAYMUR (Mahmûd), *Abu 'Ali 'âmil artist (Abû Ali fait l'artiste),* al-Matba'a al-salafiyya, 1934, p. 4.

[212] MAUPASSANT (G. de), *Pierre et Jean*, préface : « Le Roman », *op.cit.*, p. 51.

se révèle à l'analyse qui dévoile d'un côté le travail de l'écrivain, et de l'autre, les secrets des structures narratives. La simplicité est une des qualités de la nouvelle ; elle permet de ne pas trahir le travail et l'effort de l'auteur. Les moyens utilisés pour arriver à produire un certain effet sur le lecteur doivent paraître aisés, mieux, naturels.

Il est vrai qu'à cause de sa brièveté la nouvelle s'impose un choix des termes créant ainsi un certain nombre de tensions qui ont pour but de situer le lecteur très rapidement dans une atmosphère particulière et de diriger ensuite efficacement ses émotions. La simplicité de la nouvelle classique ne naît pas dans une absence de recherche d'effets stylistiques, mais dans le désir de les rendre invisibles pour mieux cacher le travail de l'artiste. Elle se révèle également dans le fait que la forme brève ne possède pas, par exemple, la complexité du roman. En peu de pages, tout est dit : le nouvelliste prend le chemin le plus court pour annoncer les évènements et pour décrire les personnages. La nouvelle classique ne recherche pas les complexités que tend à exprimer le roman et c'est là où réside sa simplicité. La complexité du roman peut se révéler dans la durée, alors que la nouvelle est concise, dans l'abondance et la complexité des personnages et des situations. Alors que la nouvelle classique choisit des situations et des personnages souvent archétypaux et rapidement reconnaissables, il y a aussi la nature de l'action qui souvent dans le roman s'étire ou se multiplie alors que la nouvelle classique se nourrit des tensions.

II. LA REPRÉSENTATION
DES LIEUX ET DES PERSONNAGES

Dans les nouvelles des deux auteurs, nous rencontrons un grand nombre de personnages évoluant dans différents lieux, une profusion qui donne une richesse et une diversité à leur œuvre sans contredire une unité conférée par le style et le regard particulier que l'auteur porte sur ce qu'il décrit, le tout dans une économie de moyens propre à la nouvelle classique.

Beaucoup de nouvelles de Maupassant se passent dans la région des côtes normandes ; il s'agit d'un périmètre que délimitent en gros les villes d'Etretat, Goderville et Fécamp. Maupassant a vécu les meilleures années de sa vie en Normandie et les paysages et les gens qu'il y a connus ont longtemps hanté son imaginaire. Imprégné de l'atmosphère normande, Maupassant en a fait une matière littéraire. Devenu un Parisien, il avait « la nostalgie invincible des dépaysés »[213] ; ses écrits qui évoquent souvent son pays d'origine en témoignent. Des noms de villes normandes, comme Yport, Etretat, Fécamp, Yvetot, reviennent souvent dans ses nouvelles comme dans « Magnétisme », « Pierrot », « La Maison Tellier ». Dans « Miss Harriet », le lecteur découvre les belles côtes normandes, dans « Le Horla », le mont Saint-Michel... Plusieurs nouvelles de Maupassant reprennent des souvenirs d'enfance de l'auteur comme dans « Une surprise », où le personnage de l'abbé Loisel serait selon L. Forestier l'abbé Aubourg qui enseigna le latin à Maupassant enfant[214].

Taymûr parle de façon plus générale des lieux où se situent ses nouvelles, comme Le Caire, Alexandrie ou des régions du Rif. Les indications topographiques sont assez vagues, même s'il est quelquefois plus précis et qu'il lui arrive de donner des noms de rues et de quartiers qui existent réellement. Dans sa nouvelle intitulée « Al-Sheikh Jum'a », Taymûr relate l'histoire d'un garde champêtre qu'il a connu dans son enfance et qui travaillait pour sa famille, un personnage haut en couleur que Mahmûd Taymûr a connu dans son enfance. Cette nouvelle est ainsi chargée de souvenirs très person-

---

[213] Propos de Albert-Marie Schmidt cité dans l'introduction de : MAUPASSANT (G. de), *Boule de suif et autres contes normands*, Ed. Garnier, 1971, p. IV.
[214] MAUPASSANT (G. de), *Contes et nouvelles*, tome I. note n° 1 de Louis Forestier, p. 1531.

nels. Nous savons, grâce à des confidences de l'auteur, qu'il s'agit de ʿAïn Shams. Francesco Gabrieli précise : « C'est un centre suburbain, situé à une dizaine de kilomètres du Caire, près du site de l'antique Héliopolis »[215]. Nous découvrons aussi l'Égypte du début du XXe siècle, son peuple et ses habitudes de vie, ses croyances et ses superstitions, l'intimité des habitants du Caire, quelquefois même des faits historiques comme nous le verrons plus loin.

Maupassant, lui, allait même jusqu'à commencer ses écrits en affirmant qu'il s'agit d'un fait véridique. C'est à la fois un jeu de conteur et un désir de convaincre et d'être proche du lecteur d'autant plus que certaines de ses nouvelles lui avaient été vraiment inspirées par des faits divers. Nous découvrons ainsi à travers ses écrits la France (mais aussi la Corse, le Maghreb...) à la fin du XIXe siècle avec ses idées, ses difficultés sociales, ses aspirations... À travers plus de trois cents contes et nouvelles, Maupassant nous fait découvrir une multitude d'éléments qui nous donnent une vision très concrète et très proche de la vie au XIXe siècle français. Il a en outre beaucoup voyagé et cela nous a permis de suivre son regard observateur en dehors des frontières de son pays. Quant aux évènements politiques qui servent d'arrière-plan historique, ce sont surtout ceux de la guerre de 1870. Nous avons vu précédemment qu'il existait une vingtaine de nouvelles traitant de ce sujet, dont « Boule de Suif ». Notons au passage que cette nouvelle s'inspire d'un fait réel que l'oncle Cord'homme a raconté à Guy de Maupassant, son neveu. Cet oncle sera d'ailleurs représenté dans l'histoire par le personnage de Cornudet. L'hôtel où le groupe de voyageurs descend s'appelle en réalité L'Hôtel du cygne, que Maupassant renomme Hôtel du commerce, ce qui correspond davantage à l'esprit de l'histoire dont le personnage principal est une prostituée qu'entourent des bourgeois peu scrupuleux.

La première nouvelle de Taymûr date de 1925 et la dernière des années soixante. On y découvre l'Égypte de ces années-là, ses mœurs, la mentalité de ses habitants, leurs travers et leur humour. Certaines nouvelles ont pour fond historique un évènement réel comme dans « La Dinde » qui se passe pendant l'incendie du Caire de 1952. Dans « La Fille de cabaret », l'action se passe en Égypte sous l'occupation anglaise : des soldats figurent parmi les personnages de la nouvelle.

---

[215] GABRIELI (Francesco), « Uno scritto di Mahmûd Taimur sulla sua formazione letteraria » (Un écrit de Mahmûd Taymûr sur sa formation littéraire), *Oriente moderno (L'Orient moderne)*, XIX, 1939, p. 608.

1. Lieux révélateurs

1.1. Le café

Maupassant et Taymûr décrivent quelquefois dans leurs nouvelles ce lieu particulier qu'est le café, à moitié clos, à moitié ouvert qui sert de décor de fond dans des nouvelles où les personnages acquièrent dès le début un caractère particulier en jouant en quelque sorte leur propre rôle en public. En Occident, le café a souvent servi de lieu de rencontre pour les artistes à l'époque de Maupassant. En Égypte, au début du siècle, le café faisait aussi quelquefois office de lieu de rencontre et d'échanges culturels. Nous avons vu comment les pionniers de la nouvelle arabe se réunissaient au café en face du théâtre Ramsès pour parler de leurs lectures et pour discuter des problèmes de la littérature romanesque arabe. Yahya Haqqi, un des pionniers de la nouvelle, nous parle de ce café où lui et ses amis se réunissaient[216]. Il s'agit, comme nous l'avons vu précédemment, des membres de l'École nouvelle (al-madrasa al-hadîtha). Au début, ils se réunissaient dans un palais qui appartenait à l'un d'eux. Après la révolution populaire égyptienne de 1919, ils ont préféré « sortir dans la rue ». L'art devait désormais appartenir à tous et pas seulement à l'élite cultivée. Il avait ainsi une portée plus "démocratique", loin du huis clos aristocratique des anciennes maisons khédivales. Bien plus tard, un des héritiers de cette époque de la *Nahda*, Najîb Mahfûz (1911-2006), prix Nobel, travaille, reçoit journalistes et critiques dans des cafés du Caire qu'il décrit souvent dans ses romans et dont il parle dans un entretien biographique[217]. Taymûr avait lui aussi l'habitude de se rendre dans les cafés du Caire. C'est d'ailleurs dans ce lieu que l'orientaliste italien F. Gabrieli le rencontra peu de temps avant sa mort, le chapelet à la main et habillé à l'occidentale. Dans certaines de leurs nouvelles les deux auteurs choisissent le café comme décor de fond. C'est un lieu adéquat pour décrire la solitude des uns et la volubilité des autres. Les clients dans le café-scène peuvent être à la fois des spectateurs et des acteurs.

1.1.1. Le café : lieu de solitude ou de rencontre

Le café ou le bar servent de décor de fond dans certaines nouvelles des deux auteurs où se profilent des thèmes tels que la rencontre ou la solitude. Le café est aussi la scène où se déroulent aussi bien de petits évènements que des drames. On y découvre des gens qui s'ennuient ou d'autres qui cherchent quelqu'un, une femme ou tout simplement un ami. Il s'y succède disputes et plaisirs éphémères. Les deux auteurs ont dépeint ce lieu de façon très semblable. Pour en rendre compte nous comparerons la nouvelle de Maupassant

---

[216] HAQQI (Yahya), *Fajr al-qissa al-misriyya* (*L'Aube de la nouvelle égyptienne*), *op.cit.*, p. 76.
[217] Cf. *Mahfouz par Mahfouz*, Entretiens avec Gamal Ghitany, traduit de l'arabe par Khaled Osman, Editions Sindbad, Paris 1991.

« Garçon, un bock ! » avec deux nouvelles de Taymûr intitulées : « Le chien d'As'ad bey » et « Nous étions quatre amis ». L'histoire que nous narre Maupassant dans « Garçon, un bock ! » est celle d'un homme qui rencontre par hasard dans un café un ancien camarade de classe, vieilli et misérable : « D'un coup d'œil, j'avais reconnu un bockeur, un de ces habitués de brasserie qui arrivent le matin quand on ouvre et s'en vont le soir quand on ferme »[218]. On apprend plus tard que cet homme a vécu dans son enfance des traumatismes psychologiques qui lui ont enlevé toute joie de vivre. Cette nouvelle nous dépeint donc la retraite pessimiste d'un homme qui n'a pour autre horizon que son café, un lieu fermé sans fenêtre sur le monde qui l'a irrémédiablement déçu. Des Barrets a banni la liberté de sa vie, cette liberté tentatrice, qui fait miroiter des rêves de bonheur qui peuvent s'avérer très douloureux. Dans sa vie définitivement réglée par les horaires d'ouverture et de fermeture de son café habituel, il ne s'ennuie même plus, il est résigné à ne goûter que les médiocres, mais rassurants plaisirs que lui accorde la vie de café : manger, boire, rentrer dormir pour recommencer le lendemain. L'histoire de Des Barrets est celle d'un homme qui a renoncé autant aux tracas de la vie qu'à ses plaisirs. Il se réfugie dans l'illusoire sécurité d'une existence sans surprise et surtout sans risque : « Je n'aurai pas d'autres souvenirs que cette brasserie. Pas de femme, pas d'enfant, pas de soucis, pas de chagrin, rien ; ça vaut mieux »[219]. Dans cette nouvelle, Maupassant parle d'un traumatisme psychologique vécu dans l'enfance. Tout le monde s'accorde à dire que la deuxième partie de cette nouvelle raconte les malheurs de Guy de Maupassant enfant qui avait souvent été témoin des disputes de ses parents. Cette terrible phrase de Des Barrets semble faire écho aux sentiments de l'auteur au souvenir d'une terrible scène : « J'avais vu l'autre face des choses, la mauvaise ; je n'ai plus aperçu la bonne depuis ce jour-là »[220]. Des Barrets ressemble par son désenchantement à Maupassant. Une des sources du pessimisme de l'auteur français réside justement dans son incrédulité face aux promesses de bonheur de l'amour et du mariage. Il est persuadé que la vie conjugale ne peut être que génératrice de conflits. Maupassant est conscient de l'importance que peuvent avoir certains évènements vécus durant l'enfance dans la vie d'un adulte. Comme le fait remarquer Louis Forestier : « Maupassant se livre à une analyse freudienne avant la lettre »[221]. L'auteur français a même suivi les cours du docteur Charcot à la Salpêtrière où se rendait Freud. Mais Maupassant n'était pas le seul à s'intéresser à son époque à la psychologie et à la psycho-

---

[218] MAUPASSANT (G. de), « Garçon, un bock ! », *C. et N.*, tome I, p. 1123.
[219] *Ibid.*, p. 1125.
[220] *Ibid.*, p. 1128.
[221] *Ibid.*, p. 1613.

pathologie ; la littérature naturaliste se passionnait aussi pour ces questions[222].

Dans « Garçon, un bock ! », le café semble être le lieu idéal pour y présenter le personnage de Des Barrets. Le narrateur-témoin a pour unique rôle de faire parler cet homme solitaire et désabusé. Des Barrets rejette son passé et son avenir. Le lieu public qu'est le café bannit toute idée d'intimité. Un autre lieu comme la maison représenterait le foyer et le refuge, mais pour Des Barrets ; il n'y a plus de "chez-soi", car la maison, qui représente aussi l'enfance, est devenue synonyme d'insécurité ; le café est donc ce qui s'en rapproche le plus tout en étant rassurant par son côté public et ouvert.

La nouvelle de Taymûr intitulée « Le chien d'As'ad bey » est l'histoire d'un homme qui a un chien pour seul compagnon. Dans le café où il passe toutes ses journées As'ad bey fait la connaissance d'un jeune étudiant qui nous retrace la longue déchéance de ce vieil homme solitaire. Cet ami joue le rôle que tient le narrateur dans la nouvelle de Maupassant. On peut se poser des questions sur le degré d'influence de la nouvelle de Maupassant sur celle de Taymûr, car on y retrouve plusieurs éléments communs. Des Barrets et As'ad bey vivent dans un univers rétréci où les autres n'ont plus de place. Ils offrent d'eux-mêmes l'image d'hommes déchus. Des Barrets est comte, As'ad bey est un ancien médecin-chef dans l'armée : leurs anciennes situations sociales et ce qu'ils sont devenus renforcent cette idée de déchéance que leur état extérieur reflète. L'aspect vestimentaire et corporel de Des Barrets trahit son délabrement intérieur. En revanche, l'état d'As'ad bey trahit moins un pessimisme profond qu'un laisser-aller dû à l'avarice et à la lassitude. Leurs deux vies ressemblent à un long suicide. Des Barrets est conscient de cette autodestruction : « Il n'y a rien qui détériore les gens comme la vie de café »[223]. Ce que nous décrivent les deux auteurs c'est la mort lente des deux hommes. Même si Maupassant ne parle pas concrètement de la mort de Des Barrets, il la suggère d'abord à travers le discours pessimiste de son personnage qui n'attend plus rien de l'avenir, ensuite par certains détails qui appuient cette idée de mort (du moins psychologique). Après avoir raconté son histoire, Des Barrets casse sa pipe par mégarde. Nous savons que l'expression argotique « casser sa pipe » signifie mourir.

Taymûr, plus qu'insinuer la mort (ou le suicide) d'As'ad bey, la raconte. L'auteur égyptien tenait à ce que ses histoires soient bien comprises par ses lecteurs, et elles étaient souvent marquées par la mort de ses personnages. Dans la nouvelle « Nous étions quatre amis », Taymûr raconte l'histoire d'un homme qui a réussi dans la vie et qui cherche à retrouver les traces de ses anciens camarades de classe. Wasfi, un habitué des cafés, est le seul qu'il

---

[222] Dans ses romans, Zola cherchait à montrer que la personne humaine est déterminée par des facteurs physiologiques, par son milieu et par les circonstances ce qu'il explique dans *Le Roman expérimental*. Les frères Goncourt voulaient étudier de véritables cas pathologiques avec une précision scientifique comme dans *Germinie Lacerteux*.
[223] MAUPASSANT (G. de), « Garçon, un bock ! », *C. et N.*, tome I, p. 1126.

arrive à retrouver. Il le rencontre dans un misérable café où il a l'habitude de se rendre. Dans les nouvelles qui ont pour décor principal le café, les narrateurs sont toujours des hommes qui ont réussi et qui se penchent sur la vie décevante et misérable de leurs anciens amis ou personnages de rencontre comme dans le cas de l'étudiant brillant et d'As'ad bey. Leur situation d'hommes accomplis et heureux accentue l'idée de l'échec de ceux qui passent leur temps dans des cafés. Le fait qu'ils ont été des amis jadis amène forcément à établir une comparaison entre ces hommes et leurs destins opposés. Cet ami qui a réussi cherche à faire sortir Wasfi de sa déchéance et à comprendre la raison de son renoncement à une vie normale. Il s'inquiète et s'indigne : « Quelle pitié ! Qu'a fait la vie de ce pauvre ami ? [...] quelle existence étroite ! Comment peut-il vivre dans ce coin perdu et partager sa vie entre ce café et chez lui ? »[224].

Dans « Garçon, un bock ! » le héros narrateur cherche aussi à comprendre la situation où vit son ancien ami Des Barrets et tente de le faire réagir : « Ce n'est pas une vie ça, mon bon. C'est horrible voyons, tu fais bien quelque chose, tu aimes quelque chose, tu as des amis »[225]. Cette indignation qu'expriment les deux narrateurs-témoins à travers les questions que pose l'ami de Des Barrets et qui demeurent sans réponse, et les efforts vains de l'ami de Wasfi révèlent l'impuissance de l'homme devant son propre destin. Dans « Garçon, un bock ! », c'est comme si l'auteur se dédoublait. Il est à la fois cet homme qui souffre (Des Barrets) et cette autre conscience qui interroge (le narrateur). Cette altérité en cache une autre, celle de Maupassant, qui d'un côté parle souvent des choses qu'il a expérimentées, et de l'autre pose les questions et décrit les problèmes de la vie avec distance.

La nouvelle de Taymûr se termine sur un constat d'échec, celui de l'impossibilité pour l'homme d'intervenir dans le cours des choses et de son impuissance devant le malheur des autres. L'attitude du héros de Taymûr est comparable à celle du père qui veut sauver son enfant des dangers que celui-ci ne voit pas. Wasfi s'insurge contre son bienfaiteur comme un fils défie son père. « Je sais mieux que toi ce dont j'ai besoin »[226], « Je préfère vivre un jour comme il me plaît, qu'une année enchaîné par des ordres et des interdits »[227]. Taymûr tire ces récits des cafés du Caire qui ne désemplissent pas, où jour et nuit se succèdent à leurs tables toutes sortes de clients.

Des Barrets, lui, refuse non pas la parole patriarcale, mais l'ordre social. Il dit à propos du travail : « À quoi cela sert-il ? Moi je ne fais rien [...] jamais rien »[228]. L'attitude de Des Barrets est un mélange d'individualisme et de pessimisme ; c'est le fruit d'années de solitude où la menace de la vieil-

---

[224] TAYMUR (M.), « Kunnâ arba'a » (On était quatre), *Abu al-shawârib* (*Le Moustachu*), *op.cit.*, p. 71.

[225] MAUPASSANT (G. de), « Garçon, un bock ! », *C. et N.*, tome I, p. 1125.

[226] TAYMUR (M.), « Kunnâ arba'a », *Abu al-shawârib*, *op.cit.*, 1966, p. 75.

[227] *Ibid.*, p. 81.

[228] MAUPASSANT (G. de), « Garçon, un bock ! », *C. et N.*, tome I, p. 1124.

lesse et de la mort se fait de plus en plus pesante. Le choix du café lieu à la fois fermé et ouvert, où le temps que l'on y passe est compté avant la fermeture, fait penser aux dimensions mêmes de la nouvelle, un lieu où se révèlent des existences et qui convient parfaitement à ce genre d'histoires courtes.

1.1.2. Oisiveté et vie de café

Le café, le bar ou le casino peuvent être des lieux de plaisir, un univers de choix pour les jouisseurs invétérés qui ont rejeté les contraintes sociales ennuyeuses et inutiles selon eux. Nous choisissons trois nouvelles pour illustrer ce cas : « Une Soirée » et « Ça ira » de Maupassant et « Enfin un emploi ! » de Taymûr. Dans « Une Soirée », Maupassant nous décrit un habitué de ces lieux : « Il était, lui, un de ces braillards tapageurs pour qui la vie n'a pas de plus grands plaisirs que le café et la fille publique. En dehors de ses deux pôles de l'existence, il ne comprend rien »[229]. Les narrateurs des nouvelles précédentes nous contaient avec compassion les histoires de ces hommes malheureux qui se réfugient dans la vie de café. Ils insistaient sur les circonstances qui les ont poussés à mener une telle vie. Le cas de Varajou dans « Une Soirée » est tout autre. Le narrateur décrit sans indulgence cet homme qui choisit cette vie de café par goût pour les plaisirs faciles, sans crainte d'avoir à user de moyens malhonnêtes pour assurer son train de vie. Dans « Enfin un emploi ! », Taymûr nous fait découvrir un personnage moins cynique que Varajou, mais qui bascule dans le monde des plaisirs et de la malhonnêteté. Helmy est un jeune étudiant venant de la campagne et dont la famille paye les études. Il commence par passer le plus clair de son temps dans un petit café au lieu d'étudier, avant de devenir un habitué d'une sorte de casino où il rencontre Dawlat, une hôtesse de charme, dont il tombe amoureux. Cette vie d'oisiveté et de plaisirs interdits inquiète et fascine à la fois l'ingénu Helmy. Dawlat joue le rôle de la "tentatrice" dans cette mini-société masculine qu'est le bar. La serveuse est un "appât" dans un monde régi par l'argent. Elle est le symbole de l'attrait de ce monde de plaisir, à la fois à portée de main et inaccessible (du moins pour l'infortuné Helmy). Taymûr décrit en elle un être doublement dangereux. Elle a l'air d'être docile et serviable, mais l'amour qu'elle semble promettre par sa disponibilité est aussi illusoire que les plaisirs éphémères qu'offrent ces lieux. La serveuse de bar a un point commun avec la femme traditionnelle, elle sert l'homme, mais elle ne le nourrit pas, elle l'enivre. Elle lui enlève donc sa raison et l'assujettit. En Égypte, les lieux comme le casino ou le bar sont souvent l'emblème d'une vie dissolue. Ces endroits sont les vestiges de la présence anglaise ou les nouveaux lieux de plaisir où l'on s'amuse à la mode occidentale. La fréquentation de tels lieux symbolise une double déchéance : la perte de l'identité arabe et la dissolution des mœurs. Taymûr n'exprime

---

[229] MAUPASSANT (G. de), « Une Soirée » *C. et N.,* tome II, p. 896.

pas directement ce genre de jugements, mais il les suggère à travers les évènements qu'il relate.

Pour mieux montrer l'oisiveté et le cynisme de Varajou, Maupassant le place dans un lieu de jeux et de plaisirs. Malgré son anticonformisme et le fait qu'il ne porte pas de jugement en faveur d'un ordre social, l'univers que nous décrit Maupassant est, lui, régi par des lois morales. Celles-ci sont souvent communes aux deux sociétés occidentale et orientale. C'est le cas par exemple de l'idée que l'on se fait du savoir et du temps consacré à la connaissance. C'est ce jugement de valeur qui dirige l'opinion du lecteur dans ces nouvelles où les personnages décrits sont des étudiants qui passent leur vie dans des cafés. L'auteur peut ainsi insister sur l'idée de leur échec. Des Barrets dans « Garçon, un bock ! » avait « fait [s]on droit... au café de Médicis »[230]. Dans « Ça ira » Maupassant raconte l'histoire d'un homme dont "le parcours universitaire" ressemble à celui de Helmy :

> C'était un de ces étudiants en droit [..] qui ne font rien. Celui-là, il vivait au café du matin au soir [...] au bout de dix ans, il était encore à son premier examen. Quand sa famille vit qu'on n'en pourrait rien tirer, elle le rappela chez elle en province[231].

Le fait que des hommes, censés étudier, passent leur temps dans des cafés, accentue l'idée du danger de l'univers des jeux. L'université lieu de science s'oppose ainsi au café lieu d'oisiveté. L'idée que ces hommes perdent leur temps s'impose à nous plus fortement quand on sait que ce temps devait être consacré à la connaissance. La déchéance paraît guetter ceux qui élisent domicile dans ce monde où le bonheur n'est qu'illusoire, car éphémère, et dont le prix se révèle être la liberté, celle-là même qui semblait en être l'attrait. En se référant à des valeurs reconnues par tous, les deux auteurs créent un lien entre le narrateur dont le discours se veut rationnel et logique, et le lecteur qui ne peut qu'approuver un tel raisonnement. Ainsi, qu'elle soit moralisante ou non, la nouvelle classique tient avant tout à emporter l'adhésion du lecteur.

1.2. L'évocation de la terre

Dans la nouvelle où l'espace est réduit et où tout est souvent porteur de sens, le lecteur doit être attentif au message de la nature qui est souvent plus qu'un simple décor ; il peut révéler un sentiment ou annoncer un évènement. Dans le passage suivant, extrait d'une nouvelle de Taymûr intitulée « La Toque », la nature évoque le bonheur. Il s'agit d'une scène qui décrit deux enfants découvrant la nature et la vie paysanne ; l'un d'eux, le narrateur devenu adulte, raconte son escapade dans la campagne avec une petite fille. On devine un souvenir personnel de l'auteur :

---

[230] MAUPASSANT (G. de), « Garçon, un bock ! », *C. et N.,* tome I, p. 1125.
[231] MAUPASSANT (G. de), « Ça ira », *C. et N.,* tome II, p. 578-579.

Nous passions une heure dans l'aire à battre les grains, montant dans les cha-
riots avec les paysans. Nos cris s'élevaient avec le meuglement des taureaux [...]
qui poursuivaient leur perpétuelle ronde. Nous quittions ensuite l'aire pour aller
vers le village. Nous escaladions le vieux palmier au tronc sillonné dont nous
mangions les fruits mielleux. Nous pataugions dans l'eau peu profonde du canal
d'irrigation, puis nous nous asseyions au bord de l'écluse pour pêcher de petits
poissons que nous jetions ensuite aux chiens affamés[232].

Dans ce texte, Mahmûd Taymûr décrit un tableau idyllique où tout semble parfait : les fruits sont mielleux, l'eau est claire et peu profonde, elle ne cache donc rien d'inquiétant, c'est un lieu où animaux, plantes et hommes vivent en parfaite harmonie. C'est ainsi que se fait sous la plume de l'auteur la corrélation entre l'idée de bonheur et celle de la nature. Pour rendre familier ce tableau, l'auteur raconte les souvenirs de ses personnages, un peu comme dans « Al-Sheikh Jum'a » où il parle de son enfance et des plus « délicieux jours de sa vie ». Dans d'autres nouvelles, la nature est au contraire inhospitalière et menaçante, présageant le pire comme nous le verrons dans la partie réservée au fantastique. Les lieux sont présentés et décrits de manière à préparer le lecteur à découvrir un évènement à venir ; cette progression crée « l'effet de réel » dont il est si souvent question dans la nouvelle classique.

Maupassant a excellé dans l'art de dépeindre une nature en harmonie avec l'histoire qu'il raconte, une nature annonciatrice d'un évènement ou révélatrice d'un secret. Dans « À Vendre » Maupassant parle d'amour, d'une manière détournée. Les paysages et les sentiments se confondent pour exprimer le même désir dans ce texte qui ressemble à un petit poème en prose :

Pourquoi gardons-nous le souvenir si cher,// si aigu, de certaines minutes
d'amour avec la terre, // le souvenir d'une sensation délicieuse et rapide, //
comme la caresse d'un paysage rencontré au détour d'une route, // à l'entrée
d'un vallon,// au bord d'une rivière, // ainsi qu'on rencontrerait une belle fille
complaisante ?//[233]

Pour confondre l'amour et la nature, Maupassant utilise le même type de vocabulaire pour décrire l'un et l'autre : il humanise le paysage en parlant de « sa caresse » et compare la femme à la terre et à sa générosité. Pour faire vivre ses descriptions, Maupassant utilise très souvent ce type de rapprochements. Le paysage reflète les sentiments du personnage animé par ses souvenirs amoureux. Maupassant nourrit le côté romantique de l'histoire avec un lyrisme discret sans toutefois tomber dans les excès des romantiques.

Dans les deux œuvres, plusieurs personnages expriment différemment leur amour pour la terre, pour la campagne ou la vie paysanne. Il est en outre

---

[232] TAYMUR (M.), « Al-Taqiyya » (La Calotte), *Al-Bârûna (La Baronne)*, al-Matba'a al-'asriyya, Beyrouth, [s.d.], pp. 35-36.
[233] MAUPASSANT (G. de), « À Vendre » *C. et N.*, tome II, p. 420.

clair que les deux auteurs préfèrent l'idée d'une vie libre près de la terre à la vie médiocre du citadin fonctionnaire. Un des personnages de Taymûr défend son choix de vivre à la campagne en disant : « Quel salaire donné par le gouvernement pourrait égaler la véritable fortune qu'octroie la terre ? »[234]. Un autre personnage, celui de la nouvelle « La Toque », exprime lui aussi sa préférence pour la vie près de la terre : « J'apprécie tant cette vie de liberté, cette vie simple auprès des gens qui ne connaissent pas les contraintes de la vie citadine »[235]. Pour convaincre le lecteur du bonheur qu'apporte la vie près de la terre, l'idée d'espace est souvent liée à celle de la liberté ce qui constitue un rapprochement assez convenu, mais qui fait néanmoins son effet.

Dans la célèbre nouvelle de Maupassant « Le Horla », au début, le héros a l'esprit tranquille. Il exprime son bien-être par un hommage à son pays :

> J'ai passé toute la matinée étendu sur l'herbe, devant ma maison, sous l'énorme platane qui la couvre, l'abrite et l'ombrage tout entière. J'aime ce pays, et j'aime y vivre parce que j'y ai mes racines qui attachent un homme à la terre où sont nés et morts ses aïeux[236].

La terre est ici synonyme d'équilibre et de sérénité. Le platane dont l'ombre s'étend est une présence protectrice. L'évocation des « aïeux » rappelle le lien indestructible qu'il y a entre le héros et cette terre. Mais une chose différencie les deux auteurs dans leur appréciation de la terre. L'auteur français recherche avant tout la nature elle-même, en évoque les couleurs, les formes, les silences et les bruits, tandis que l'amour de Taymûr pour la campagne se révèle à travers la relation que le paysan entretient avec la terre. Cette différence dans leur relation à la nature prend sa source dans leur propre vie. Maupassant ne manquait jamais de s'évader de Paris dès que cela lui était possible vers sa terre natale et aussi vers la mer qu'il appréciait beaucoup parce qu'elle lui donnait l'impression de s'évader hors de sa maladie et de ses angoisses existentielles. Quant à Taymûr, depuis son enfance il n'a cessé de se rendre régulièrement à la campagne dans le domaine rural familial où il retrouvait les paysans et leur vie simple. Il prouvera son attachement à sa terre tout au long de son œuvre comme dans le passage suivant où il se remémore la douceur de son enfance à la campagne :

> Notre nouvelle maison était vraiment à la campagne, au milieu de cinq faddan de terre, divisés en jardins et en champs, que mon père s'occupait à dessiner avec goût. Moi et mes deux frères jouions et courions dans ce vaste lieu, selon notre plaisir. En cette période, notre vie était proche de la vie simple des campagnards. La maison était petite, construite en briques, et modestement meublée ;

---

[234] TAYMUR (M.), « Al-Munâfasa » (La Concurrence), *Al-Shaykh Jum'a* (Cheikh Jum'a), al-Matba'a al-salafiyya, Le Caire, 1925, p. 180.

[235] TAYMUR (M.), « Al-Tâqiyya » (La Calotte), *Al-Bârûna (La Baronne), op.cit.*, p. 38.

[236] MAUPASSANT (G. de), « Le Horla », *C et N.*, tome II, p. 913.

et nous avions des chevaux sur lesquels nous battions le désert et le Kafr Gamus et les potagers d'Aïn Matariyyah[237].

Maupassant et Taymûr vécurent des moments marquants, l'un dans le décor du pays de Caux, l'autre dans celui du Rif, deux campagnes certes différentes, mais qui ont en commun le fait d'être des lieux d'asile. Le seul élément stable était cette immuable et rassurante terre (ou cette mer), vers laquelle ils revenaient sans cesse depuis leur enfance et tout au long de leur vie. Quand Maupassant était en face d'une terre étrangère, c'est à sa Normandie qu'il pensait même quand il était à des milliers de kilomètres de celle-ci. Dans ce passage tiré d'une chronique sur la Tunisie, il compare Kairouan à sa Normandie natale :

De Sahara sans un brin d'herbe, elle devient tout à coup, presque en quelques jours, comme par un miracle, une Normandie ivre de chaleur, jetant en ces moissons de telles poussées de sève, qu'elles sortent de terre, grandissent, jaunissent et mûrissent à vue d'œil[238].

2. La représentation de certains types sociaux

Plusieurs types sociaux sont décrits chez les deux auteurs. Nous pouvons, comme l'a fait Henry James, regrouper les types de personnages décrits par Maupassant en trois catégories : le paysan, les petits employés et commerçants et les couches supérieures de la société[239]. Mais si H. James parle du paysan normand qui est très présent dans l'œuvre de Maupassant, la catégorie sociale qu'il représente ne se limite pas à lui, elle comprend également les gens du peuple, les gueux, les infirmes et les mendiants. Quant aux petits employés et commerçants, ils représentent la classe moyenne, celle de la petite bourgeoisie menant une vie marquée par le manque d'argent et imitant l'aristocratie.

En Égypte, dans les grandes villes à l'époque de Taymûr, les petits employés et les commerçants forment la population citadine la plus nombreuse. Beaucoup de personnages de Taymûr sont issus de cette catégorie sociale qui souffre aussi du manque d'argent et dont les mœurs vont (comme dans les nouvelles de Maupassant) de la dévotion à la prostitution. Quant à l'aristocratie, les deux auteurs en étaient eux-mêmes issus et ne l'ont pas traitée de manière égale. Maupassant décrit la haute société qu'il connaissait bien et dont il a pu ouvrir les portes grâce à son métier d'écrivain et à ses illustres amis (Flaubert, Zola...) et grâce aussi à ses connaissances féminines ; son œuvre comporte une grande variété de types aristocratiques que

---

[237] Propos cité par GABRIELI (Francesco), « Uno scritto di Mahmûd Taimur... » (Un Écrit de Mahmûd Taymûr), *Oriente moderno, op.cit.,* p. 608.
[238] MAUPASSANT (G. de), *Ecrits sur le Maghreb, op.cit.,* p. 160.
[239] JAMES (Henry), *Sur Maupassant,* Ed. Complexe. 1987, p. 93.

le critique Alain Guillemin répertorie en plusieurs catégories[240]. La mère de Maupassant a tenu à ce que son nom soit précédé de la particule et Maupassant ne semblait pas non plus indifférent à cet anoblissement. On remarque aussi qu'un très grand nombre de ses héros portent un nom à particule ou sont des barons ou des comtes.

En Égypte, l'aristocratie se composait de la classe régnante turque, mais les choses changèrent après la fin du règne ottoman. Néanmoins beaucoup d'Égyptiens d'origine turque gardèrent leurs privilèges comme ce fut le cas du père de Taymûr qui avait le titre de pacha qu'on accordait à un haut fonctionnaire ayant rendu des services à la nation. C'est peut-être parce que Taymûr était proche de l'aristocratie qu'il s'est montré moins curieux à son égard même si plusieurs de ses héros sont à son image, des jeunes gens cultivés ou des hommes mûrs issus de bonnes familles. Maupassant a presque toujours choisi des héros-narrateurs qui lui ressemblent. Il existe aussi dans l'œuvre de Taymûr une classe intermédiaire qui se situe entre celle des petits employés et l'aristocratie et qui est née des changements survenus dans la société égyptienne. Certains aspects de ces changements sont issus de la modernisation et de l'occidentalisation de l'Égypte. Mais en général, Taymûr aime à observer le milieu populaire, sans doute du fait que la littérature réaliste égyptienne promettait de décrire le peuple.

2.1. Le paysan : physionomies et caractères

Comme l'explique Anne Marmot-Raim : « Pour Maupassant, il existe une corrélation essentielle entre le physique d'un personnage et son caractère »[241]. Cette manière de représenter les personnages chez Maupassant crée des stéréotypes. Toutefois chez l'auteur français, ce rapport entre le physique et la personnalité n'est pas toujours synonyme de miroir ; il peut au contraire exprimer une contradiction, comme dans le cas de la femme perfide dont la beauté extérieure contredit la nature intérieure.

Mais en général et dans la plupart des nouvelles de Maupassant et de Taymûr, il est vrai que le visage, l'attitude et le vêtement du personnage nous renseignent sur la nature profonde de l'individu décrit. Ces détails doivent toutefois être interprétés selon le contexte qui peut en transformer le sens. Ainsi, l'image du paysan chez les deux auteurs n'est pas une image figée ; elle varie selon l'univers rural où il évolue. Le paysan peut être un personnage sournois, avare ou violent comme dans la nouvelle de Maupassant « L'Aveugle » ou dans « Un Homme redoutable » de Taymûr. Il peut aussi représenter la sagesse, car il vit près de la terre ; c'est le cas du « Cheikh Jum'a », ou alors être amateur de farces et de plaisanteries comme dans « La Farce » de Maupassant. Mais en général, Maupassant aime à don-

---

[240] GUILLEMIN (Alain), « Le Rustique, la brute, l'exquis et le faisandé, les figures de l'aristocratie dans l'œuvre de Maupassant », *Europe,* août-sept., 1993, pp. 71-80.
[241] MARMOT-RAIM (Anne), *La Communication non-verbale chez Maupassant,* Nizet, 1986, p. 63.

ner des paysans une image assez caricaturale : la robustesse du corps et la dureté du caractère font partie des traits récurrents qu'il leur prête. Mais malgré ce côté stéréotypé, les paysans qu'il décrit sont convaincants et participent à la création de cet univers normand très réaliste propre aux nouvelles de Maupassant. Mathew Mac Namara déclare à ce propos : « Maupassant fait de la démarche descriptive un des fondements de l'illusion littéraire »[242]. Chez l'auteur français, la description sert le récit et y joue un rôle de pause.

Chez Taymûr, il n'y a pas ce qu'on pourrait appeler véritablement une pause descriptive ; l'élément descriptif est succinct et permet en général de présenter un lieu ou un personnage. Taymûr recourt souvent à des descriptions brèves, faisant partie d'un tout ; on ne peut pas comme chez Maupassant les détacher du reste du texte qu'ils servent à la fois à nourrir et à aérer. Toutefois, la description chez Taymûr, comme chez Maupassant, n'est pas statique comme elle le fut dans les préromans arabes dont on a parlé précédemment. « L'objet se figeait pour être décrit », comme le remarque justement Nada Tomiche dans son étude sur les premiers romans arabes[243]. Avec les pionniers de la nouvelle et du roman en Égypte, la description gagne en mobilité même si elle reste en général assez brève.

Chez Maupassant, cette mobilité s'illustre très bien dans un texte comme « La Ficelle » où Maupassant décrit un groupe de paysans allant au marché :

Les mâles allaient à pas tranquilles, tout le corps en avant à chaque mouvement de leurs longues jambes torses, déformées par les rudes travaux, par la pesée sur la charrue qui fait en même temps monter l'épaule gauche et dévier la taille, par le fauchage des blés qui fait écarter les genoux pour prendre un aplomb solide, par toutes les besognes lentes et pénibles de la campagne[244].

Maupassant en décrivant les particularités anatomiques de ces paysans cherche à faire ressortir le côté animal de ces hommes. Il ne décrit pas des personnages, mais des corps déformés à la démarche lourde ; il le fait à la manière d'un peintre qui détaille chaque point du corps. La vie rurale s'inscrit dans ces corps qui trahissent la rudesse de l'existence paysanne. Maupassant parle de « mâles » comme s'il ne tenait pas à séparer les hommes des animaux. Un peu plus loin, il les décrit de manière à les confondre totalement :

Les cornes des bœufs, les hauts chapeaux à longs poils de paysans riches et les coiffes des paysannes émergeaient à la surface de l'assemblée. Et les voix criardes aiguës, glapissantes formaient une clameur continue et sauvage que dominait parfois un grand éclat poussé par la robuste poitrine d'un campagnard en gaieté, ou le long meuglement d'une vache attachée au mur d'une maison[245].

---

[242] NAMARA (Matthew Mac), « Maupassant et le descriptif » *Maupassant et l'écriture, actes du colloque de Fécamp,* mai 1993, Nathan, 1993, p. 219.
[243] TOMICHE (Nada), « Naissance et avatar du roman arabe avant *Zaynab* », *Annales Islamologiques,* XVI Institut français d'archéologie orientale du Caire, 1980, p. 331.
[244] MAUPASSANT (G. de), « La Ficelle », *C. et N.,* tome I., *op.cit.,* p. 1080.
[245] *Ibid.,* p. l081.

Les formes bovines et humaines se confondent : les cornes des bœufs et les hauts chapeaux à longs poils, ainsi que les coiffes des paysannes forment un tableau qui étonne par sa curieuse harmonie. Maupassant parle de « glapissements » concernant les voix criardes des paysans ; il juxtapose aussi deux cris pour les mieux assimiler : celui du robuste campagnard et le meuglement de la vache. Les cris des uns et des autres forment un mélange indis-indissociable de sons humains et animaux que l'auteur qualifie de « clameur sauvage ». Tous ces rapprochements ont pour but de mettre en valeur la rudesse de l'univers rural. Maupassant accentue et met en évidence les caractéristiques qui sont habituellement attribuées au paysan faisant de cette scène de paysans allant au marché près de leurs bœufs une sorte de tableau ultra-réaliste à la Gustave Courbet ; on pense par exemple aux *Paysans de Flagey revenant de la foire.*

Jean Salem[246] et Florence Goyet abordent tous deux la notion de distance entre l'univers fictif et la réalité. Le premier considère que cette distance existe entre l'auteur et ses personnages et non entre ces derniers et les lecteurs comme l'affirme F. Goyet, qui, pour illustrer sa théorie, donne l'exemple de la tendance de Maupassant à animaliser certains de ses personnages pour les « mettre à distance et [les] discréditer […] pour [les] repousser dans une autre planète »[247]. Jean Salem interprète la démarche de Maupassant de façon différente. Nous pensons comme lui que, par l'animalisation de l'humain, l'auteur nous décrit ce qu'il y a de misérable chez les hommes, tous les hommes et non pas seulement des types particuliers qu'il veut montrer comme exotiques et différents du reste de l'humanité. En cela, Maupassant les rapproche de nous ; il décrit ces hommes non pas pour les mettre à distance, mais pour mieux faire ressortir leurs défauts, leur faiblesse ou leur laideur.

En l'absence de tradition nouvellistique ou romanesque arabe, les auteurs occidentaux servaient de prédécesseurs aux pionniers de la littérature arabe moderne, comme ce fut le cas pour Taymûr et son frère aîné qui ont pris l'œuvre de Maupassant pour modèle. Si la description telle qu'on la trouve dans les romans français n'était pas utilisée dans la littérature arabe classique, Taymûr comme les auteurs de sa génération, et surtout ceux qui se réclamaient du réalisme, ont tenu à décrire leur société aussi fidèlement qu'ils le pouvaient. Nous découvrons deux types de paysans dans « Un homme redoutable » et « Al-Cheikh Jum'a ». Ce personnage éponyme représente la figure du sage ; c'est un homme pieux qui est aussi conteur à ses heures son savoir est issu de son expérience de la vie près de la terre. Il représente le garant d'une certaine tradition et d'un passé à transmettre. Le narrateur décrit cet homme âgé qui malgré sa piété savait parler de la beauté

---

[246] SALEM (Jean), « Le Bestiaire imaginaire de Guy de Maupassant », *Maupassant et l'écriture,* Nathan, 1993, p. 136.
[247] GOYET (Florence), *La Nouvelle, op.cit.,* pp. 133 et 136.

de la femme et de l'amour[248]. Dans « Un Homme redoutable », nous découvrons un autre personnage de la campagne égyptienne, celui-ci violent et impitoyable, craint par les gens du village, et dont l'attitude est dictée par une logique fixe et rigide régie par une sorte d'instinct de l'honneur et de la propriété[249]. Cet homme redoutable tue sa fille à laquelle il était pourtant très attaché, parce qu'elle a commis un vol. Sans hésiter, il accomplit ce qui, selon lui, paraît être le seul moyen de rétablir l'honneur et l'ordre des choses. L'attitude de cet homme puissant et craint par les villageois est impitoyable comme la loi de la nature : celui qui a failli à ses règles doit périr. Ainsi, Taymûr ne donne pas une image figée et manichéenne du paysan serein et vivant en paix avec les autres comme le Cheikh Jum'a qui représente le bonheur tranquille. Donc, malgré ses propos prônant une vie à la campagne et le bonheur que peut procurer la proximité de la terre, il montre aussi ce qui peut rendre la vie à la campagne difficile, comme l'ignorance, la rudesse de certains paysans et s'inspire pour cela de faits qui se produisent vraiment dans les campagnes égyptiennes, une réalité qu'il cherche à dévoiler, comme le fit avant lui l'auteur du roman *Zaynab, tableaux et mœurs de la campagne*, que nous avons abordé précédemment.

Maupassant et Taymûr cherchent à rendre visible et papable l'univers qu'ils décrivent. Même quand ils parlent d'idées abstraites, ils leur donnent toujours un équivalent concret. Ils associent par exemple l'idée du bonheur à une image d'enfance heureuse (cf. « La Toque » de Taymûr), l'idée de l'amour à celle d'un beau paysage (cf. « A vendre » de Maupassant). Pour convaincre le lecteur, le nouvelliste évoque souvent des souvenirs que tous les hommes partagent pour éveiller par exemple la nostalgie du passé. C'est le cas dans les nouvelles qui décrivent la nature. Dans celles qui évoquent l'univers impitoyable des marginaux, l'auteur cherchera à éveiller chez le lecteur le souvenir d'un sentiment d'injustice, créant par ces évocations d'une part l'effet de réel et de l'autre l'adhésion du lecteur.

2.1.1. Le citadin : L'exemple du petit fonctionnaire

Dans certaines de leurs nouvelles, les deux auteurs abordent le sujet de l'étroitesse de la vie du citadin petit fonctionnaire. Maupassant a bien connu cette vie de petit employé durant les premières années de sa vie à Paris. Il a représenté le monde des petits fonctionnaires en s'inspirant de ses souvenirs de l'époque où il était lui-même un employé au Ministère de la Marine. Dans « Les Dimanches d'un bourgeois de Paris », il retrace la vie d'un employé travaillant dans un ministère, une vie réglée par son travail au bureau et ses promenades du dimanche : « M. Patissot, en 1854 ne touchait que 1800 francs. Par un effet singulier de sa nature, il déplaisait à tous ses chefs, qui le

---

[248] TAYMUR (M.), « Al-Shaykh Jum'a », *Al-Shaykh Jum'a, op.cit.*, p. 6.
[249] TAYMUR (M.), « Rajul rahîb » (Un Homme redoutable), *Fir'awn al-saghir (Le petit pharaon), op.cit.*, pp. 193-226.

laissaient languir dans l'attente éternelle et désespérée de l'augmentation, cet idéal de l'employé »[250]. Le petit fonctionnaire est souvent représenté par Maupassant comme étant prisonnier du temps, un temps qui est souvent chez lui évocateur d'épuisement et d'usure, comme cette attente de l'avancement synonyme de vie gâchée.

À l'époque où écrit Taymûr, c'est-à-dire à partir de 1925, l'Égypte connaît l'émergence d'une nouvelle classe sociale instruite et composée de fonctionnaires qui appartiennent à cette génération qui a bénéficié durant les décennies précédentes de l'enseignement scolaire commencé à l'époque du vice-roi Mohammed Ali. Le mode de vie occidental s'est ainsi imposé dans les villes ; cette question est donc traitée, comme tous les sujets sociaux d'actualité, par Taymûr comme dans sa nouvelle « Rivalité » où le personnage principal parle de la vie du fonctionnaire et la compare à celle, plus riche, de l'homme qui vit près de la terre. Il reproche à celle du citadin, petit fonctionnaire, sa monotonie et le fait qu'elle pousse l'homme à se contenter d'une existence médiocre. Il écrit comme Maupassant : « La vie étroite et étouffante du fonctionnaire avance d'un pas lent et boiteux vers le rêve irréalisable de la fortune »[251], et plus loin : « C'est une vie d'ennui et de soumission qui tue l'ardeur et la fierté des âmes les plus ambitieuses[252]. Nous savons que chez Maupassant une des causes de son pessimisme est l'ennui. Durant ses premières années à Paris, il a expérimenté la vie du petit citadin fonctionnaire, quand il était commis au Ministère de la Marine. Il commença à cette époque à souffrir de cet ennui implacable que lui inspirait le travail fastidieux qu'il accomplissait dans ce triste lieu dont il parlait souvent dans sa correspondance et qu'il a mis en scène dans certaines de ses nouvelles. Dans « À cheval », le personnage principal est aussi un commis au ministère qui mène une vie de fonctionnaire, une vie de misère « honteuse », mais « voilée »[253]. Maupassant, comme le fait remarquer M. C. Bancquart, ne décrit pas la ville de Paris comme « un lieu où l'apaisement [est] possible »[254].

Taymûr, cet homme discret et amoureux de la nature, disait que la vie citadine et la civilisation moderne n'étaient pas « compatibles avec la sérénité »[255]. Il parle également de l'ennui comme étant le lot du citadin. Les personnages et les lieux qu'il décrit représentent une Égypte qui s'éveille à la modernité et qui a déjà adopté sans résistance un grand nombre d'objets, d'idées et de techniques occidentales. Taymûr critique certains aspects de cette modernité et fait souvent l'apologie de la vie près de la terre. C'est

---

[250] MAUPASSANT (G. de), « Les Dimanches d'un bourgeois de Paris », *C. et N.,* tome I, *op.cit.,* p. 122.
[251] TAYMUR (M.), « Al-Munâfasa » (La rivalité), *Al-Shaykh* Jum'a, *op.cit.,* p. 177.
[252] *Ibid.*
[253] MAUPASSANT (G. de), « À cheval », *C. et N.,* tome I, *op.cit.,* p. 704.
[254] BANCQUART (Marie-Claire), *Images littéraires de Paris « fin-de-siècle »,* *op.cit.,* p. 133.
[255] TAYMUR (M.), « Al-Shaykh Jum'a », *Al-Shaykh Jum'a,* *op.cit.,* p. 7.

peut-être pour cela que Jacques Berque écrit ce propos qui étonne par sa virulence : « À la sollicitation du neuf, cet homme encore tout près du terroir, même s'il n'est pas purement et simplement un fellah transplanté, oppose des instincts, une passion brute et pour ainsi dire opaque »[256]. Proche du terroir, Taymûr l'était ; en cela Jacques Berque avait raison. En revanche, Taymûr n'avait rien du « fellah » malgré son goût pour la vie paysanne égyptienne ; c'était un aristocrate qui avait grandi au milieu d'une famille d'intellectuels du Caire ; son père, Ahmad Pacha Taymûr, était un célèbre philologue et historien et sa tante al-Taymûriyya, une des rares femmes de lettres à son époque en Égypte. La campagne pour lui était plutôt synonyme de vacances dans la propriété familiale. Certes, son expérience de la vie à la campagne est celle d'un enfant privilégié, un peu comme Maupassant qui séjournait avec sa mère à la campagne en Normandie et qui découvrait les joies des vacances dans un décor champêtre. Taymûr a ensuite mené la vie d'un propriétaire terrien qui a hérité du domaine rural de son père. Il a donc profité des bons côtés de la vie à la campagne sans en vivre les désagréments. Il ne manifeste pas non plus une opposition farouche à ce qui est nouveau ou moderne et exprime sans retenue son admiration pour la modernité qu'elle soit technologique ou culturelle, même s'il marque sa préférence pour la spiritualité orientale quand il doit choisir entre celle-ci et une certaine pensée occidentale plus matérialiste. Mais ses années d'études passées en France et en Suisse l'ont conforté dans son admiration pour la civilisation occidentale et son goût pour la littérature française.

Sans rejeter la vie citadine moderne qui est aussi la sienne, l'auteur égyptien en décrit les désagréments ou les dangers. Dans « Rivalité », il parle de l'ennui, le mal du citadin fonctionnaire. Contrairement à Maupassant qui s'inspire de ses propres angoisses dans ses écrits, Taymûr qui avait une vie de famille calme et satisfaisante utilisait plutôt des thèmes sociaux que lui inspirait la réalité égyptienne. Quand Maupassant parlait de l'ennui, c'était de celui qu'il avait ressenti étant jeune et désargenté et qu'il venait de s'installer à Paris, mais surtout de celui qui l'avait gagné plus durablement et plus profondément quand tout lui semblait se répéter inlassablement, après avoir fait le tour des plaisirs que lui offraient la capitale et sa vie mondaine. C'est pour cette raison que l'auteur français a cherché ensuite jusqu'à la fin de sa vie à fuir ce sentiment en allant en Afrique du Nord où tout était à découvrir. Dans son introduction à *La Vie errante,* un recueil de chroniques africaines, Maupassant fait le lien entre la vie citadine et le malaise de l'homme réduit à mener une existence sans horizon et nous invite alors au voyage[257].

---

[256] BERQUE (Jacques), *L'Égypte, impérialisme et révolution, op.cit.*, p. 365.
[257] MAUPASSANT (G. de), *Écrits sur le Maghreb*, Minerve, 1991, pp. 37-38.

2.1.2. Les marginaux

Le XIXe siècle français fut celui du réalisme et du naturalisme en peinture et en littérature. On s'attachait à représenter la vie telle qu'elle était dans tous ses détails avec une préférence pour les classes sociales défavorisées. Au lieu du héros classique, le personnage principal pouvait être un marginal, un paysan ou un ouvrier. Dans la littérature égyptienne moderne, le choix de héros moins idéalisés s'imposa avec l'adoption des principes du réalisme. On retrouve ainsi chez Taymûr la même tendance que chez Maupassant à peindre la réalité environnante avec le choix de personnages souvent marginaux comme le gueux, le mendiant, l'infirme, etc. Les deux auteurs décrivaient ainsi l'injustice que subissait cette catégorie de gens, mais sans pour autant donner une connotation socialisante à leurs écrits comme le fit un auteur comme Zola par exemple. À l'époque de Maupassant et de Taymûr, les pauvres étaient nombreux et les drames aussi. Les idées du socialisme commençaient à faire beaucoup d'adeptes à leurs époques ; la classe ouvrière, par exemple, commençait à s'organiser et à proposer d'autres solutions que celles de l'État. Beaucoup d'intellectuels leur firent écho, mais aucun de nos auteurs ne parla ni de l'ouvrier, ni du socialisme ou d'autres idéologies avoisinantes. Ils cherchèrent avant tout à montrer la dureté et l'injustice de la vie et de la société mais sans proposer de solutions politiques ; leur démarche était de décrire les situations de l'extérieur, même s'ils orientaient forcément le lecteur vers une idée de compassion et de refus de l'injustice.

Les nouvelles « Le Gueux » de Maupassant et « La Dinde » de Taymûr traitent ainsi du thème de la marginalité, de l'indifférence des gens devant la souffrance d'autrui et du drame de celui qui ne peut s'insérer dans la société. Dans ces deux textes où les correspondances se multiplient, les deux auteurs content l'histoire de deux misérables infirmes qui cherchent à survivre en mendiant, mais les gens n'ont que mépris pour leur misère si visible et si dérangeante. Dans des nouvelles comme « Le Gueux », « Le Vagabond » ou « L'Aveugle », Maupassant rappelle que les inégalités sociales sont bien présentes en cette fin de siècle qui promettait pourtant bien des changements. La crise économique avait commencé depuis 1882 et continuait bien après. Louis Forestier fait remarquer à propos de cette époque : « Du gueux, du vagabond, qui avait été longtemps un thème littéraire, la misère sociale avait fait une réalité quotidienne »[258]. Dans la nouvelle de Maupassant, le narrateur explique l'attitude des gens du village à l'égard de « Cloche » :

> *Dans les villages, on ne lui donnait guère : on le connaissait trop ; on était fatigué de lui depuis quarante ans qu'on le voyait promener de masure en masure son corps loqueteux et difforme sur ses deux pattes de bois*[259].

---

[258] MAUPASSANT (G. de), *Contes et nouvelles,* tome II, Note de Louis Forestier, p. 1599.
[259] MAUPASSANT (G. de), « Le Gueux », *C. et N.,* tome I., p. 1225.

En Égypte, au début du XXe siècle, les villes s'étaient développées et avaient amené une forme de misère peut-être plus dure que celle qui existe dans les campagnes, dans la mesure où il n'y a pas cette solidarité qu'on peut retrouver dans le milieu rural. En plus, en ville la misère est occultée ou on y est indifférent. Le sort du petit gueux de Taymûr est très semblable à celui de « Cloche ». Les passants n'ont guère plus de pitié pour « cette ébauche de garçonnet »[260], à qui ils n'hésitent pas à donner des coups de pied pour le faire fuir :

> *Pour ne pas se faire piétiner par les passants, la loque humaine cherchait à reculer en rampant, traînant sur le trottoir ses jambes impotentes et décharnées [...] tirant comme un fardeau ses jambes paralysées, cadavres soudés à son corps vivant*[261].

Les deux auteurs cherchent à faire ressortir le côté choquant, contre nature des handicaps de ses personnages. « Le corps loqueteux » et les jambes « cadavres soudés au corps vivant » sont des images choquantes qui marquent bien ce qu'il y a d'irrémédiable dans leur état physique et dans la situation où ils vivent. Ce qu'ils traînent ce sont à la fois leurs jambes inertes et une existence vouée à l'horreur. Ce qui est également intéressant dans ces deux nouvelles, c'est le décor de fond qui accentue la vulnérabilité des deux protagonistes. La nouvelle française se déroule à la campagne. La nature, dure et inhospitalière, devient complice de la dureté des hommes. La succession des saisons est aussi une épreuve que Cloche, le vagabond, doit supporter ; le parcours de « La loque humaine » est tout à fait semblable au sien. Au lieu de la nature hostile, c'est la ville qu'il tente en vain de transformer en refuge. Les grands immeubles qui l'entourent renforcent ce contraste entre sa faiblesse et la force qui l'environne. La souffrance de ces deux êtres n'est pas perçue par les autres ; seul le côté dérangeant de ces vagabonds est perçu et jugé comme une agression, comme quelque chose qui s'impose à leur regard et les dérange. La méchanceté ou l'indifférence des passants ou des villageois à l'égard de ces deux mendiants est suggérée de façon indirecte à travers l'attitude et l'état des victimes elles-mêmes. On perçoit ainsi davantage ce qui pèse sur ces êtres et le fait que l'indifférence qui les entoure ne se changera jamais en compassion.

Taymûr pour mettre en lumière cette misère la situe dans un milieu citadin où les grands immeubles, le béton et la ville tentaculaire symbolisent l'excès de modernité qui est souvent montrée par Taymûr comme étant un obstacle au bonheur. Maupassant montre plutôt la nature inhospitalière comme une ennemie que la cruauté ou l'indifférence des gens rend encore plus terrible. Cette divergence entre les deux écrivains apparaît dans certains écrits, l'un considérant la modernité et ses inventions comme salvatrices,

---

[260] TAYMUR (M.), « Al-Dîk », (La Dinde), *Abu al-shawârib (Le Moustachu)*, p. 49, traduction : « Le dindon », *La Vie des fantômes, op.cit.*, p. 7.
[261] *Ibid.*, p. 8.

l'autre lui préférant des valeurs moins matérielles. En cela ils sont chacun fidèles à la pensée de leur siècle et de leur culture. Taymûr nous montre dès le début deux mondes opposés : d'un côté celui des gratte-ciel, symbole de la force et du modernisme, des bars à l'américaine que l'enfant observe comme un théâtre, et de l'autre côté, le monde des petits vagabonds et des va-nu-pieds, guettant les résidus de repas. Il décrit l'Égypte qui connaissait déjà dans les années cinquante ses premiers grands immeubles, mais il fait sans doute aussi allusion aux grandes villes modernes qu'il a visitées durant ses voyages. On pense à New York où il se rendit dans les années quarante et qui l'a impressionné par ses gratte-ciel. Dans cette nouvelle publiée dans un recueil paru en 1966, il situe l'action le 26 janvier 1952, quand la capitale connut un grand incendie qui marqua un tournant dans la lutte égyptienne contre l'occupation britannique. Ces incendies étaient causés par des émeutiers qui protestaient contre un gouvernement égyptien dominé notamment par des élites de propriétaires terriens. Six mois après ces évènements « les officiers libres » dont faisait partie Gamal Abdel Nasser renversaient le pouvoir. Nous pourrions donc peut-être voir dans ce gueux le représentant du peuple affamé et impotent qui n'a pas accès à la richesse amassée par l'élite dominante et est privé de son libre arbitre. Taymûr ne parle pas de l'aspect politique de cette affaire, mais commence sa nouvelle par ces mots : « En mémoire de l'incendie du Caire du 26 janvier 1952 »[262]. Le narrateur décrit tout d'abord de l'extérieur l'enfant famélique et handicapé qui traîne son corps dans les rues de la ville, mais quand les gratte-ciel commencent à s'écrouler à cause de l'incendie, le regard de l'enfant se révèle enfin aux lecteurs :

> Trois gratte-ciel étaient en flammes. Le jeune garçon se leva pour contempler ce spectacle sans précédent. Stupéfait, hébété, il regardait des pans de murs s'effondrer avec un fracas que dominaient les cris de frayeur, les appels au secours et le ronflement de l'incendie. La peur et l'inquiétude commencèrent à se dissiper dans l'âme du pauvre diable. Il y naquit une sensation nouvelle... une sorte d'inquiétude qui se transforma vite en joie. Une joie instinctive venue du plus profond de lui-même. Des étages du gratte-ciel s'effondrèrent. Le gamin était bouche bée : les édifices géants aux fondations inébranlables sont voués comme les humains à disparaître ? Que c'est étonnant de les voir agoniser comme agonisent les humains [...] Comment ces gratte-ciel sont-ils si vite devenus la proie du néant ? Leurs habitants et leurs propriétaires ont pris la fuite comme une armée en déroute [...] La loque humaine vit que ce monde tumultueux était soudain à sa portée, ce monde qui jusque-là était pour elle inaccessible[263].

---

[262] TAYMUR (M.), « Al-Dîk », *Abu al-shawârib, op.cit.,* p. 59, traduction : « Le Dindon », *La Vie des fantômes,* Paris, Nouvelles Éditions Latines, 1956, p. 7.
[263] TAYMUR (M.), « Al-Dîk », *Abu al-shawârib, op.cit.,* p. 59, traduction : « Le Dindon », *La Vie des Fantômes, op.cit.,* pp. 13-14.

Dans ce passage, Taymûr exprime une idée qui lui est chère : la grandeur et la puissance du monde moderne ne sont qu'une illusion. C'est ici l'occasion pour lui de décrire les inégalités sociales et l'égalité devant la mort et le néant. La psychologie de ce garçon est révélée de manière indirecte ; les interrogations telles que « les édifices géants... sont voués comme les humains à disparaître ? » sont exprimées en style indirect libre. Cela permet de faire la part entre l'interrogation de l'enfant qui est plutôt de l'étonnement mêlé à une joie instinctive et l'idée plus structurée d'une vengeance de la Providence que suggère le narrateur qui exprime ainsi une pensée qui demeure chez le garçonnet à l'état d'ébauche. Le lien entre l'anéantissement des gratte-ciel et la soudaine égalité des faibles et des puissants est ainsi mis en évidence. La loque humaine a une pensée très simple et une démarche de survie proche de celle de « Cloche » : fuir les coups, manger, s'abriter... Les deux personnages ne parlent pas et leurs rapports avec les autres sont souvent qualifiés par les deux auteurs d'« instinctifs ». Le seul sentiment que décrit le narrateur maupassantien concernant Cloche, c'est la peur, une peur profonde et non réfléchie :

> [Il] s'éloignait, saisi d'une peur vague de l'inconnu, d'une peur de pauvre qui redoute confusément mille choses, les visages nouveaux, les injures, les regards soupçonneux des gens qui ne le connaissent pas, et les gendarmes qui [...] le faisait plonger, par instinct dans les buissons ou derrière les tas de cailloux[264].

Le mot « instinct » revient souvent dans les textes des deux auteurs, pour insister sur le fait que les réactions de ces gueux ne sont pas raisonnées. Cloche n'exprimera à aucun moment ne fût-ce qu'une ébauche de pensée critique contre le monde qui l'entoure comme c'est le cas pour « la loque humaine ». Habituellement, les deux auteurs donnent longuement la parole à leurs personnages principaux, choisissant souvent le monologue pour enfermer davantage le lecteur dans l'univers et dans la pensée du protagoniste. Mais les personnages marginaux décrits dans ces nouvelles ont une particularité ; ils n'expriment pas de pensée intérieure ou alors très simple, ce qui fait ressortir leur côté vulnérable. La plupart du temps, Maupassant et Taymûr donnent une place importante à la pensée de leur personnage principal qui se révèle être son arme contre l'hostilité extérieure. Il raisonne, il décrit et explique la situation ; il se protège derrière un discours rationnel qui rétablit d'une certaine manière l'ordre des choses. C'est le cas surtout dans les nouvelles fantastiques où le héros juge le comportement des autres en observant son environnement et en le critiquant, se protégeant ainsi de ce qui pourrait le détruire. Le personnage du gueux est, lui, à la merci de son environnement hostile et de ses agresseurs, car il est privé de la pensée et de la parole qui pourraient le protéger ou le libérer.

---

[264] MAUPASSANT (G. de), « Le Gueux », *C. et N.,* tome I, p. 1226.

Dans les nouvelles qui décrivent la misère, il n'y a pas de fantaisie, ni dans la construction ni dans les moyens stylistiques utilisés. L'austérité du récit suggère celle de la vie que mènent ces êtres. Maupassant déclarait dans une de ses chroniques : « Je considère que le romancier n'a jamais le droit de qualifier un personnage, de déterminer son caractère par des motifs explicatifs. Il doit me le montrer tel qu'il est, non me le dire »[265].

Le propos suivant de Taymûr reprend la même idée que celle que développe Maupassant ; il y enseigne aux écrivains débutants l'art de la suggestion : « Le personnage misérable doit révéler aux lecteurs sa nature et son identité sans que l'auteur décrive sa misère par de longues phrases attendrissantes »[266]. Les conseils de Taymûr pour les écrivains débutants montrent bien qu'il y avait un désir véritable de faire accéder la jeune littérature arabe moderne à sa maturité en évitant les écueils de la littérature sentimentale. Pour décrire une situation pathétique, Maupassant ne recourt pas à des moyens faciles : son style demeure sobre. Pierre Gogny dit de lui qu'il « laisse une œuvre baignée d'une sensibilité qui émeut d'autant plus qu'elle est à l'opposé de la sensiblerie »[267].

On pourrait se demander pourquoi Maupassant s'attachait à mettre en scène la misère humaine alors qu'il prônait une littérature qui décrit la vie avec ses platitudes sans nécessairement faire ressortir le côté pathétique ou dramatique de l'existence. Mais en réalité, c'est la banalité de la misère humaine que Maupassant met en évidence, celle des gueux et des petites gens dont la mort et la souffrance quotidienne paraissent insignifiantes aux autres.

2.1.3. L'étranger : l'exemple de l'Anglais

Parmi les personnages issus de la réalité de la société française du XIXe siècle et de celle de l'Égypte du début du XXe et que les deux auteurs ont tenu à représenter, il y a l'Anglais. Des raisons historiques font qu'aux époques des deux auteurs les Anglais n'étaient pas très bien perçus par les Français et les Égyptiens. Les conflits qui opposaient la France à l'Angleterre étaient principalement dus aux ambitions coloniales des deux pays. Cette mésentente est à l'origine du regard hostile que les Français portaient sur leurs voisins insulaires à l'époque de Maupassant qui partage visiblement cet avis qu'il exprime dans plusieurs de ses nouvelles. Il faudra attendre le règne d'Édouard VII pour que les relations s'améliorent entre la France et l'Angleterre et cela grâce à la popularité du prince de Galles, l'initiateur de l'Entente cordiale entre les deux pays en 1904, bien après la mort de Maupassant.

---

[265] MAUPASSANT (G. de), *Chroniques*, préface d'H. Juin, Paris, U.G.E., 1980, tome II « Romans », p. 42.
[266] TAYMUR (M.), *'Adab wa 'udabâ' (Une littérature et des hommes de lettres)*, Dâr al-kitâb al-'arabî li al-Tibâ'a wa al-nashr, Le Caire, [s.d.], p. 67.
[267] COGNY (Pierre), *L'Homme sans Dieu*, Paris, La Renaissance du livre, 1968, p. 185.

Taymûr a vécu à une époque de domination britannique ; les Anglais re-présentaient donc les colonisateurs ; le portrait qu'il en fait est ainsi conforme à l'image de l'envahisseur. La comparaison de la nouvelle de Taymûr « La fille de cabaret » avec « Nos Anglais » et « Découverte » de Maupassant permet de bien mettre en évidence les principales caractéris-tiques prêtées aux Anglais par les deux auteurs. Dans la première nouvelle de Maupassant, un homme passe un séjour de santé dans un hôtel où les malades sont des Anglais. Il porte sur eux un regard à la fois curieux et iro-nique. Le narrateur donne une description assez caricaturale du groupe de dévots anglais qu'il observe :

Voici d'abord un Anglais grand rasé, maigre, avec une longue redingote à jupe et à taille, dont les manches emprisonnent les bras minces du monsieur comme des étuis à parapluie enserrent un parapluie. Ce vêtement rappelle l'uniforme civil des vieux capitaines, celui des invalides et la soutane des ecclésias-tiques...[268].

Maigreur et raideur des Anglais, étroitesse de leurs vêtements évoquent celle de leur esprit. Cette rigidité prêtée aux Anglais apparaît aussi à plu-sieurs reprises dans le texte de Taymûr. Dans le passage suivant, le personnage principal, le narrateur, voyage dans un train avec un groupe de soldats anglais :

Plusieurs officiers anglais se retrouvaient avec nous dans le compartiment, assis dans des positions bizarres, drôles et énervantes à la fois. Ils tenaient avec leurs dents jaunes des pipes à la fumée malodorante et restaient immobiles comme des statues.[269]. Et plus loin : *Un groupe de soldats arriva, le visage rouge et la dé-marche rigide, battant le sol du bar de leurs lourds pas saccadés comme s'il se trouvait sur une place de défilé »*[270].

Dans « Découverte » de Maupassant, même si les Anglais qui y sont re-présentés ne sont que des touristes, l'auteur leur donne des airs d'occupants. Deux amis se rencontrent sur un bateau qui relie Le Havre à Trouville et regardent un groupe d'Anglais :

Sidoine prononça avec une véritable expression de rage : « c'est plein d'Anglais ici ! les sales gens ! ». C'était plein d'Anglais en effet. Les hommes debout lor-gnaient l'horizon d'un air important qui semblait dire : « C'est nous les Anglais, qui sommes les maîtres de la mer ! Boum, boum, nous voilà ». Et tous les voiles blancs qui flottaient sur leurs chapeaux blancs avaient l'air des drapeaux de leur suffisance[271].

À travers ce texte nous découvrons tout d'abord les propos anglophobes de Sidoine : « Les sales gens ! ». Le narrateur confirme : « En effet » et on

---

[268] MAUPASSANT (G. de), « Nos Anglais », *C. et N.,* tome II, p. 454.
[269] TAYMUR (M.), « Ghâniyat al-hana » (La Fille de cabaret), *Fir'awn al-Saghîr, op.cit.,* p. 77.
[270] *Ibid.,* p. 86.
[271] MAUPASSANT (G. de), « Nos Anglais », *C. et N,* tome II, p. 315.

songe forcément à Maupassant. La suite montre que le regard du personnage-narrateur n'est pas plus tendre que celui de Sidoine, qui constate qu'ils sont trop nombreux et que leur attitude est hautaine et arrogante.

Dans « La fille de cabaret », les Anglais que Taymûr nous dépeint ont, eux aussi, une attitude de supériorité. Le narrateur de cette nouvelle est plein de rancœur à l'égard des Britanniques qu'il rencontre[272]. « L'action se passe en 1915 durant la Première Guerre » : précise l'auteur égyptien en ouverture de son récit :

> *Le Caire était à l'époque plein de soldats, on les rencontrait partout. On aurait dit de la mauvaise herbe qui pousse entre chaque pas. On les voyait se mettre en rang comme les brebis qu'on mène à l'abattoir, chantant leurs chansons militaires, de leurs grosses voix rauques. Leurs regards brûlants reflétaient les désirs de leurs esprits effrénés et leurs sourires méprisants exprimaient leurs sentiments de supériorité[273].*

Dans les nouvelles des deux auteurs, le personnage de l'Anglais est présenté comme étant un envahisseur, plus explicitement chez Taymûr, où il ne s'agit pas seulement de métaphores dépréciatives, mais de l'expression de la réalité politique du pays qui était à son époque sous l'occupation anglaise. L'auteur égyptien en comparant les soldats anglais à des brebis menées à l'abattoir critique leur soumission devant leurs supérieurs dont ils exécutent les ordres sans les discuter.

Parmi les similitudes évidentes entre les nouvelles de l'auteur égyptien et l'auteur français, nous trouvons une scène dans « Nos Anglais » et dans « La fille de cabaret » qui représente des Anglais chantant et jouant du piano ; ces chants et musiques sont décrits comme des concerts cacophoniques et perçus comme tels par les héros anglophobes qui voient dans ce charivari la preuve de la bizarrerie et du manque de goût des Anglais. Les similitudes sont si évidentes qu'on pourrait se demander s'il s'agit d'une coïncidence ou si cette correspondance est délibérée. Dans la nouvelle de Maupassant, le héros voit un soir arriver dans un hôtel des Anglais qui se mettent au piano et dont le chant est une « clameur innommable et affreuse »[274] :

> *Les femmes piaillaient, les hommes mugissaient, les vitres tremblaient, le chien de l'hôtel se mit à hurler dans la cour. Un autre répondit dans une chambre [...] Ils chantèrent jusqu'à minuit les louanges du Seigneur avec les voix les plus odieuses que j'ai jamais entendues, et moi [j'étais] affolé par cet horrible esprit d'imitation qui emportait le peuple entier dans une danse macabre[275].*

Les voix des Anglais sont décrites avec un vocabulaire animalier et ainsi, indirectement, les hommes qui mugissent sont rapprochés des « bœufs »

---

[272] Dans son récit de voyage, *Le Sphinx qui vole*, ouvrage autobiographique, Taymûr nous fait part de ses idées anticolonialistes et de son rejet de la guerre et des militaires.
[273] TAYMUR (M.), « Ghâniyat al-hâna » (La Fille de cabaret), *Fir'awn al-Saghîr*, op.cit., p. 76.
[274] MAUPASSANT (G. de), « Nos Anglais », *C. et N.*, tome II, p. 456.
[275] *Ibid.*

(allusion au manque de finesse) et les femmes qui piaillent sont de « drôles d'oiseaux » (excentriques et bizarres). Par ses rapprochements allusifs, Maupassant excelle dans l'art de pousser à leur paroxysme les défauts de ses personnages, sans avoir recours à des explications directes. Il laisse ses lecteurs deviner l'idée sans l'imposer, la rendant par là même plus convaincante même si elle s'apparente évidemment au stéréotype.

Considérons le texte suivant de Taymûr qui décrit une scène qui se passe dans un bar où un groupe de soldats anglais se met à chanter un cantique en jouant du piano :

Ils étaient assis autour des tables et buvaient des bières. Des cris s'échappaient soudain de leurs bouches, puis le silence régnait de nouveau. L'un d'eux monta sur l'estrade et commença à jouer du piano en chantant d'une effroyable voix rauque. Ses compagnons reprenaient en chœur les refrains avec gravité et recueillement. J'eus alors l'impression que le cabaret était devenu une église, dont le pasteur et autour de lui ses fidèles psalmodiaient leurs prières mortuaires[276].

Le vocabulaire excessif qui qualifie la voix des Anglais est commun aux deux textes : dans la nouvelle de Maupassant, le narrateur décrit les voix des Anglais par une série de superlatifs à valeur négative : « Les voix les plus fausses, les plus criardes, les plus odieuses que j'ai jamais entendues ». Dans le texte de Taymûr, le mot « effroyable » qualifie le chant des Anglais de façon plus concise, mais non moins dépréciative. Comme dans le passage précédent, ces chants ressemblent davantage à une explosion cacophonique qu'à un chant mélodieux et, dans les deux textes, ces chants décrits avec des termes en rapport avec la mort et la guerre finissent par se transformer en oraison funèbre.

Les deux auteurs, s'ils expriment leur rejet des Anglais, montrent que ceux-ci ne portent pas les autres non plus dans leur cœur. Nous lisons dans le texte de Maupassant : « Un silence solennel règne dans la grande salle, un silence qui ne doit pas être normal. Je suppose que ma présence est désagréable à cette colonie, où n'était entrée jusque-là aucune brebis impure[277]. L'allusion aux « brebis » fait référence à la dévotion des Anglais et à l'image des brebis et du pasteur dans la Bible.

Le héros de la nouvelle égyptienne exprime le même écart qui existe entre lui et les Anglais qu'il a d'ailleurs aussi comparés à des brebis. Un passage qui se passe dans un cabaret fréquenté par des militaires anglais fait écho au texte de Maupassant :

J'étais le seul à porter un tarbouch en ce lieu. Quand l'un d'eux m'apercevait, il éclatait d'un rire moqueur en me voyant seul dans mon coin, devant mes verres de bière, puis il détournait le regard et m'oubliait aussitôt[278].

---

[276] TAYMUR (M.), « Ghâniyat al-hâna » (La Fille de cabaret), *Fir'awn al-Saghîr*, op.cit., p. 86.
[277] MAUPASSANT (G. de), « Nos Anglais », *C. et N.*, tome II, p. 454
[278] TAYMUR (M.), « Ghâniyat al-hâna » (La Fille de cabaret), *Fir'awn al-Saghîr*, op.cit., p. 87.

Cette scène est très révélatrice de ce que Taymûr critique dans l'attitude du colon anglais qui transforme l'autochtone en « indigène », étranger chez lui. Dans cette scène, le héros-narrateur boit de l'alcool dans un bar ; il adopte donc un comportement « occidental » comparable à celui de ses voisins de table, y compris par le choix vestimentaire, ne laissant que le tartarbouch comme seul signe de son arabité. Cela représente ici une certaine occidentalisation des Égyptiens, mais qui ne suffit pas à les rapprocher des Anglais. Au contraire, ce personnage suscite le sarcasme et le mépris des Britanniques. Ce cabaret est donc une sorte de microcosme occidental que les Anglais transportent avec eux où qu'ils aillent, une bulle dans laquelle ils se déplacent et dont ils ne sortent jamais vraiment pour rencontrer l'autre qu'ils perçoivent comme un éternel étranger même chez lui. Cependant, Taymûr n'élargit pas le portrait qu'il fait de l'Anglais dans cette nouvelle à tous les Occidentaux ; il ne s'agit ici que de l'image de l'envahisseur.

Maupassant, malgré une certaine critique de l'étranger, que ses propos sur le Maghreb illustrent bien, n'est pas pour autant xénophobe ; son discours est celui de son siècle ; il est comme on l'a vu, tantôt touché par la différence, tantôt il la rejette. Maupassant nourrit ses textes des singularités et des défauts de ses personnages, et l'Anglais n'échappe pas à cette tendance qui crée souvent des stéréotypes comme ici où les personnages sont affublés de tous les travers qu'on prête généralement aux Britanniques. Ce procédé, on l'a vu, nourrit la nouvelle classique d'images facilement et rapidement reconnaissables permettant ainsi à la fois sa vraisemblance et sa concision.

III. IMAGES DE LA FEMME DANS LES NOUVELLES DE MAUPASSANT ET DE TAYMÛR

Dans la nouvelle classique qui se définit en grande partie par son réalisme, les auteurs cherchent à brosser un tableau à la fois fidèle et convaincant de la société et des personnages qu'ils mettent en scène. Paradoxalement, pour parvenir à cet effet, c'est bien souvent à des stéréotypes facilement reconnaissables qu'ils recourent. En outre, ils racontent des évènements quelquefois dignes du fait divers et choisissent des personnages hauts en couleur alors que la littérature réaliste prétendait souvent raconter la platitude de la vie réelle. En réalité, la plupart du temps, Maupassant voulait d'abord convaincre, amuser et divertir, comme il le déclarait dans « Le Roman » et pour cela il fallait des personnages marqués et marquants. Dans les deux œuvres, la femme fait partie de ces personnages reconnaissables et assez stéréotypés, qu'elle soit mère, servante, prostituée, paysanne ou bourgeoise. Mais nous ne procéderons pas par classification ; nous étudierons le thème de la femme par rapport à la place qu'elle occupe dans l'univers nouvellistique et les sociétés des deux auteurs.

1. La situation de la femme dans les pays et aux époques des deux auteurs

Il est important de connaître la situation de la femme à l'époque et dans les pays de chacun des deux auteurs afin de mieux comprendre le regard qu'ils portent sur elle. À la fin du XIXe siècle, la femme française jouissait d'une certaine liberté, mais plusieurs droits accordés à l'homme lui étaient refusés. Toutefois, les associations féministes œuvraient pour faire évoluer les mentalités et défendaient l'idée de l'égalité des deux sexes. Dans son *Or de Paris*, Rifâ'a al-Tahtâwî raconte sa découverte de Paris et de la France entre 1826 et 1831 et exprime son étonnement devant la liberté des femmes françaises et devant l'attitude des hommes français qui leur accordent autant de pouvoir. Les choses ont bien changé à l'époque de Taymûr, où beaucoup de femmes arabes s'émancipèrent. En Égypte, au XIXe siècle, la question de la libération des femmes se posa quand l'influence culturelle occidentale commença à pénétrer la société arabe, mais ce n'est qu'au début du XXe siècle que les premières et véritables tentatives d'émancipation de la femme eurent lieu. Mais « Les idées et mouvements féministes qui débutèrent en 1925 étaient en butte à l'ironie générale du monde arabe » comme le note Nada Tomiche[279]. Cette ironie nous rappelle celle que rencontra le mouvement féministe en France au XIXe siècle. Maupassant lui-même exprimait son sarcasme concernant la Ligue pour la revendication des droits de la femme.

En Égypte, c'est pourtant un homme qui aida considérablement la femme arabe à obtenir un meilleur statut dans la société arabe ; il s'agit du poète Qasim Amin (1865-1908) auteur de *La libération de la femme* (1899)[280]. Et il semble que c'est indirectement à cause des critiques d'un Français qu'il entreprit d'écrire plusieurs ouvrages sur cette question. Le livre du Duc d'Harcourt qui remettait en cause la société et les mœurs arabes a suscité des réactions de défense et un débat qui ont abouti finalement à une prise de conscience des Égyptiens des réels problèmes que vivait la femme dans la société arabe[281]. Ainsi, la question de la condition de la femme, comme plusieurs autres questions de la vie égyptienne moderne, a été posée grâce à sa confrontation avec l'Occident. Déjà, pendant les trois années de l'occupation française (1798-1801), les Égyptiens découvrirent un autre mode de vie, d'autres mœurs que les leurs et la grande liberté dont jouissaient les femmes européennes ainsi que les Égyptiennes qui vivaient avec les Français. Le passage suivant est extrait des *Chroniques* de l'Égyptien 'Abd al-Rahman al-Jabarti (1756-1825) (ou al-Gabarti) qui nota les changements opérés dans sa société après l'arrivée des Français. Il était indigné par l'influence des mœurs françaises sur le comportement des femmes égyptiennes :

Dans le courant de cette année [1800-1801], la licence commença à entrer dans les mœurs indigènes. Les femmes françaises arrivées avec l'armée se promenaient dans la ville le visage découvert et portaient des robes et des mouchoirs de soie de diverses couleurs. Elles montaient à cheval ou à baudet portant des cachemires sur les épaules, elles galopaient par les rues en riant et en plaisantant avec les conducteurs de leurs montures et avec les indigènes de la basse classe. Cette liberté indécente plut aux femmes mal élevées du Caire, et comme les Français s'honoraient de leur soumission aux femmes et leur prodiguaient des cadeaux et des libéralités, les femmes commencèrent à entretenir des relations avec eux. Dans les premiers temps, elles s'étaient observées, mais après la révolte du Caire, Boulaq ayant été pris d'assaut, les Français s'étaient emparés des femmes et des filles qui leur avaient plu, les avaient fait habiller à la manière de leur pays et leur avaient fait adopter leurs usages. Depuis lors, la licence s'étendit rapidement dans toute la ville ; beaucoup de femmes, attirées par

---

[279] TOMICHE (Nada), « La Femme dans l'Egypte moderne », *Études méditerranéennes*, Paris, 1957, p. 199.
[280] QASIM (AMIN), *Tahrîr al-mar'a (L'Émancipation de la femme)*, Le Caire, 1899 et *Al-Mar'a al-jadîda (La Nouvelle femme)*, Le Caire, 1901.
[281] D'HARCOURT (Henri, Duc), *L'Égypte et les Égyptiens*, Paris, Plon. 1893.

l'amour des richesses ou bien par la galanterie des Français, imitèrent l'exemple des femmes de Boulaq. En effet, les Français avaient tout l'argent du pays entre leurs mains et s'étaient toujours montrés soumis aux femmes, même si celles-ci les eussent frappés de leurs pantoufles. Beaucoup de Français demandaient en mariage les filles de notables du Caire et ceux-ci consentaient à cette alliance, soit par cupidité, soit pour avoir des protecteurs dans l'armée. Pour toute condition, les Français devaient faire les deux professions de foi, mais cela ne leur coûtait rien parce qu'ils n'avaient pas de religion. Les musulmanes mariées aux Français adoptèrent aussitôt les mœurs de ces derniers. Habillées à l'européenne, elles se promenaient avec les hommes et se mêlaient aux affaires. Des gardes armés de bâtons marchaient devant elles et leur ouvraient un passage à travers comme s'il se fût agi d'un gouverneur[282].

Ce texte nous révèle le regard que porte un citoyen égyptien du XIXe siècle sur la présence occidentale en Égypte. Il exprime l'opinion des autochtones qui refusaient l'idée d'être dominés par des Occidentaux dont ils rejetaient les mœurs qu'ils jugeaient scandaleuses. La galanterie française était considérée comme l'expression de la faiblesse de l'homme et la liberté des femmes était interprétée comme de la vulgarité. Cette réaction d'hostilité par rapport aux comportements des Occidentaux témoigne avant tout du refus d'une influence étrangère qui menaçait de s'étendre à tout un peuple et de mettre en péril le mode de vie arabo-musulman. L'attitude de la minorité égyptienne séduite par l'exemple occidental était perçue par le chroniqueur et historien Al-Jabarti comme un danger contre lequel il fallait lutter. Ce genre de spectacle qu'il décrit disparut après le départ des Français et des Arabes qui vivaient en leur compagnie et qui avaient eu la chance de partir avec eux, car malheureusement ceux qui étaient restés ont été châtiés ou assassinés. Mais cette première cohabitation donna néanmoins plus tard ses fruits, car elle obligea les autochtones à prendre conscience qu'ailleurs les femmes vivaient librement. Plus tard, avec la modernisation de la société égyptienne, la femme arabe commença à demander et à obtenir certains droits, encouragée en cela par l'exemple de la femme occidentale.

Taymûr, lui, appartient à une époque plus moderne où la femme égyptienne a acquis une certaine liberté surtout dans les villes. Il est lui-même le neveu d'une poétesse assez connue dans le milieu culturel de l'époque. Cependant, Taymûr n'a jamais eu de discours féministe, pas plus que Maupassant, et certains portraits qu'ils font de la femme pourraient être considérés comme misogynes. Dans « Maladie d'amour » de Taymûr, le héros, un homme moderne, un médecin menant une vie à l'Occidentale, écoute les

---

[282] JABARTI (Abd al-Rahmân al-), *'Ajâib al-âthâr fî al-tarâjim wa al-akhbâr* (*Merveilles biographiques et historiques ou Chroniques du Cheikh Abd-el-Rahman el Djabarti*) traduction : *Chroniques* par C. Mansour Bey, A. Kahil, G. N. Kahil et Isk. Ammoun, 1891, tome VI, pp. 304-306.

propos féministes que tient la femme qu'il vient de rencontrer[283]. Il lui répond avec scepticisme et avec un détachement mêlé de condescendance. Néanmoins, le héros se montre curieux à l'égard des idées de cette femme. Son attitude est celle de la plupart des Égyptiens de son époque qui refusaient l'idée de l'égalité des femmes et des hommes, mais qui s'étonnaient toutefois de les voir mener à bien leurs activités[284]. Plusieurs femmes égyptiennes appartenant à la classe bourgeoise rejetèrent le voile, poursuivirent leurs études universitaires et fondèrent même des revues féminines[285].

Maupassant a très souvent exprimé son irritation à propos des revendications féministes qu'il considérait comme fantaisistes. Dans « Les Dimanches d'un bourgeois de Paris », il décrit les suffragettes comme des hystériques[286]. Cette vision caricaturale des féministes était assez répandue à son époque. Il a toutefois défendu certains droits de la femme comme celui du divorce et le droit à la propriété.

Dans « Maladie d'amour » de Taymûr, l'héroïne est belle, intelligente et cultivée. Elle défend de façon convaincante ses idées, même si son interlocuteur semble plus convaincu par ses charmes que par son discours. Chez Taymûr la parole est surtout donnée aux hommes qui décrivent la femme telle qu'ils la voient ou telle qu'ils l'imaginent. Le regard que les deux auteurs portent sur la femme montre surtout l'attitude et les idées des hommes, de leur milieu et de leurs époques respectives.

2. La femme vue par Maupassant et par Taymûr

Nous avons parlé de l'influence des idées pessimistes de philosophes comme Schopenhauer sur une certaine classe d'intellectuels dont Maupassant faisait partie. Le penseur allemand préconisait la méfiance à l'égard des femmes qui représentent, selon lui, une sorte de piège pour l'homme. Maupassant dit de ce penseur qu'il a dévoilé les ruses des femmes et les supercheries de l'amour : « Il a abattu le culte idéal de la femme [...] il a tué l'amour »[287]. Il marque son adhésion aux idées de ce philosophe par des propos tels que celui-ci : « Qu'on proteste et qu'on se fâche, qu'on s'indigne ou qu'on s'exalte, Schopenhauer a marqué l'homme du sceau de son dédain

---

[283] TAYMUR (M.), « Malaria al-hub » (Maladie d'amour), *Shifâh ghaliza* (*Les Lèvres charnues*), al-Maktaba al-'asriyya, Beyrouth, 1959, pp.61-87.

[284] Nada Tomiche énumère plusieurs droits accordés à la femme grâce aux revendications des féministes égyptiens membres de l'Union féministe égyptienne fondée en 1923 par Mme Hoda al-Cha'rawi : TOMICHE (Nada), « La Femme dans l'Egypte moderne », *Études méditerranéennes.* Paris, 1957. p. 100.

[285] TOMICHE (Nada), « La Femme dans l'Egypte moderne », *Études méditerranéennes.* Paris, 1957, p. 100.

[286] MAUPASSANT (G. de), « Les Dimanches d'un bourgeois de Paris », *C. et N.,* Tome I, pp. 169-170.

[287] MAUPASSANT (G. de), « Auprès d'un mort », *C. et N.,* tome I, p. 728.

et de son désenchantement »[288]. Les conclusions tirées de cet enseignement poussent à une misogynie qui a atteint son apogée à l'époque de Maupassant. Les thèmes de l'amour et de la femme sont critiqués par des écrivains qui refusent désormais que l'on encense ces sources d'inspiration du romantisme. Marie-Claire Bancquart déclare à propos de la misogynie des auteurs « fin-de-siècle » : « Jamais peut-être dans notre littérature, l'identité masculine menacée par le malaise ambiant ne s'est affirmée si agressive aux dépens de la femme »[289]. Jean Pierrot étudie cette époque dite « fin-de-siècle » ou « décadente » et s'intéresse à « cet anti-féminisme [...] très généralement répandu dans les milieux artistiques »[290] dont les images littéraires s'appuient sur l'influence de Baudelaire et de Schopenhauer[291].

Maupassant ne décrivait pas la femme comme l'égale de l'homme ; il s'attachait plutôt à prouver sa bêtise, son manque de sincérité et son injustice. Derrière cette attitude se trouve à la fois une certaine conviction que la femme est plus douée dans les domaines de l'amour que dans ceux de la pensée, mais sa position s'explique aussi par sa manière virulente et critique d'appréhender différentes questions qui se posent à lui, et pas seulement celle de la femme. Il s'attache toujours à montrer le côté obscur des choses, fuyant les naïvetés amoureuses et l'optimisme crédule, leur préférant sa « lucidité » implacable qui n'est pourtant très souvent que l'expression de sa subjectivité pessimiste.

Taymûr, sans exprimer de noirceur, a donné à plusieurs reprises une image peu flatteuse de la femme. Les colères injustifiées, les bavardages, la jalousie, les mensonges sont autant de défauts que Taymûr prête à plusieurs de ses personnages féminins sans pour autant parler d'une « nature féminine » unique, contrairement à Maupassant qui généralise souvent ses jugements à toutes les femmes. La misogynie de Taymûr n'a pas la virulence de celle d'un auteur comme Maupassant qui pousse souvent ses critiques à l'extrême ou fait des analyses qui, sous l'apparence du raisonnement objectif, défendent l'idée de l'infériorité de la femme[292]. Dans « La main d'écorché » où un assassin parle de sa femme qu'il a tuée, nous devinons la présence sarcastique de Maupassant. Le héros parle ainsi d'un assassin : « [Il a été] supplicié pour avoir jeté la tête la première, dans un puits sa femme légitime, ce quoi faisant je trouve qu'il n'avait pas tort, puis pendu au clocher de l'église le curé qui l'avait marié »[293]. Le cynisme de Maupassant est

---

[288] *Ibid.*
[289] BANCQUART (M.C.), « Un Auteur fin-de-siècle ? », *Le Magazine littéraire,* n° 310, mai 1993, p. 48.
[290] PIERROT (Jean), *Merveilleux et fantastique, une histoire de l'imaginaire dans la prose française du Romantisme à la décadence (1830-1900),* Thèse publiée à l'Université de Lille III, 1975, p. 575.
[291] *Ibid.*, pp. 565-597
[292] Cf. MAUPASSANT, (Guy de), « La Lysistrata moderne », *Le Gaulois,* 30 décembre 1880.
[293] MAUPASSANT (G. de), « La Main d'écorché », *C. et N.,* tome I, p. 4.

toujours adouci par son humour. C'est là, chez lui, un moyen très efficace pour éviter la platitude de propos qui seraient sans cela uniquement acerbes. L'ironie cynique s'en prend aux « tabous et aux valeurs » ; Henri Baudin qui étudie l'ironie et l'humour explique que « L'agressivité provocatrice » est l'expression du refus des valeurs préétablies et des conformismes de tous genres[294]. Dans le passage précédent extrait de la nouvelle de Maupassant « La Main d'écorché », il est justement question à la fois de refus de l'institution du mariage et des valeurs religieuses. On considère souvent Maupassant comme un auteur misogyne, car dans ses œuvres, il attribue un grand nombre de défauts à toutes les femmes et ne cherche pas toujours à mettre en évidence l'origine de ces défauts qui sont dus de toute évidence à l'éducation qu'on réservait aux filles au XIXe siècle et à la pauvreté de ce qu'on leur inculquait. Toutefois, dans certaines de ses *Chroniques*, Maupassant y fait allusion comme dans son article intitulé « À propos du divorce » paru dans *Le Gaulois* le 27 janvier 1882. Il y qualifie cette éducation d'« étroite et étouffante » et décrit la femme comme une victime de la vision niaise qu'on lui donne de la vie. Dans ses œuvres de fiction, Maupassant fait également le portrait d'hommes misogynes ; peut-être fait-il ainsi son auto-critique comme le suggère Chantal Jenning[295] qui donne l'exemple de Marignan dans « Clair de lune ». Cet homme de religion haïssait les femmes et tout ce qui se rapporte à l'amour. Mais l'exemple de ce personnage demeure très loin de l'homme qu'était Maupassant qui, lui, disait aimer les femmes. Il s'agit là d'une misogynie assez caricaturale. En revanche, dans « Le Verrou », Maupassant ressemble davantage à ses personnages masculins. Il s'agit d'un groupe de célibataires qui méprisaient la femme, mais qui à force d'en parler « ne vivaient que par elle »[296]. Le cas de ces hommes est très proche de celui de Maupassant qui semble sous-estimer la femme tout en lui faisant occuper, malgré tout, une très grande place dans son œuvre et dans sa vie et plaide par ailleurs pour certains de ses droits. Il déclare dans « Un Dilemme » : « Le mariage est un esclavage qui attente à l'intégrité et à la liberté féminine »[297]. On voit ainsi Maupassant défendre ce genre d'idées qui entrent dans le discours féministe qu'il a pourtant raillé. Dans « Les trois cas »[298] par exemple, Maupassant parle de la femme comme d'un être injustement « lié corps et âme » à son mari. C'est sans doute le douloureux souvenir des problèmes conjugaux que sa mère a vécus, et à laquelle il vouait une grande affection, qui le pousse à être quelquefois le défenseur sincère de la femme. Marie-Claire Bancquart affirme que le regard que porte

---

[294] BAUDIN (Henri), *Boris Vian, humoriste,* Presses Universitaires de Grenoble, Grenoble, 1973, p. 71.
[295] JENNING (Chantal,), « La Dualité de Maupassant, son attitude envers la femme », *Revue des sciences humaines, Revue des sciences humaines,* fasc. 137, oct.-déc., 1970, tome XXXV, 567.
[296] MAUPASSANT (G. de), « Le Verrou », *C. et N.,* tome I, p. 489.
[297] *Le Gaulois,* 22 nov. 1881.
[298] MAUPASSANT (G. de), *Le Gil Blas,* 15 janvier 1884.

Maupassant sur la femme a évolué à travers son œuvre ; elle donne plusieurs exemples de cette évolution qui se révèlent dans son renoncement dans ses œuvres plus tardives à offrir la même image négative de la femme : « Cette évolution agit comme un révélateur : elle nous dit son égarement accru, ses doutes sur notre identité, son inquiétude fondamentale »[299].

Dans sa représentation de la femme, Taymûr, s'il n'est pas ce qu'on peut appeler un auteur misogyne, a cependant souvent cantonné la femme au rôle amoureux, d'épouse ou de tentatrice. En fait, Taymûr a été élevé dans une famille à la fois moderne et traditionnelle ; si sa tante était une poétesse, son mariage fut arrangé et sa femme a vécu dans son ombre même s'il en parle avec respect. S'il fut assez ouvert dans ses jugements concernant la femme, il ne chercha pas non plus à défendre ses droits de façon directe comme le fit Maupassant dans ses chroniques. Mais il n'hésite pas à exprimer dans son récit de voyage sa tendresse pour sa femme ainsi que son admiration pour l'énergie et la beauté de la femme américaine libre et moderne.

3. La femme dans les nouvelles de Maupassant et de Taymûr

3.1. La femme cantonnée à la relation amoureuse

Plus tourmentée encore que nous par cet éternel besoin d'amour qui ronge notre cœur solitaire, la femme est le grand mensonge du rêve.

G. de Maupassant, « Solitudes », *Contes et Nouvelles.*, tome II, p. 1258.

Dans les œuvres des deux auteurs que nous considérons ici, la femme n'est vue, la plupart du temps, qu'au travers du prisme de la relation amoureuse. Dans « La Patronne », Maupassant réduit le destin d'une femme à « un être né pour vous plaire et être aimé de vous »[300]. Le fait qu'il parle ici d'une prostituée ne doit pas nous tromper, car il n'a de cesse d'étendre ce jugement à toutes les femmes. C'est le cas dans « Un viveur malgré lui » où le narrateur déclare : « L'amour est toute la vie des femmes »[301].

Un propos similaire est tenu par le héros de « Maladie d'amour », une nouvelle de Taymûr : « Je suis très fortement convaincu que la femme n'a été créée que pour l'amour. C'est une jolie poupée dont le cœur déborde de ce sentiment »[302], un propos fort misogyne qu'il faut toutefois replacer dans le contexte de la nouvelle.

[299] BANCQUART (Marie-Claire), « Maupassant et la femme moderne », *Maupassant et l'écriture,* p. 116.

[300] MAUPASSANT (G. de), « La Patronne », *C. et N.,* tome I, p. 345.

[301] MAUPASSANT (G. de), « Pétition d'un viveur malgré lui », *C. et N.,* tome I, p. 345.

[302] TAYMUR (M.), « Malâria al-hubb » (La Maladie d'amour), *Shifâh ghaliza (Les Lèvres charnues), op.cit.,* p. 77.

Francesco Gabrieli voit dans la manière de Taymûr d'aborder le sujet de la femme et de l'amour l'influence évidente de Maupassant[303]. En effet, Taymûr à l'instar de son auteur préféré décrit rarement l'amour comme un sentiment sincère et désintéressé. La femme est très souvent représentée comme celle qui attire et qui séduit dans des desseins bien précis : la recherche de la puissance, de l'argent ou du mariage. Dans « Un baiser pour cinq sous », Taymûr nous dépeint Nazaka, une belle jeune fille qui aime offrir au regard son corps légèrement vêtu. Elle a une démarche nonchalante et provocante, souriant à ceux qui lui plaisent et évitant dédaigneusement les autres. À son passage, « les hommes du village sont comme réveillés d'un long sommeil »[304] ; ils redécouvrent le désir et cherchent les faveurs de la belle pour laquelle ils iront jusqu'à se battre. Nazaka contemple ce « troupeau d'un air vainqueur »[305]. Elle ne choisit que le plus offrant ou le plus fort ; ses exigences rappellent celles des femmes vénales chez Maupassant. Ce dernier parle de tentatrice ; Taymûr de « djinn » ou encore de « beauté du diable ».

Dans « Clair de lune », le narrateur explique la pensée de l'abbé Marignan qui considère la femme comme « l'enfant douze fois impure dont parle le poète » : « Elle était le tentateur qui avait entraîné le premier homme et qui continuait son œuvre de damnation »[306]. Le narrateur parle ici de tentateur et non de tentatrice afin de mieux confondre la nature féminine avec celle de Satan le grand tentateur. En effet, selon la Bible, livre de référence de l'abbé, Satan se trouve derrière tous ceux qui veulent attirer les autres vers le mal. L'abbé Marignan déclare la guerre aux femmes, ces créatures « amoureuses et trompeuses » ; on retrouve chez les deux auteurs cette idée de soumission de l'homme à la femme qui le séduit. Maupassant écrit dans « Les Sœurs Rondoli » : « L'homme est faible et bête, entraînable pour un rien, et lâche toutes les fois que ses sens sont excités ou domptés »[307]. Maupassant assimile ainsi l'homme à l'animal, leurs points communs étant les sens qui les dirigent. Schopenhauer, à qui Maupassant a emprunté plusieurs idées, décrivait l'amour, la passion et le désir comme étant la source du malheur de l'homme. C'est ce que le philosophe allemand appelle « le vouloir-vivre » commun aux hommes et aux animaux et qui empêche l'homme de trouver la paix[308]. Il prône donc le détachement des passions, comme dans la philosophie bouddhiste dont il utilise les doctrines pour corroborer sa philosophie. Schopenhauer et Maupassant ne perçoivent pas les désirs de

---

[303] GABRIELI (F.), « L'Opera Letteraria… », *Oriente Moderno, op.cit.,* pp. 145-146.
[304] TAYMUR (M.), « Al-Qubla bi khamsat qurûsh » (Un baiser pour cinq piastres), *Nubût al-khafîr* (*Le Sucre d'orge*), al-matba'a al-namûzajiyya, [s.d.], p. 205.
[305] *Ibid.*
[306] Allusion à Alfred de Vigny, MAUPASSANT (G. de), C *et N.,* tome I, p. 1474.
[307] MAUPASSANT (G. de), « Les Sœurs Rondoli », *C. et N.,* tome II, p. 153.
[308] SCHOPENHAUER (Arthur), *Le Monde comme volonté et comme représentation,* trad. A. Bourdeau, Ed. Félix Alcan, Paris, 1890.

l'homme comme pouvant être modérés ; ils les décrivent toujours comme étant extrêmes et destructeurs. Schopenhauer érige les passions en modèles à ne pas suivre mais, ce faisant, il leur donne une importance excessive. La faiblesse du raisonnement du philosophe allemand et celle de Maupassant résident dans l'importance démesurée qu'ils confèrent aux passions qu'ils veulent pourtant minimiser et qu'ils placent cependant au centre de leur pensée et de leurs préoccupations.

Maupassant décrit dans ses nouvelles des personnages dont les défauts ou du moins les désirs sont extrêmes, car il est vrai que la nouvelle travaille sur des paroxysmes. Le gueux est un infirme rejeté par tous, l'étranger (l'Anglais) est un envahisseur, l'homme est l'esclave de ses sens, la femme est rusée et trompe l'homme. Par sa structure même et sa brièveté, la nouvelle classique amène fréquemment à un choix de situation et de personnages relevant du stéréotype.

Dans « La tradition a du bon », de Mahmûd Taymûr, le respectable Hajj Mustafa succombe au charme d'une jeune fille. Celle-ci arrive à transformer cet homme de foi, que tout le monde considérait comme un exemple de dévotion et de fidélité en couple, en un homme que la passion dévore. Le désir est dépeint comme une maladie, comme une fièvre qui « enflamme » les sens. Mais une fois que la passion est éteinte, l'homme retrouve sa raison comme on guérit d'une maladie et recouvre une vision claire de la vie. Cette histoire que nous raconte Taymûr est celle d'un homme marié qui quitte sa famille pour une jeune femme, un thème sans doute plus souvent abordé dans les pays arabes à cause de la pratique de la polygamie. Dans cette nouvelle, Taymûr traite ce sujet avec une variante : le mari n'est pas un homme à femmes, mais un cheikh pieux, qui a été malgré cela dominé par le désir. L'auteur insiste ainsi sur le fait que l'appel des sens est irrésistible même pour un homme que la foi devrait protéger des tentations. Maupassant parle de « piège de la nature », Taymûr de celui des sens. Chez Maupassant, le narrateur prend souvent la parole pour annoncer directement son opinion sur le sujet qu'il aborde et pour en tirer un enseignement général. On lit dans « Les Caresses » : « La nature nous a vaincus, nous a jetés, à son gré, dans des bras qui s'ouvraient parce qu'elle veut que des bras s'ouvrent [...] la Nature nous donne la caresse pour nous cacher sa ruse, pour nous forcer malgré nous à éterniser les générations »[309]. Maupassant a souvent expliqué que le sentiment amoureux nous trompe sur le véritable aboutissement de l'amour qui est la reproduction. Taymûr ne remet pas en cause la réalité des sentiments amoureux ; sa vision d'un monde bien fait, notamment par ses convictions religieuses, le place aux antipodes de la pensée nihiliste de Maupassant. Dans ses écrits sur la fourberie de certains de ses personnages féminins, Taymûr ne tire aucune généralité sur les femmes. Il décrit surtout

---

[309] MAUPASSANT (G. de), « Les Caresses », *C. et N.*, tome I, pp. 953-954.

des caractères, en opposant la malhonnêteté des uns à la bonne foi des autres et en usant à l'occasion de stéréotypes propres à sa société.

3.2. Désirs irrationnels et piège

L'homme dans sa recherche de la vérité concernant la nature de la femme en arrive à penser que celle-ci détient des pouvoirs magiques. Ce raccourci vers la pensée irrationnelle permet aux personnages masculins de justifier leur impuissance devant le pouvoir que la femme exerce sur eux. Dans « Chaînes », quand As'ad se voit amoureux au point de se sentir obsédé par sa maîtresse, il pense à une explication surnaturelle, à quelque « envoûtement » : « Suis-je malade ? Et de quel genre de maladie est-ce que je souffre. Serais-je ensorcelé ? » se demande-t-il. Et plus loin : « Je commençais à douter de mes principes rationnels »[310].

Dans « L'Inconnue » de Maupassant, un homme tombe sous le charme d'une mystérieuse brune à laquelle il prête des pouvoirs magiques :

> Il me sembla que je voyais une de ces magiciennes des Mille et Une Nuits, un de ces êtres dangereux et perfides qui ont pour mission d'entraîner les hommes en des abîmes inconnus [...] je crois maintenant que c'était bien une femme ensorcelée, qui portait entre ses épaules un talisman mystérieux[311].

Ces hommes ont bien à l'égard de la femme des peurs ancestrales et irrationnelles. Les mythes de la puissance diabolique des femmes malfaisantes et ayant des pouvoirs magiques, rejoignent la peur de la femme aimée qui détient le pouvoir de briser les cœurs et d'obséder les esprits. Dans ces nouvelles la femme est amour, séduction, et tentation. Dans « Clair de lune », l'abbé Marignan déteste cet « être faible et dangereux, mystérieusement troublant et plus encore que leur corps de perdition, [il haïssait] leur âme aimante »[312]. C'est son pouvoir d'aimer qui rend la femme puissante. L'homme est pris au piège chaque fois qu'il succombe au charme de la femme dont l'appel ressemble à celui des sirènes dans la mythologie grecque. Elle se sert de son corps et de sa ruse pour attirer sa « proie ». Dans « L'Inconnue », le héros parle bien de la femme comme d'une chasseresse : « Un proverbe dit qu'on passe souvent à côté du bonheur, et bien moi je suis certain que j'ai passé plus d'une fois à côté de celle qui m'aurait pris comme un linot avec l'appât de sa chair fraîche »[313].

Dans « Fou ? » de Taymûr, le héros est conscient du danger que représente cet « appât » : « Certaines tentaient de me prendre au piège du désir,

---

[310] TAYMUR (M.), « Aghlâl », *Maktub 'alâ al-jabîn,* al-Maktaba al-'asriyya, Beyrouth [s.d.], (2ème éd. 1941), p. 41, trad. : « Chaînes », *Le Courtier de la mort, op.cit.,* p. 168.

[311] MAUPASSANT (G. de), « L'Inconnue », *C. et N.,* tome II, p. 447.

[312] MAUPASSANT (G. de), « Clair de lune », *C. et N.,* tome I, p. 595.

[313] MAUPASSANT (G. de), « L'Inconnue », *C. et N.,* tome II, p. 443.

mais je me dérobais »[314]. Les relations entre l'homme et la femme sont sim-plifiées et caricaturées ; la vie de la femme semble se résumer à chercher à séduire un homme qui, lui, tente de fuir.

Maupassant aime à rappeler les dangers de la femme qui est souvent pré-sentée comme ne vivant que pour l'amour. Dans « Clair de lune », l'abbé Marignan décrit la femme comme représentant un piège pour l'homme :

> *Dieu, à son avis, n'avait créé la femme que pour tenter l'homme et l'éprouver. Il ne fallait approcher d'elle qu'avec des précautions défensives, et les craintes qu'on a des pièges. Elle était, en effet, toute pareille à un piège avec ses bras tendus et ses lèvres ouvertes vers l'homme*[315].

L'abbé Marignan parle de la femme non comme attirant l'homme vers un piège, mais comme étant elle-même un piège. Ses bras, ses lèvres forment une partie de ce piège qui a l'air de vouloir se refermer sur l'homme ; le corps de la femme est ainsi décrit comme une prison de chair. Dans « Al-louma » une nouvelle de Maupassant, le héros raconte son aventure amoureuse avec une jeune femme du Sud de l'Algérie :

> *Elle croisa ses mains derrière mon cou en m'attirant avec un air de volonté sup-pliante et irrésistible. Ses yeux allumés par le désir de séduire, par ce besoin de vaincre qui rend fascinant comme celui des félins, le regard impur des femmes m'appelaient, m'enchaînaient, m'ôtaient toute résistance, me soulevaient d'une ardeur impétueuse. Ce fut une lutte courte [...] l'éternelle lutte entre les deux brutes humaines, où le mâle est toujours vaincu*[316].

Le rapport de ce couple est ambigu ; l'homme perçoit la femme comme une tentatrice ; le narrateur parle de regard « impur » et fait ainsi référence à un certain discours religieux ; en même temps il est fasciné par le besoin de sa maîtresse de le « vaincre ». Il se laisse en effet dominer sans résistance. Ce couple semble être constitué de deux adversaires de forces inégales. L'homme est représenté comme une sorte de proie ; la femme est à la fois chasseresse et piège : elle attire et emprisonne. Ses armes sont son corps, mais aussi le pouvoir irrationnel de son regard qui appelle et attire, lui aussi tel un piège : il « enchaîne » et « ôte toute résistance », mais son pouvoir réside aussi dans son apparence de faiblesse. Les deux exemples suivants illustrent également cette idée d'un corps qui étouffe et qui oppresse. Dans « Bigamie », une nouvelle de Taymûr, la première épouse trahie par le rema-riage de son mari nourrit des pensées sensuelles et meurtrières à son égard :

---

[314] TAYMUR (M.), « Majnûn », *Kull 'âm wa antum bikhayr*, p.56, trad. : « Fou », *Bonne fête, op.cit.*, p. 7.
[315] MAUPASSANT (G. de), « Clair de lune », *C. et N.*, tome I. p. 595.
[316] MAUPASSANT (G. de), « Allouma », *C. et N.*, tome II, p. 1 102

Elle éprouvait souvent une furieuse envie d'arracher des bras de son mari, cette femme molle et paresseuse, puis de l'étreindre lui dans l'étau de ses bras vigoureux pour le combler d'ardents baisers[317].

Cette image de bras-étau suggère une force mécanique et violente ; c'est l'expression du désir de possession et de destruction que nourrit cette femme pour son mari infidèle. Le terme « étau » appliqué à la femme amoureuse, on le retrouve dans « Désirs » un poème de Maupassant : « Je voudrais au matin voir s'éveiller la brune qui vous tient étranglé dans l'étau de ses bras »[318]. Cette image réunit sensualité et violence ; l'homme s'abandonne dans les bras de celle qu'il aime en étant à la fois conscient et désireux du danger qui le guette.

Le sentiment amoureux chez la femme est souvent décrit comme quelque chose d'insensé. Dans « Une Aventure parisienne » de Maupassant et dans « La Lettre » de Taymûr, nous découvrons des personnages féminins qui cherchent frénétiquement à découvrir le plaisir et à trouver l'affection, ou alors sont à la recherche de l'argent et d'un certain pouvoir. Ni Maupassant ni Taymûr ne cherchent à dévoiler les causes profondes du comportement de leurs héroïnes, ils se contentent de les décrire de l'extérieur afin d'illustrer leur propos avec la simplicité et l'évidence du stéréotype. Dans ces nouvelles, l'héroïne de Taymûr est d'âge mûr, celle de Maupassant est assez jeune. Toutes les deux pensent avoir sacrifié leur vie à leur mari, qui leur a offert une vie tranquille, mais monotone et sans surprises. Elles rêvent de celui qui leur ferait découvrir le plaisir et l'aventure. Dans la nouvelle de Taymûr, une mère rêve d'un mystérieux séducteur dont elle reçoit une lettre d'amour (en réalité cette lettre est destinée à sa fille). Elle se sent prête à goûter aux plaisirs dont elle a dû jusque-là se priver : « [...] son corps a sur elle des droits et il est temps qu'elle satisfasse ses désirs. La vitalité qui est en elle la pousse à répondre à l'appel de l'amour »[319].

Ce sont les mêmes désirs et la même frustration qui animent l'héroïne d'« Une Aventure parisienne » qui se rend à Paris prête à vivre un amour coupable qui se passerait dans un lieu inconnu. Maupassant explique en ces mots la métamorphose de la femme en quête du plaisir : « Une femme quand sa curiosité est en éveil, commettra toutes les folies, toutes les imprudences, aura toutes les audaces... »[320]. La relation que vit l'héroïne avec le premier homme qu'elle rencontre, mais qui est un « homme du monde », « un gros petit homme chauve de crâne, gris de menton »[321], ressemble à ce qu'elle connaissait déjà. Cette nouvelle, comme celle de Taymûr où la mère finit par

---

[317] TAYMUR (M.), « Zawj wa darratân », *Ihsân li-lâh*, al-Maktaba al-'asriyya, Beyrouth, 1988 (1ère éd. 1949) p. 129, trad. : « Bigamie », *La Fleur de cabaret*, Paris, Nouv. Éd. Latines, 1953, p. 57.
[318] MAUPASSANT (G. de), *Notre cœur. Des vers. Autres poèmes*, édition d'art H. Piazza, 1970, p. 273
[319] TAYMUR (M.), « Al-Risâla » (La Lettre), *al-Bârûna* (La Baronne), op.cit., p. 100.
[320] MAUPASSANT (G. de), « Une Aventure parisienne », *C. et N.*, tome I, p. 329.
[321] *Ibid.*, p. 331

comprendre qu'aucun amant ne l'attend, se termine par une déception et par la fin des rêves "immoraux" que nourrissaient ces femmes qui finissent par revenir à leur vie rangée et sans espoir de changement. Le regard porté sur ces femmes est encore une fois un regard très masculin. Le narrateur est un homme qui juge la légèreté de l'esprit féminin et les désirs immodérés qui emportent sur leur chemin toute prudence.

3.3. Dualité de la femme et violence de l'homme

Selon le discours masculin dans les nouvelles que nous avons abordées, un des aspects de la contradiction propre au caractère féminin réside dans cette dualité : force/faiblesse ; l'apparence de fragilité de la femme contredisant sa force latente. Le passage suivant extrait de la nouvelle de Maupassant « Un Soir » met en évidence cet aspect : « Elle tenait de ses petites mains ma pauvre âme captive, confiante et fidèle »[322]. Cette « âme captive » est tel un oiseau fragile enfermé dans une cage. Les « petites mains » de l'amie marquent l'opposition entre son apparence de fragilité et son pouvoir d'emprisonner les âmes. Les « petites mains » font aussi allusion à l'enfance, d'où cette apparence d'innocence et de fragilité qui a rendu cet homme « confiant et fidèle » puis « captif », entré sans résistance dans le piège de l'amour. Il se suicidera en apprenant que cette femme le trompe.

Nous retrouvons chez le personnage de Ghandoura, l'héroïne de « Chaînes » de Taymûr, cette apparence de fragilité qui désarme. Elle est docile et obéissante, mais elle ment à son maître et amant qu'elle trompe sans cesse. Ce dernier, fou d'amour et de jalousie, répond par la violence à la trahison de sa maîtresse. Celle-ci adopte alors une attitude de soumission qui le plonge dans la culpabilité, mais aussi dans le désir de la posséder. En effet, comme il est attiré par sa fragilité, chaque fois qu'il est violent avec elle, il se sent supérieur et ses griefs s'évanouissent : cette force se mue alors en désir. Le même mécanisme de ce type de relation a été décrit par Maupassant dans « Allouma ». Ces deux nouvelles frappent par la similitude de l'attitude des deux héroïnes. L'histoire se passe en Algérie à la fin du XIXe siècle où un maître français vit avec la jeune et belle Allouma. Comme Ghandoura, c'est une sorte de vagabonde qui lui sert de maîtresse-esclave. Les deux femmes dégagent le même charme étrange et irrésistible. Dans la nouvelle de Taymûr, le narrateur raconte sa relation avec Ghandoura : « Je l'embrassais avec passion, lui dévorant les lèvres. Pendant que je la serrais dans mes bras, il se dégageait de son corps un charme mystérieux qui achevait de m'ensorceler »[323]. Dans la traduction française de ce texte, le mot parfum est utilisé à la place du mot charme qui signifie aussi magie « *sihr* ». Dans le texte de Maupassant, ce « charme » est défini de façon plus concrète, plus

---

[322] MAUPASSANT (G. de), « Un Soir », *C. et N.*, tome II, p. 1079.
[323] TAYMUR (M.), « Aghlâl » (Chaînes), *Maktûb 'alâ al-jabîn (C'est écrit)*, *op.cit.*, p. 39, traduction : « Chaînes », *Le Courtier de la mort*, Paris, Nouvelles Éditions Latines, 1950, p. 167.

animale : « Elle était nerveuse, souple et saine comme une bête, avec des airs, des mouvements, des grâces et une sorte d'odeur de gazelle, qui me firent trouver à ses baisers une rare saveur inconnue »[324]. Les sens gouvernent ces relations très charnelles où le corps de la femme a une puissante présence qui envahit, comme une odeur.

Dans « Chaînes », le héros parlait bien de « dévorer les lèvres » ; ici le personnage parle de « saveur », le corps de la femme étant ainsi réduit à une nourriture qui affame. Maupassant a toujours déclaré que l'amour était une chimère ; ici, l'acte amoureux illustre ce qu'il y a d'illusoire dans le désir de posséder l'autre. L'amour est décrit tel un fruit qui excite la faim ; c'est le fruit interdit qui dans les Livres saints cause la perte de l'homme. Sans utiliser un discours religieux, Maupassant et Taymûr parlent d'interdits et de châtiments. Chaque fois que l'homme succombe à la tentation, il devient une proie facile. Bien que Maupassant refuse les représentations chrétiennes, il nous raconte toujours l'histoire d'un Adam faible et d'une Ève animée par le désir de le convaincre et de le séduire. Comme As'ad le héros de la nouvelle de Taymûr, le personnage maupassantien oppose la violence à l'infidélité d'Allouma, mais quand celle-ci se soumet, il oublie ses griefs et baisse la garde. Voici les textes où les héros des deux nouvelles décrivent leurs réactions face à la trahison de leur maîtresse. Le premier extrait est issu de « Allouma » :

> Une colère me soulevait, une envie de frapper, de la faire souffrir, de me venger [...] [Elle] demeurait immobile, inerte, comme si elle ne vivait plus à peine, résignée à mes violences prête aux coups [...] Je vis des larmes dans ses yeux, et tout de suite je fus attendri comme une bête[325].

Dans « Chaînes », As'ad a le même désir de vengeance envers Ghandoura qui le trompe. Voici la scène où se déchaîne sa colère :

> Furieux, je la saisissais et la rouais de coups, mais j'éprouvais aussitôt du remords, surtout lorsqu'elle ne se plaignait pas. [...] Debout devant moi elle restait là docile et soumise, n'osant ni bouger, ni parler. Alors je m'asseyais sur le divan, plein de mépris pour moi-même[326].

Dans ces nouvelles, la femme se défend avec son apparente soumission à l'homme alors qu'en définitive elle se caractérise plutôt par sa grande liberté. Allouma disparaît un beau jour pour réapparaître des mois plus tard. Ghandoura continue à tromper son maître avec les garçons du quartier.

Dans les textes des deux auteurs, le personnage-narrateur raconte son histoire et nous communique directement ses impressions. Il défend sa cause qui est celle de l'homme dont la seule faute est d'être trop sensible. En revanche, la femme n'est vue qu'à travers le regard de l'amant. La pensée de

---

[324] MAUPASSANT (G. de), « Allouma », *C. et N.*, tome II, p. 1102.
[325] *Ibid.*
[326] TAYMUR (M.), « Aghlâl » (Chaînes), *Maktûb 'alâ al-jabîn (C'est écrit)*, *op.cit.*, p. 40, trad. « Chaînes », *Le courtier de la mort, op.cit.*, p. 167.

ce dernier semble fluide et saine, car il « s'exprime ». La femme est dans l'ombre ; son comportement paraît déraisonnable. Nous avons donc toujours accès directement au discours des hommes ; quant aux femmes tout les désigne comme étant les éternelles coupables. Elles ont très rarement accès à la parole ou alors pour donner la preuve de leur tendance à l'injustice. C'est le cas dans « Les Dimanches d'un bourgeois de Paris », une nouvelle de Maupassant où un couple se perd et où la femme « crache » de « sa bouche rosée » toute sorte de reproches à son mari :

> *Viens voir ce que tu as fait : nous sommes à Versailles, maintenant. Tiens, regarde la carte d'état-major que monsieur aura la bonté de te montrer. Sauras-tu lire seulement ? Mon Dieu ! Mon Dieu ! Comme il y a des gens stupides ! Je t'avais dit pourtant de prendre à droite, mais tu n'as pas voulu, tu crois toujours tout savoir ». Le pauvre garçon semblait désolé. Il répondit : « Mais ma bonne amie, c'est toi... » Elle ne le laissa pas achever, et lui reprocha toute sa vie, depuis leur mariage jusqu'à l'heure présente[327].*

Ici nous retrouvons cet écart que Maupassant souligne souvent entre la douceur apparente de la femme et sa violence réelle en mettant côte à côte des termes comme « bouche rose » et « cracher des reproches ». Ainsi, comme souvent quand Maupassant donne enfin la parole aux femmes, c'est pour mieux montrer leur injustice ou leur bêtise.

Dans le long passage suivant extrait de « Mektoub », Taymûr donne longuement la parole à son personnage féminin, mais c'est pour mieux montrer son caractère acariâtre et sa tendance à l'injustice. Le dialogue entre un cheikh et sa femme montre ce qu'il y a d'insensé dans l'attitude de l'héroïne qui soupçonne injustement son mari de la tromper. Sa jalousie est aiguisée par une de ces voisines qui sème la zizanie dans ce couple, en poussant l'épouse à persécuter son mari, un brave homme qui n'a d'autres soucis que de vivre en paix. La femme est ainsi décrite non seulement comme influençable, mais dans le cas de la voisine elle est aussi montrée comme l'ennemie des autres femmes qu'elle jalouse et manipule. Voici un extrait de la discussion qui oppose le cheikh à sa femme Om Hassan, un dialogue truculent qui rappelle les pièces de théâtre égyptiennes :

> *Bonsoir Om Hassan, lui dit-il, pour briser le silence.*
>
> *— Triste soir, Cheikh de malheur, répondit-elle.*
>
> *— Mon Dieu ! Qu'est-il encore arrivé ?*
>
> *Mais comme elle ne répondait pas et qu'elle faisait une drôle de mine, le Cheikh s'approcha doucement de sa femme pour lui demander ce qu'elle avait. Om Hassan le repoussa violemment ; mais il ne perdit pas patience et, tout en répétant : « Dieu te guide, mon amie ! Dieu te guide ! » il regagna son siège et reprit sa récitation des versets du Coran. Om Hassan ne resta pas longtemps muette :*

---

[327] MAUPASSANT (G. de), « Les Dimanches d'un bourgeois de Paris », *C. et N.*, tome I, p.132.

— Penses-tu, par hasard, que je sois idiote au point d'ignorer tes secrets ?

— Quels secrets ? répliqua-t-il, relevant la tête et ouvrant de grands yeux.

— Quels secrets ? Tes secrets pleins de vice, monsieur le maître de la droiture et de la dévotion [...], les femmes aux corps couleur de perle et aux lèvres écarlates.

— Des femmes ? Que Dieu me garde de l'infidélité.

Mais elle, dans un affreux éclat de rire :

— Que le diable t'emporte, toi et tes ancêtres !

Puis elle ne lui fit grâce d'aucune insulte et l'assaillit de ses regards chargés de mépris. Le cheikh se leva, en marmonnant :

— Om Hassan a dépassé les limites, elle est certainement possédée...

Et il regagna sa chambre. Après avoir fermé la porte derrière lui, il passa une bonne partie de la nuit en prière, puis s'endormit sans avoir dîné[328].

L'expression suivante : « Elle ne lui fît grâce d'aucune insulte... » fait penser à celle de la femme dans « Les Dimanches d'un bourgeois de Paris » qui se déchaîne contre son mari : « Elle lui reprocha toute sa vie, depuis leur mariage... ». Les reproches vont crescendo et expriment la même tendance à l'outrance et à l'injustice. Maupassant cite souvent Schopenhauer qui affirme : « L'injustice est le défaut capital des natures féminines »[329].

Comme chez Maupassant, on trouve chez Taymûr d'abord une recherche de portraits psychologiques frappants. En Égypte, la littérature, le cinéma et le théâtre utilisent le même archétype de la femme acariâtre et de l'homme qui oppose la raison aux excès féminins. La fiction s'inspire de la réalité d'une société patriarcale où la femme utilise la ruse, la colère ou les larmes, ses seules armes, pour se défendre ou pour arriver à ses fins.

La misogynie qu'on retrouve dans beaucoup d'œuvres à l'époque de Maupassant et à celle de Taymûr nous rappelle que dans les deux sociétés la femme souffrait du regard négatif qu'on portait sur elle. Qasim Amin (1865-1908), le défenseur des droits de la femme arabe et l'instigateur du mouvement féministe arabe, prônait à la fin du XIXe siècle la scolarisation des filles, car à cette époque seuls les garçons bénéficiaient de l'enseignement. Il expliquait que les défauts qu'on attribue aux femmes sont en réalité dus à leur ignorance et à leur tendance à l'oisiveté. C'est aussi ce que l'orientaliste Charles Vial explique à propos de la femme dans la société arabo-musulmane : « Convaincue que sa seule fonction est de séduire l'homme,

---

[328] TAYMUR (M.), « Maktûb 'ala al-jabîn » (C'est écrit), *Maktûb 'alâ al-jabîn*, pp. 61-63. Traduction revue : « Mektoub », *Le Courtier de la mort, op.cit.*, pp. 213-214.
[329] SCHOPENHAUER (Arthur), *Pensées et fragments* traduits par J. Bourdeau, Ed. F. Alcan, 1886, p. 133.

elle s'y emploie à chaque moment de son existence, traitée en prisonnière, elle essaie de duper son geôlier, d'où sa ruse et ses dons de comédienne »[330].

En France, à la fin du XIXe siècle, la misogynie trouve sa source dans un grand nombre de propos pseudo-scientifiques qui décrivent la femme comme étant généralement hystérique. Gérard Wajeman[331] nous explique l'histoire de cette maladie attribuée presque toujours à la femme. Au XIXe siècle, le docteur Legrand du Saulle qui a consacré un ouvrage à l'hystérie décrit ainsi le caractère féminin :

> *Facilement irritable, elle a des colères sans raisons et aussi des joies sans motifs. Elle éprouve un continuel besoin de se quereller et de chicaner [...] Elle est sujette à des excitations imprévues, à des dépressions non justifiées. Elle est d'une remarquable versatilité dans les idées et les sentiments [...] Elle est incapable d'une attention soutenue et manque de suite dans les idées[332].*

Ces déclarations nous rappellent les idées de Schopenhauer et de Maupassant concernant toutes les femmes. Dans le texte de ce médecin du XIXe siècle, nous retrouvons trois principaux défauts reprochés généralement aux femmes dans l'œuvre de Maupassant. Il s'agit de l'inconscience, de l'irritabilité et de l'inconsistance de l'esprit. Il est clair que l'image que reproduit Maupassant de la femme n'est pas isolée ; elle s'inspire de propos faussement scientifiques comme ceux du docteur du Saulle. Les médecins à cette époque considéraient l'hystérie comme une maladie extrêmement fréquente chez la femme. Charles Richet déclare dans un article consacré à cette maladie : « Ce qu'on appelle les nerfs d'une jeune femme, c'est tout simplement de l'hystérie »[333]. Ces idées contribuaient à propager cette idée que la femme est une personne malade, même s'il a par ailleurs le mérite d'avoir définitivement mis fin au mythe de la sorcière en donnant une interprétation plus rationnelle aux désordres mentaux des prétendues « démoniaques ». Gérard Wajeman définit ainsi l'hystérie : « Tout à la vérité, se passe comme si la désignation de l'hystérie comme énigme médicale [...] n'avait pour fonction que de suspendre l'angoisse au fond éprouvée par l'homme devant le mystère que représente la femme »[334]. On peut supposer que la misogynie supposée de Maupassant n'est pas dissociable du malaise propre à l'homme et qu'il exprime à travers son cynisme, sa peur ou son

---

[330] VIAL (Charles), *Le Personnage de la femme dans le roman et la nouvelle en Egypte, op.cit.*, pp. 12-13.
[331] WAJEMAN (Gérard), « Psyché de la femme : Notes sur l'hystérie au XIXe siècle », *Romantisme*, n° 13-14, 1976. p. 57-66.
[332] LEGRAND DU SAULLE, *Les Hystériques. Etat physique et mental. Actes insolites, délictueux et criminels.* J.B. Baillière et fils, Paris, 1883.
[333] RICHET (Charles), « Les Démoniaques d'aujourd'hui », *Revue des deux mondes*, 15 janvier ; tome 37, Paris, 1880, p. 345.
[334] WAJEMAN (G.), « Psyché de la femme », *op.cit.*, p. 59.

sarcasme. Plus tard on dira que « La femme est le symptôme de l'homme »[335].

La femme moderne suscite différentes attitudes chez l'homme que ce soit en France à la fin du XIXe siècle ou au début du XXe siècle en Égypte. Les écrivains se plaisent à la décrire tantôt belle et traîtresse et d'autres fois délaissée et malheureuse. Mais elle est de toute manière au centre de leurs discours, de leurs angoisses ou de leurs rêves. Dans l'œuvre des deux auteurs, la femme inquiète l'homme, car elle est souvent perçue comme toute-puissante, d'où le fait que les protagonistes masculins la préfèrent soumise. Les tentatives d'émancipation déroutent les hommes qui craignent « une revanche » de la femme moderne, selon le mot de Charles Vial[336] ou peut-être ont-ils simplement peur de perdre leur statut d'homme libre qu'ils ne perçoivent que par rapport à la sujétion de la femme ?

4. Maupassant et Taymûr auteurs misogynes ?

À lire les nouvelles de Maupassant, on ne peut pas dire qu'il soit de ceux qui chantent l'amour, mais plutôt qu'il excelle dans l'art de montrer l'autre côté des choses et cette attitude prend sa source dans ses propres angoisses. A. Fonyi nous donne une interprétation psychanalytique de sa vision de la relation amoureuse : « Maupassant n'a pas aimé parce que l'amour, même s'il le définissait au niveau conscient comme désir sexuel, avait pour corrélat dans son inconscient la peur de la régression symbiotique »[337]. Fonyi parle de l'angoisse de Maupassant devant la puissance de « la mère archaïque »[338]. C'est peut-être à cette puissance que l'auteur fait si souvent allusion dans ses textes qui traitent de la vulnérabilité masculine. Il est évident qu'il faut voir dans les problèmes familiaux qu'il a vécus dans son enfance la source de ses tourments sentimentaux. Il serait resté enfermé dans une relation œdipienne parce que sa mère l'ayant préféré à son mari aurait ainsi laissé son fils prendre la place du père. Cela expliquerait son attitude à l'égard des femmes qu'il cherchait toujours à séduire et le fait qu'il n'en a jamais vraiment aimé aucune, sauf sa mère à laquelle il est resté fidèle. Si le désir occupe une très grande place dans l'univers de Maupassant qui a connu de deux à trois cents femmes, cela n'a servi selon d'Antonia Fonyi qu'à « endiguer sa psychose »[339] ou peut-être à la nourrir.

La mère de Taymûr est morte alors que son fils était encore jeune. Privé de son amour, il restera toujours sensible à la tendresse féminine qu'il décrit quelquefois avec nostalgie et une note de tristesse comme dans « Le cœur d'une mère ». Les relations amoureuses marquées par l'échec dont parle

---

[335] Formule du Dr Lacan lors d'un séminaire en 1975, Wajeman, *op.cit.*, note n° 7, p. 65.
[336] VIAL (Charles), *Le Personnage de la femme...*, *op.cit.*, pp. 12-13.
[337] FONYI (Antonia), *Maupassant 1993*, Paris, éd. Kimé, 1993, p. 159.
[338] *Ibid.*
[339] FONYI (Antonia), *Maupassant 1993*, *op.cit.*, p. 159.

l'auteur égyptien concernent surtout l'amour illicite ou amoral. Ce type de relation se termine toujours par la mort ou la rupture de ceux qui s'y adonnent. Comme le fait remarquer justement Jacques Berque : « il y a nombre d'histoires de suicide dans cette œuvre, ou, comme il se doit, la sexualité cousine avec la mort »[340]. L'univers que dépeint Taymûr est régi par un ordre moral traditionnel où l'amour licencieux ne peut être synonyme de bonheur. Peu de textes nous éclairent sur sa propre expérience de l'amour, Taymûr ayant été un homme discret qui ne s'est pas beaucoup dévoilé. Mais il est évident que pour lui le bonheur se conçoit dans la sérénité de la cellule familiale conventionnelle.

Maupassant se laisse parfois aller à la douceur des sentiments amoureux sans cynisme et sans misogynie. Cet homme qui a rarement dévoilé son cœur utilise une certaine philosophie pessimiste comme rempart au sentiment amoureux. Pierre Cogny parle de « masque » qu'il s'est imposé et derrière lequel il étouffait[341]. Dans la lettre qu'il envoie à son amie Hermine Lecomte de Nouÿ, le 2 mars 1886, se révèle une préoccupation peu habituelle chez lui : parler de l'amour de façon sincère et poétique :

> *Je fais une histoire de passion très exaltée[342], très alerte et très poétique, ça me change et m'embarrasse. Les chapitres de sentiments sont plus raturés que les autres. Enfin, ça vient tout de même, on se plie à tout avec de la patience, mais je ris souvent des idées sentimentales, très sentimentales et tendres que je trouve en cherchant bien ! J'ai peur que ça me convertisse au genre amoureux pas seulement dans les livres, mais aussi dans la vie ; quand l'esprit prend un pli, il le garde, et vraiment il m'arrive quelquefois en me promenant sur le cap d'Antibes, un cap solitaire, comme une lande de Bretagne, en préparant un chapitre poétique au clair de lune, de m'imaginer que ces aventures ne sont pas si bêtes qu'on le croirait[343].*

Dans la vie comme dans ce texte, Maupassant est partagé entre le scepticisme, le sarcasme et l'envie de se laisser aller à l'amour qui inspire des envolées lyriques. Le fait qu'il passe d'un amour à l'autre, s'interdisant toute attache, révèle sa peur de la fidélité et du piège de l'amour et son refus de la vie conjugale synonyme pour lui d'embourgeoisement et de renoncement à la liberté. Mais malgré toute la distance que prend Maupassant avec les sujets amoureux, il demeure néanmoins un homme très sensible et sans doute au fond assez malheureux de ne pas avoir trouvé le véritable amour ; n'a-t-il pas écrit que son « attitude dans la vie sentimentale a fini par avoir raison de [s]on cœur. Effarouché par son cynisme, il a fini par se taire »[344]. Durant son séjour en Algérie, Maupassant a découvert et admiré des textes de philo-

---

[340] BERQUE (Jacques), *L'Égypte, impérialisme et révolution, op.cit.*, p. 365.
[341] COGNY (Pierre), *L'Homme sans Dieu*, Bruxelles, La Renaissance du livre, 1968, p. 12.
[342] Il s'agit de *Mont-Oriol*, le troisième roman de Maupassant.
[343] Lettre à Hermine Lecomte parue dans un article anonyme attribué à la destinataire, publié dans *La Grande Revue*, le 25 octobre 1912.
[344] Lettre du 13 mai 1889, p. 206.

sophes arabes sur l'amour. Il les cite dans sa correspondance et dans ses chroniques algériennes, comme ici ce texte soufi :

> *L'amour est le degré le plus complet de la perfection, celui qui n'aime pas n'arrive à rien dans la perfection ; Il y a quatre sortes d'amour : L'amour par intelligence, l'amour par le cœur, l'amour par l'âme, l'amour mystérieux... »* « *Qui donc a jamais défini l'amour d'une manière plus complète, plus subtile et plus belle ?*[345]

5. Techniques d'écriture de la nouvelle réaliste

5.1. Anecdote et sincérité

Dans la nouvelle classique, l'art narratif se fonde très souvent sur une construction anecdotique et sur des tensions. Henri-François Imbert critique cet aspect dans les nouvelles de Maupassant qui correspondent selon son analyse au récit anecdotique type, c'est-à-dire enfermé dans une unité préétablie et trop attaché à la forme de l'histoire qu'on raconte, une construction, selon lui, artificielle[346]. Cependant, les nouvelles de Maupassant ont une valeur artistique qui dépasse ce cadre et si elles donnent l'impression de ne livrer que des faits c'est parce que le style n'est pas mis en avant ; il est au service de l'effet de réel. La nouvelle maupassantienne ne se réduit pas au fait divers ; elle en dépasse largement les limites. Et si Maupassant préfère concentrer ses dénouements plutôt que de les émousser -comme le fait Tchékhov ou Katherine Mansfield auxquels H.-F. Imbert le compare[347] -, c'est pour mieux renforcer le côté frappant, amusant ou émouvant de la nouvelle telle qu'il la concevait et la défendait. Les dénouements frappants, c'est la signature de Maupassant et c'est ce qui faisait entre autres la particularité de ses récits courts. La démarche de ces auteurs cités diffère de celle de Maupassant, et Tchékhov a lui-même exprimé à maintes reprises sa grande admiration pour l'œuvre de l'auteur français. Tchékhov, Tourgueniev et Katherine Mansfield sont justement souvent cités par Taymûr dans ses études sur les littératures. Il était très proche du monde littéraire de Maupassant et avait une connaissance de la littérature occidentale assez développée qui lui a permis de nourrir son désir d'écrire à la manière des auteurs occidentaux. L'auteur égyptien admire chez ces auteurs « leur attachement à exprimer des vérités humaines extrêmes ou simples sans chercher à impressionner ou à émouvoir par des moyens faciles »[348]. Il exprime la même opinion que celle de Maupassant qui refuse le style larmoyant ou emphatique

---

[345] MAUPASSANT (G. de), *Écrits sur le Maghreb, op.cit.*, p. 185.

[346] IMBERT (Henri-François), « Un Intense scrupule ou les avatars de la forme courte », *op.cit.*, pp. 341-354

[347] H.F. Imbert considère que ces deux auteurs sont supérieurs à l'auteur français parce que l'intérêt anecdotique est moins visible dans leurs œuvres et que le mot de la fin est moins marqué.

[348] TAYMUR (M.), *Fir'awn al-Saghîr* (*Le petit pharaon*), Le Caire, Ma'ârif, 1939.

et qui décrit des évènements dont la vraisemblance réside non pas dans leur nature (la vérité n'est pas toujours vraisemblable), mais dans la manière dont ils sont rapportés. Taymûr donne une assez fine analyse des textes littéraires qu'il aborde dans ses études théoriques. Il parle dans *Le petit pharaon* de la sobriété de l'œuvre des deux auteurs russes et dans *Des ombres lumineuses* de la beauté de l'œuvre de Katherine Mansfield et de celle de Tchékhov et loue leur modernité[349], tout comme le fait le critique H.-F. Imbert qui dit des nouvelles de l'auteure anglaise qu'elles « s'ouvrent sur le silence »[350]. À travers ses récits et ses propos sur la littérature, Taymûr montre l'intérêt grandissant des auteurs de sa génération pour l'analyse psychologique. Il va même quelquefois dans ses écrits vers une narration qui se passe d'intrigue se libérant ainsi de certains impératifs de la nouvelle classique, comme dans *L'Appel de l'inconnu* qui se situe entre le roman et la nouvelle[351]. Taymûr dans ses ouvrages théoriques cherche à faire connaître la nouvelle au public arabe ; il décrit les spécificités de ce genre et met en garde les nouvellistes débutants contre le piège de la facilité ; il explique aussi que le récit court, pour être une œuvre réussie, doit avoir un sens et une portée qui dépassent la simple histoire[352]. Nous savons que plusieurs nouvelles des deux auteurs ont cette dimension symbolique qui les élève au-delà de la simple histoire divertissante. Leurs récits fonctionnent sur deux niveaux : celui de l'anecdote, de l'histoire « vraie » et celui de la dimension morale, philosophique ou symbolique. Celle-ci se devine ou s'analyse grâce à une lecture approfondie. André Vial fait remarquer que Maupassant cherche toujours dans ses récits courts à « isoler et à définir un trait universel de l'humaine condition »[353]. C'est souvent ce que les auteurs réalistes ont cherché à faire, en donnant à leurs écrits une dimension qui dépasse celle de la simple histoire. C'était aussi le souhait de l'auteur égyptien qui a écrit dans une de ses préfaces : « Le grand art littéraire consiste à permettre à l'écrivain de révéler l'âme humaine »[354]. Pour arriver à cela, les deux auteurs parlent souvent de « sincérité ». André Vial utilise ce terme à propos de la manière dont les naturalistes perçoivent l'art : « Maupassant retient que l'œuvre d'art, et le roman en particulier, pour prétendre à quelque valeur, doivent être des témoignages sincères. Toutefois et comme garant de cette sincérité même, il oppose un refus au document »[355]. Il est vrai que la littérature est avant tout art et fiction, mais cette sincérité très souvent évoquée par les critiques et les auteurs réalistes montre

---

[349] TAYMUR (M.), *Dilâl mudî'a* (*Ombres lumineuses*), Le Caire, Maktabat al-nahda al-misriyya, 1953, p. 97.

[350] IMBERT (H-F), « Un Intense scrupule... », *Revue de littérature comparée, op.cit.*, p. 344.

[351] TAYMUR, *Nida' al-majhûl*, (*L'Appel de l'inconnu*), Beyrouth, al-Maktaba al-'asriyya, [s.d.].

[352] TAYMUR (M.), *Dirâsa fî al-qissa wa al-masrah* (*Étude sur la nouvelle et le théâtre*), Le Caire, Matba'at al-adab [s.d.].

[353] VIAL (André), *Guy de Maupassant et l'art du roman, op.cit.* p. 438.

[354] TAYMUR (M.), *Fir'awn al-Saghir* (*Le petit pharaon*), préface, *op.cit.*, p. 23.

[355] VIAL (André), *G.de Maupassant et l'art du roman, op.cit.*, p. 614.

avant tout le désir de ces derniers de faire vrai, d'être « les diseurs » de la réalité. Le XIXe siècle français a connu un grand mouvement d'évolution du roman vers « la vérité ». La littérature arabe au début du XXe siècle a suivi la même évolution. Aujourd'hui, l'art a d'autres aspirations, mais à ces époques les idées du réalisme et du naturalisme répondaient à des préoccupations qui semblaient « utiles ». Dans une de ses nombreuses préfaces, Taymûr écrit : « La véritable force d'une œuvre réside dans sa simplicité, sa *sincérité* et dans la finesse avec laquelle l'auteur façonne son sujet »[356]. Maupassant rapproche l'idée de la « sincérité » de celle de l'originalité dans une chronique intitulée « La vie d'un paysagiste » : « Il faut ouvrir les yeux sur tous ceux qui cherchent à découvrir l'inaperçu de la nature, sur tous ceux qui travaillent *sincèrement* en dehors des vieilles routines »[357]. La sincérité dont parlent Maupassant et Taymûr est celle qui s'oppose aux « mensonges » des artifices de l'art romantique où l'on rencontre des « héros tragiques » ou des « inventions extraordinaires » selon l'expression de Maupassant. L'auteur français écrit à propos de la révolte des réalistes contre le romantisme dans sa chronique « Autour d'un livre » : « Cette vieille querelle littéraire n'est au fond que la querelle de l'hypocrisie contre la sincérité »[358] et « la lutte de l'hypocrisie humaine contre la sincérité du miroir »[359]. On pourrait trouver bien contradictoires les propos de Maupassant prônant la sincérité quand lui-même nous dit que la réalité littéraire n'est qu'« illusion », mais en fait, il parle de la sincérité du « miroir », d'une image-reflet de la réalité. La sincérité de l'auteur consiste à rapporter cette vision sans chercher à l'embellir ou à la dramatiser et en adoptant un style dénué d'artifices. La « vérité » s'oppose ainsi à la « poétisation » de la réalité. Le « mensonge » réside alors dans l'idéalisation des différents aspects de la vie et dans l'adoption d'un style qui trahit la présence et le travail de l'auteur, ce qu'il appela « l'écriture artiste » dans sa préface « Le Roman ». Edmond de Goncourt y voyant une allusion directe à son écriture maniérée s'en offusqua et voua une haine sans fin à Maupassant même après que celui-ci eut été interné.

Toutefois les deux auteurs ont souvent pris des distances avec les théories qu'ils défendaient. Mahmûd Taymûr, qui a souvent fait l'apologie du réalisme et du naturalisme, a ensuite pris ses distances par rapport aux idées sur la vérité littéraire ou sur toute autre vérité. Il écrit dans une de ses nouvelles : « Chacun de nous crée sa vérité, guidé par différents facteurs de milieu, d'expériences et de spécificités physiques et morales innées ou acquises. Chacun de nous adapte ces principes à son tempérament et aux circons-

---

[356] TAYMUR (M.), *Fir'awn al-saghir* (*Le petit pharaon*), préface, *op.cit.*, p. 19.
[357] MAUPASSANT (G. de), *Chroniques, op.cit.*, tome. III, p. 283.
[358] *Ibid.*, p. 284.
[359] *Ibid.*, pp. 286-287.

tances[360]. Ce propos est très proche de ce que déclarait Maupassant dans son étude sur le roman concernant l'impossibilité de représenter une seule réalité valable pour tout le monde : « Quel enfantillage de croire à la réalité puisque nous portons chacun la nôtre dans notre pensée et dans nos organes. Nos yeux, nos oreilles, notre odorat, notre goût diffèrent, créent autant de vérités qu'il y a d'hommes sur terre »[361]. En outre, le mot « tempérament », utilisé aussi dans la traduction française du texte de Taymûr, est un mot que l'on retrouve très souvent chez Maupassant qui considère que c'est là un des facteurs primordiaux qui déterminent chez un auteur son talent à évoquer sa vision du monde[362].

Dans ses études théoriques sur la littérature, Taymûr reprend les mêmes idées que celles que défend Maupassant soit qu'il ait lu ses nombreuses études littéraires, soit que son expérience de l'écriture l'ait amené aux mêmes déductions que celles de son prédécesseur. Toutefois, il a sans doute lu l'étude de Maupassant intitulée « Le Roman » qui précède le texte *Pierre et Jean* et celle-ci résume sa conception de la littérature. Il a d'ailleurs comme lui précédé certains de ses recueils de nouvelles d'une préface sur sa conception de l'art ou sur d'autres sujets.

---

[360] TAYMUR (Mahmûd), « Majnûn », *Kull 'âm wa antum bikhayr*, al-Maktaba al-'asriyya, Beyrouth, [s.d.] (1ère éd.1951), p. 53, traduction : « Fou ? », *Bonne fête,* Paris, Nouvelles éditions latines, 1954, pp. 73-74.
[361] MAUPASSANT (G. de), *Pierre et Jean,* préface « Le Roman », *op.cit.*, p. 22.
[362] *Ibid.,* pp. 17-18.

CONCLUSION DE LA TROISIÈME PARTIE

Si au début de la *Nahda* les intellectuels arabes ne portaient pas en haute estime les œuvres d'imagination issues de l'adaptation, de la traduction ou de l'imitation des œuvres étrangères, leur préférant d'autres genres comme l'essai ou la chronique, les premiers romans et nouvelles écrits par des auteurs arabes ont souffert de la même image avant de gagner leurs lettres de noblesse. Ces nouveaux genres se sont imposés finalement après que les écrivains ont dépassé l'imitation des œuvres étrangères pour écrire des œuvres plus authentiques qui parlent de leur propre société et cela en adoptant les principes littéraires du réalisme.

Taymûr fut un des premiers auteurs arabes à se réclamer du réalisme et à dire tout haut son admiration pour Maupassant, ce que certains n'ont pas manqué de lui reprocher. Mais on comprend qu'il ait eu besoin de ce prédécesseur pour mener la nouvelle arabe à maturité. L'œuvre de Maupassant restera en effet une des plus représentatives et des plus réussies de la littérature réaliste française du XIXe siècle.

La nouvelle classique utilise l'anecdote et met souvent en scène des types sociaux facilement reconnaissables et qui sont souvent des archétypes voire des stéréotypes. Par conséquent, les nouvellistes sont souvent accusés de caricaturer la réalité. Mais en fait, dans le récit court on rencontre surtout des situations plus excessives que d'autres et des personnages dont les défauts sont mis sous une loupe et c'est aussi de cela que se nourrit la nouvelle qui doit utiliser au mieux ses dimensions réduites.

Quant à la question de la misogynie, les femmes que Taymûr a décrites comme excessives appartiennent surtout à un imaginaire culturel qui a nourri et qui continue à nourrir les fictions égyptiennes de tous genres. Taymûr n'a pas défendu la cause de la femme comme un Qâsim Amîn, mais il ne l'a pas non plus désignée comme inférieure à l'homme. Quant à Maupassant, ses propos sur la femme sont surtout conformes à ceux de son époque, un peu comme ses déclarations concernant la démarche coloniale, dont il critiquait tantôt l'injustice et tantôt défendait l'intérêt. Mais il est certain que le génie de Maupassant est d'avoir su peindre avec une plume aiguisée tout ce qu'il a pu observer. Et comme le fait remarquer très justement Lorraine Gaudefroy-Demombynes, s'il avait plutôt écrit des œuvres pour défendre les droits que réclamaient les femmes à son époque, comme celui de voter par exemple, son propos serait aujourd'hui caduc[363].

---

[363] DEMONBYNES-GAUDEFROY (Lorraine), *La Femme dans l'œuvre de Guy de Maupassant*, Paris, Mercure de France, 1943, p. 261.

QUATRIÈME PARTIE

LITTÉRATURE FANTASTIQUE
ET « CONTES CRUELS »
ÉTUDE STRUCTURALE ET THÉMATIQUE

INTRODUCTION À LA QUATRIÈME PARTIE

Le fantastique et le merveilleux sont des genres voisins ; d'ailleurs on définit souvent l'un par rapport à l'autre. Le premier a pris le pas sur le deuxième en raison de l'évolution du goût des lecteurs et de leurs exigences modernes, ce qui a amené les écrivains à prendre des chemins détournés pour arriver à l'insolite ou au surnaturel. Ce genre particulier de la littérature occidentale est né dans les temps modernes et il est en rapport étroit avec l'évolution de la société, de sa culture et de ses croyances. Nous verrons si en Orient où l'évolution socioculturelle est différente de ce qu'elle fut en Occident, il existe ce type d'écrits essentiellement modernes et si les nouvelles de Taymûr faisant intervenir le surnaturel appartiennent à ce genre particulier de la littérature occidentale moderne.

Maupassant n'a pas écrit beaucoup de nouvelles fantastiques, mais leur nombre ne doit pas être isolé du reste de sa production littéraire. Nous verrons que chez l'auteur égyptien, c'est encore plus vrai. Il y a un lien étroit entre les contes fantastiques et ce qu'on appelle les « contes cruels » qui expriment de façon extrême des angoisses liées à l'existence sans forcément faire appel au surnaturel. Nous verrons ainsi comment les deux auteurs cherchent d'abord à représenter le monde réel avant d'y introduire progressivement l'insolite dont l'interprétation est intimement liée à la réalité. Cette étude nous permet ainsi de mieux comprendre la manière dont les deux auteurs présentent des personnages à l'intériorité trouble.

Dans les récits fantastiques, le surnaturel frôle souvent les croyances. Nous aborderons cette question qui est assez récurrente dans les nouvelles de Taymûr et que Maupassant a lui aussi souvent évoquée malgré son athéisme. Celui que Pierre Cogny a appelé L'homme sans Dieu[361] s'est intéressé à cette question dans une période dite « fin-de-siècle » où les croyances étaient encore présentes dans les esprits, surtout dans les classes populaires et cela malgré le positivisme scientifique et le rationalisme qui imprégnèrent la pensée intellectuelle au XIXe siècle en Occident.

Les deux auteurs utilisent des techniques narratives particulières qu'ils mettent au service de ce type de récits, comme le monologue ou le journal

---

[364] COGNY (Pierre), *Maupassant, l'homme sans Dieu*, Paris, La Renaissance du livre, 1968.

intime dont la forme convient à l'expression de l'état d'enfermement du héros fantastique. À ce propos, nous passerons en revue les différents types de narrateurs et nous déterminerons l'importance de la position qu'ils occupent dans la nouvelle fantastique et dans la nouvelle classique en général. Ces questions narratologiques nous amèneront à aborder celle des récits à cadre où on trouve non pas un seul narrateur, mais plusieurs. Nous procéderons ainsi à une classification des différents récits enchâssés et cela afin de déterminer le rôle que cette forme particulière de narration polyphonique joue dans la nouvelle fantastique en la nourrissant de ce « réalisme illusionniste » qui nous fait accepter l'invraisemblable.

I. LES NOUVELLES FANTASTIQUES

1. Problèmes de définition

1.1. Le fantastique en France

Définir le fantastique n'est pas une entreprise aisée, car elle englobe tellement de notions qu'il peut paraître impossible d'en donner une définition précise et définitive. Louis Vax dans la conclusion de son ouvrage sur le merveilleux et le fantastique y renonce, considérant que « cette définition varie selon les œuvres » et que « parler de sens primitif ou fondamental, c'est opérer un choix arbitraire parmi les sens possibles »[365]. Il critique à ce propos la définition de Roger Caillois[366] qu'il trouve trop réductrice[367]. Il cite aussi les classifications de Caillois et de Penzoldt[368] et leur reproche de se contenter d'énumérer des motifs « traditionnels selon leur conception personnelle du fantastique »[369]. Selon Louis Vax, ces démarches pèchent par leur tendance à vouloir dénombrer les motifs du fantastique (ex.: le loup-garou, le vampire, la sorcière, etc.) qui sont par définition indénombrables puisqu'ils sont issus de l'imaginaire : « Est-ce qu'on dénombre les produits [du fantastique] chez Brueghel et chez Bosch ! »[370] s'exclame-t-il.

Mais les conclusions de Louis Vax sont critiquées à leur tour. Sa renonciation à délimiter le champ du fantastique ne satisfait pas[371]. Toutefois, il délivre à travers toute son étude des éléments qui permettent de mieux analyser la littérature fantastique qu'il présente en ces termes : « La littérature fantastique [...] c'est ce que l'homme a su faire des superstitions, quand, cessant de les prendre au sérieux, il a vu en elles matière à création artistique »[372]. Mais s'il n'est pas facile de donner une définition exacte et précise de la littérature fantastique, tous les critiques s'accordent à dire qu'elle est essentiellement moderne. Pour mieux comprendre cette notion de modernité,

---

[365] VAX (Louis), *La Séduction de l'étrange, op.cit.*, p. 240.

[366] CAILLOIS (Roger), *Fantastique. Soixante récits de terreur*, Paris, Le Club français du livre. 1958.

[367] VAX (L.), *La Séduction..., op.cit.*, p. 59.

[368] PENZOLDT (Peter), *The supernatural in fiction*, London, P. Nevill, 1952, pp. 29-64.

[369] VAX (L.), *La Séduction..., op.cit.*, p. 56.

[370] *Ibid.*

[371] PIERROT (Jean), *Merveilleux et fantastique. Une histoire de l'imaginaire dans la prose française du romantisme à la décadence (1830-1900)*, thèse présentée devant l'université de Paris IV, Université de Lille III, 1975. pp. 5-6.

[372] VAX (L.), *La Séduction..., op.cit.*, p. 12.

il est important de bien définir le fantastique en le différenciant du merveilleux. Roger Caillois[373] explique que le fantastique est « postérieur à l'image d'un monde sans miracles ». Jean Pierrot, lui, déclare : « L'art fantastique apparaît comme un sous-produit du rationalisme moderne »[374].

Antoine Faivre trace brièvement l'histoire du fantastique littéraire avant de définir en détail les particularités de ce genre[375]. Il explique que le fantastique connaît son apogée dans la seconde moitié du XIXe siècle et que ce fantastique « proprement dit » s'est inspiré des thèmes et des motifs d'une littérature « pré-fantastique » qui fleurissait jusqu'au milieu du XVIIIe siècle. L'apparition du fantastique moderne coïncide avec une période où le goût des lecteurs s'aiguise et devient moins naïf à l'égard des littératures qui font appel au surnaturel. G. de Maupassant nous parle de ce public exigeant dans son article « Le fantastique » paru au *Gaulois* le 7 octobre 1883 :

> *Quand l'homme croyait sans hésitation, les écrivains fantastiques ne prenaient point de précaution pour dérouler leurs surprenantes histoires. Ils entraient, du premier coup, dans l'impossible [...] Mais, quand le doute eut pénétré enfin dans les esprits, l'art est devenu plus subtil. L'écrivain a cherché les nuances, a rôdé autour du surnaturel plutôt que d'y pénétrer*[376].

Ce propos de G. de Maupassant est très intéressant, car il annonce des définitions plus tardives du fantastique ; il montre également la différence entre ce dernier et le merveilleux : « Ils entraient du premier coup dans l'impossible » ; il s'agit de cette littérature d'avant la fin du XVIIIe siècle qui faisait appel aux motifs classiques de la littérature de la peur et du merveilleux, comme les féeries et les histoires de revenants. La plupart des critiques évoquent le rôle important d'E.T.A. Hoffmann (1776-1822) surtout dans la modernisation des motifs du fantastique ; son œuvre, qui se situe entre merveilleux et fantastique, fut découverte en France vers 1830[377]. Quand Maupassant parle du « doute » qui a pénétré les esprits, il fait allusion à cette tendance au rationalisme qui a gagné la littérature. Nous avons vu que la France connaissait à la fin du XIXe siècle un rejet des croyances en même temps qu'elle vivait des échecs politiques successifs. Le pessimisme ambiant fut une des circonstances favorables au succès du fantastique qui charriait souvent des idées sombres voire macabres. Celles-ci étaient largement développées dans le roman gothique anglais des XVIIIe et XIXe siècles qui a exercé son influence sur la littérature fantastique en abordant déjà certains

---

[373] CAILLOIS (Roger), *Fantastique, soixante récits de terreur*, Paris, Club français du livre, 1958, pp. 4-8.
[374] PIERROT (Jean), *Merveilleux et fantastique, op.cit.*, p. 8.
[375] FAIVRE (Antoine), « Genèse d'un genre narratif », *La Littérature fantastique*, Colloque de Cerisy, Albin Michel, 1991, pp. 15-41.
[376] MAUPASSANT (G. de), *Chroniques, op.cit.*, tome II, p. 257.
[377] LOEVE-VEIMARS (François-Adolphe), *Œuvres complètes de E.-T.-A. Hoffmann*, édition Eugène Renduel, 1830, 20 tomes.

thèmes du fantastique comme les fantômes ou le diable, des thèmes qu'on retrouve ensuite dans le roman noir au XIXe siècle[378].

Le fantastique était devenu un sujet à la mode, car il décrivait la face obscure de la vie et de l'esprit humain. Tzvetan Todorov définit ce fantastique moderne selon trois critères[379]. Le premier est que le texte doit amener le lecteur à hésiter entre une explication surnaturelle et une explication naturelle devant les faits rapportés. La deuxième condition qui pourrait ne pas être remplie, mais qui l'est cependant presque toujours, est que l'hésitation que doit ressentir le lecteur est confiée dans le texte à un personnage. Et enfin, le lecteur ne doit pas interpréter les évènements relatés de manière allégorique ou poétique. On comprend que cette dernière affirmation soit quelquefois critiquée comme le fait Catherine Noireaut à propos de deux nouvelles de Maupassant : « Une lecture poétique de « La Nuit », allégorique de « L'Endormeuse » est possible »[380].

Les trois conditions citées par Todorov sont remplies par les contes et nouvelles fantastiques de Maupassant ainsi que ceux de Taymûr, comme nous le verrons plus loin.

Cette notion d'« hésitation » qu'on aborde souvent à propos de la littérature fantastique est engendrée par deux éléments qui se combinent dans le récit fantastique : le décor « réaliste » (personnages et lieux « normaux ») et l'intervention de l'élément ou de l'évènement inexplicable. Nous aboutissons ainsi à cette définition de T. Todorov : « Le fantastique c'est l'hésitation éprouvée par un être qui ne connaît que les lois naturelles, face à un évènement en apparence surnaturel »[381]. Todorov précise que « la foi absolue comme l'incrédulité totale nous mènerait hors du fantastique »[382]. « La foi absolue » accordée à des faits surnaturels correspondrait à une attitude de croyant devant des « miracles » rapportés par exemple dans les livres saints ou par une tradition orale ; « l'incrédulité totale » c'est ce que ressent le lecteur d'un conte de fées. Les « féeries » appartenant au domaine du merveilleux et non à celui du fantastique même si les deux domaines sont voisins. Quand nous entrons dans le domaine du merveilleux, nous savons que ce ne sont pas les lois naturelles qui régissent ce monde. Une formule comme « Il était une fois... » suffit pour nous annoncer la nature des faits qui seront relatés. Le lecteur n'est pas surpris de rencontrer dans ce genre de récits des créatures surnaturelles. En revanche, dans le fantastique, l'élément surnaturel intervient dans un monde régi par les lois naturelles. Pierre-Georges Castex parle d'une « intervention brutale du mystère dans le cadre

---

[378] PRAZ (Mario), *La Chair, la mort et le diable dans la littérature du XIXe siècle*, Paris, Denoël, 1977.

[379] TODOROV (Tzvetan), *Introduction à la littérature fantastique*, Éd. du Seuil, 1970, pp. 37-38.

[380] NOIREAUT (C.), *Le Fantastique dans les contes de Maupassant*, thèse de IIIe cycle, Bordeaux III, 1980, pp. 275-276.

[381] TODOROV (T.), *Introduction à la littérature fantastique*, op.cit., p. 29.

[382] *Ibid.*, p. 35.

de la vie réelle »[383]. Toutefois parler d'« intervention brutale » contredit un des éléments essentiels de la littérature fantastique qui est l'introduction progressive du surnaturel dans la vie réelle. Louis Vax a donc raison de reprocher à ce genre de définition le fait qu'elle parle « d'irruption », ce qui sous-entend une opposition entre le monde « normal » et l'évènement fantastique, alors que, précise-il, il s'agit en fait d'un « pourrissement progressif »[384]. Il propose donc une vision plus large de la rencontre du réel et du fantastique : « Pour s'imposer, le fantastique ne doit pas seulement faire irruption dans le réel, il faut que le réel lui tende les bras, consente à la séduction. Le fantastique quel qu'il soit, est évident. Mieux : naturel »[385]. Mais si Louis Vax considère qu'il n'y a pas d'« opposition nette » entre un monde rationnel et des évènements d'un autre ordre, il exprime toutefois cette idée d'opposition tout en la nuançant : « Le fantastique ne s'oppose aux évidences rationnelles que parce qu'il s'appuie sur elles [...] de même que le miracle n'est concevable que dans un monde soumis à des lois naturelles, le fantastique ne germe que dans un monde organisé »[386]. Le récit fantastique utilise l'ambiguïté en se situant entre naturel et surnaturel. Deux possibilités d'interprétation du récit fantastique s'offrent au lecteur : il peut choisir la thèse de la folie ; le personnage qui certifie avoir été témoin d'un évènement inexplicable est alors considéré comme victime d'une hallucination ou alors juger ce personnage comme étant sain d'esprit et accepter l'idée de l'intervention de l'étrange et du surnaturel dans notre monde. La littérature fantastique se caractérise donc essentiellement par sa modernité et par l'introduction du surnaturel dans la vie réelle qui est pourtant régie par des lois naturelles. Mais si l'élément surnaturel paraît dans un premier temps extérieur au monde où il s'introduit, le fantastique est pourtant d'abord « intérieur » ; c'est un fantastique en rapport avec *l'espace du dedans*, pour reprendre une expression chère à Henri Michaux[387].

1.2. Le fantastique en Orient

Si on revient aux origines de la littérature fantastique, on trouve toujours le merveilleux. Todorov explique qu'« on ne peut exclure d'un examen du fantastique le merveilleux et l'étrange, genres avec lesquels il se chevauche »[388]. Dans la littérature arabe ce sont les contes des *Mille et Une Nuits* qui représentent le mieux le genre du merveilleux. André Miquel qui se réfère aux propos de personnages comme le célèbre bibliographe Ibn al-

---

[383] CASTEX (Pierre-Georges), *Le Conte fantastique en France de Nodier à Maupassant*, Paris, Corti, 1951, p. 8.
[384] VAX (L.), *La Séduction de l'étrange, op.cit.*, p. 59.
[385] *Ibid.*
[386] MAUPASSANT (G. de), *Chroniques, op.cit.*, tome. III, p. 243.
[387] MICHAUX (Henri), *L'Espace du dedans*, Paris, Gallimard, 1998.
[388] TODOROV (T.), *Introduction à la littérature fantastique, op.cit.*, p. 49.

Nadîm (Xe siècle) et l'encyclopédiste al-Mas'udi (fin du Xe siècle), attribue l'origine des *Mille et Une Nuits* à plusieurs pays même si l'influence arabe y est évidente[389]. Ce livre est en effet constitué d'une compilation de contes établis à partir d'héritages iranien, indien et grec. Le titre arabe des *Mille et Une Nuits* (en arabe *Alf Layla wa Layla*) correspond au titre persan *Hèzâr afsânè* qui signifie en arabe *Alf Khurâfa* (mille récits extraordinaires). Le mot *khurâfa* peut signifier selon le contexte une légende, un conte de fées, un mythe ou une fable. Ce champ sémantique est donc assez vaste, mais il se construit autour de l'idée de l'irrationnel. L'adjectif « *'ajîb* » signifie éton-nant, étrange, surprenant et peut qualifier des contes contenant des « *'ajâ'ib* » des faits extraordinaires, ce qui nous rapproche du fantastique occidental, tel que nous l'avons abordé précédemment. Le point commun entre le merveilleux et le fantastique c'est qu'ils font intervenir des éléments surnaturels. Mahmûd Taymûr a souvent cité *Les Mille et Une Nuits* comme étant une des sources de son inspiration. Cette œuvre fait partie de ses lec-tures favorites et, contrairement à Maupassant, il a écrit des contes qu'on peut apparenter au domaine du merveilleux. Le passage suivant nous éclaire sur sa position concernant ce genre. Nous y découvrons également l'emploi d'un certain nombre de termes désignant le merveilleux et le fantastique. Il raconte dans ce passage les souvenirs de ses premières lectures et de sa pas-sion et de celle de sa famille pour les *Mille et Une Nuits* :

> *Peut-être [que] le secret de ma passion, pour les Mille et Une Nuits [...] réside dans leurs similitudes avec les hawâdit (contes merveilleux populaires) dans l'atmosphère dans laquelle nous avons vécu une période de notre enfance et de notre jeunesse. Il me semblait que je retournais à ma simplicité native ; chacun de nous ressent une grande nostalgie pour cette époque. Toutefois, ce qui causait notre admiration pour les Mille et Une Nuits, ce n'était pas seulement leur res-semblance avec les hawâdit, mais encore l'étendue de l'horizon de l'imagination fantastique et le charme prenant des évènements tout cela, dans une atmosphère orientale magique [...] dans laquelle nous avions souhaité longtemps vivre. Nous avions la sensation de nous mêler aux héros du livre, nous nous élevions avec l'oiseau Ruhh au septième ciel, puis nous descendions dans la vallée des dragons, les cavernes des morts et la cité d'airain [...] Les Mille et Une Nuits sont un des rares livres qui ont formé le faible héritage de notre culture narra-tive [de la littérature arabe] et c'est cet héritage qui a aidé les conteurs parmi nous à développer le don du fantastique (Takhayyul) qu'ils possédaient[390].*

Mahmûd Taymûr compare dans ce passage *Les Mille et Une Nuits* aux *hawâdith* un terme qui désigne le pluriel de *hadûta* un mot appartenant au dialecte égyptien et que Henri Pérès traduit par « contes merveilleux popu-

---

[389] MIQUEL (André), « Histoire et société », *Mille et Un contes de la nuit*, O.N.R.F., 1991, p. 17.
[390] TAYMUR (M.), *Fir'awn al-saghîr* (*Le petit pharaon*), *op.cit.*, traduction de : PERES (Henri), « Préfaces des auteurs arabes… », *Annales…*, *op.cit.*, pp. 181-182.

laires »[391]. Quant au mot *takhayyul* traduit ici par « le don du fantastique », il signifie littéralement « imaginer », le terme *khayâl* correspondant au substantif « imagination », mais ce sont des mots au sens assez large. L'adjectif « fantastique » est souvent traduit en arabe par le terme imaginaire *khayâlî*. *Qisas khayâliyya* signifie donc littéralement « histoires imaginaires », mais désigne également les histoires fantastiques ; il s'agit de récits qui tiennent du fantasme, de l'imagination. Ainsi, en arabe, l'idée du fantastique n'a pas de terme spécifique et elle est souvent exprimée par l'adjectif *khayâlî* qui signifie littéralement imaginaire et qui désigne tout écrit décrivant des évènements ou des êtres imaginaires. En France, l'adjectif « fantastique » a acquis son acception actuelle à partir des écrits d'Hoffmann et de l'intérêt qu'ils ont suscité en Europe[392]. Parmi ceux qui sont à l'origine de la consécration du mot « fantastique » en tant que terme générique, il y a le comparatiste Jean-Jacques Ampère, qui a traduit le terme *fantasiestücke* qui signifie « fantaisies » par le terme « fantastique »[393]. En arabe l'adjectif *khayalî* qui signifie imaginaire n'est pas devenu un substantif désignant ce genre littéraire comme dans la littérature française d'autant plus que ce type d'écrits est trop exceptionnel dans la littérature arabe pour constituer un genre à part entière.

Dans son propos sur *Les Mille et Une Nuits,* Taymûr parle d'une « atmosphère orientale magique » établissant ainsi un rapport entre le réel et l'imaginaire : l'atmosphère orientale et la magie. Il est intéressant de comparer ce critère à celui des lecteurs français du XVIIIe siècle qui qualifiaient le recueil des *Mille et Une Nuits* d'exotique. Certaines créatures qui y étaient décrites n'étaient pas forcément perçues comme imaginaires, mais comme appartenant à des pays étrangers et lointains ; le rhinocéros était par exemple situé sur le même plan que le griffon. La zoologie fera la part des choses et chassera les êtres fantastiques issus des bestiaires du Moyen-Âge du véritable univers animalier. Le lecteur arabe apprécie l'atmosphère orientale, la sienne. Donc, certains aspects décrits dans ces récits sont perçus par les lecteurs comme appartenant à une « réalité poétisée ». En revanche, pour le lecteur européen des XVIIIe et XIXe siècles, des mots comme « vizir », « Bagdad », « marchands de tapis », « harem », qui représentent une réalité arabe, évoquent un monde imaginaire ou exotique. On peut ainsi constater que là où le lecteur occidental ne perçoit que de l'imaginaire ou de l'exotique, le lecteur oriental peut voir du réel ; cependant, malgré cette présence d'une certaine part de réalité, les contes des *Milles et une Nuits*

---

[391] Cet ouvrage que nous citons dans la note précédente contient exclusivement des préfaces de plusieurs œuvres d'auteurs arabes, sélectionnées et traduites par Henri Pérès.

[392] BOZZETTO (Roger), « À contre temps : retour sur quelques "évidences" de la critique en "fantastique" », *E-rea*, 2007 : http://erea.revues.org/155.

[393] AMPERE (Jean-Jacques), « Allemagne. Hoffmann », compte rendu de *Hoffmanns Leben und Nachlass* (*Vie et héritage d'Hoffmann*), herausgegeben von Hitzig, Berlin, 1822, *Le Globe*, t. VI, n° 81, 2 août 1828, pp. 588-589.

appartiennent au genre du merveilleux, car il n'y a pas comme dans le fantastique une intrusion du surnaturel, mais une omniprésence de celui-ci. Toutefois, on ne peut pas couper tout lien existant entre ces deux genres qui partagent plusieurs critères. Dans la littérature arabe, il existe cependant des contes et nouvelles appartenant au domaine du fantastique, dont celle de Taymûr, même si leur nombre restreint ne permet pas de parler d'un genre à part entière.

1.3. Fantastique et superstition dans le monde arabe

Maxime Rodinson cite plusieurs représentations qui appartiennent selon lui au domaine du merveilleux et qu'on retrouve dans le système idéologique musulman. Dans le discours eschatologique musulman, plusieurs êtres et phénomènes qu'on retrouve dans le domaine du merveilleux règnent dans l'au-delà (*al-âkhira*) dans le paradis ou en enfer. Les autres représentations qu'il cite sont relatives à la perception de Dieu lui-même, omniscient et tout-puissant, entouré par les anges qui s'opposent aux démons[394]. Il y a également les miracles de la nature et ceux attribués au prophète. Rodinson semble ainsi confondre le discours religieux avec celui de la littérature et utilise même le terme « merveilleux » pour qualifier certaines représentations religieuses. Pourtant, il reconnaît que « le sacré et le merveilleux ne sont pas superposables »[395]. Il faut donc bien faire la différence entre le merveilleux en littérature, le discours religieux et les croyances populaires. Une grande importance est accordée au *gharîb* (l'étrange, l'insolite) dans la littérature arabe médiévale. De nombreux ouvrages de l'*adab* (littérature classique générale) descriptifs ou narratifs, font du *gharîb*, de l'étrange ou du merveilleux, leur principal attrait, cherchant ainsi à étonner et à distraire le lecteur.

Le sociologue Anouar Abdel Malek cite l'ouvrage d'Edward Lane qui décrit la vie quotidienne des Égyptiens entre 1833 et 1835[396]. Il énumère ainsi plusieurs habitudes et goûts des Égyptiens, en précisant qu'ils n'ont pas beaucoup changé depuis cette époque. Abdel Malek insiste sur leur goût pour l'irrationnel :

Superstitions multiformes et exagérées dont la plupart remontent à l'antiquité, à l'égard d'êtres imaginaires et à certains types vivants, superstitions interchangeables entre musulmans, Coptes et Juifs, les uns et les autres adoptant les

---

[394] RODINSON (M.), *L'Etrange et le merveilleux dans l'islam médiéval* (Actes du colloque tenu au Collège de France à Paris en mars 1974), Institut du Monde Arabe, 1978, p. 169.
[395] *Ibid.*, p. 202.
[396] LANE (E.W.), *An account of the manners and customs of the modern Egyptians written in Egypt during the years 1833-1835*, Alexander Gardner, London, 1895, pp. 307-431.

superstitions des autres, tout en abhorrant les doctrines plus rationnelles des croyances d'autrui[397].

Cette tendance à la superstition durant l'époque dite de « décadence » (sous le règne ottoman), trouve un écho dans la littérature populaire qui accorde une très grande place aux « thèmes de la peur, de l'hésitation et de la résignation »[398]. Ces thèmes n'ont pas disparu avec la renaissance économique, politique et sociale de l'Égypte ; cependant, ils n'avaient plus le même impact. En revanche, la littérature arabe moderne abordera ces thèmes pour dénoncer les superstitions ou alors simplement comme sujet de fiction.

Si malgré ces éléments qui auraient pu aboutir à la naissance d'un fantastique moderne la littérature arabe en est restée exempte, c'est, selon Maxime Rodinson, à cause de sa pensée fondamentalement superstitieuse. L'Oriental n'aurait pas cessé, à l'instar de l'Occidental, de prendre au sérieux les superstitions pour les aborder de manière détournée par le biais de la littérature[399]. Il est vrai que les croyances en des forces invisibles sont encore très présentes dans les sociétés arabo-musulmanes. Ceux qui font la littérature appartiennent certes à une élite intellectuelle, qui est souvent moins sensible aux superstitions, mais la littérature ne se fait pas sans le grand public qui en est le constituant et le destinataire. Dans la société arabe, en plus des superstitions populaires, il y a également la religion qui est omniprésente et qui véhicule elle aussi un grand nombre de croyances se rapportant aux djinns ou à la sorcellerie. Dans l'Orient arabe, on n'a donc pas eu besoin de réintroduire le surnaturel par le biais de la littérature comme en Occident, car il est toujours présent. Mais l'autre raison de l'absence de ce genre, c'est aussi le fait qu'à l'époque de la *Nahda* on avait surtout besoin d'une littérature réaliste qui serve à dévoiler la réalité socioculturelle longtemps ignorée par les écrivains. Toutefois, il existe des œuvres qu'on peut considérer comme appartement à ce registre. C'est le cas de certaines nouvelles de Taymûr où l'étrange et l'inexplicable interviennent dans le cours de la vie normale. Les Arabes sont fascinés par le surnaturel, par les histoires faisant intervenir des forces obscures, qu'elles soient perçues comme réelles ou fictives. Pourtant, la présence des croyances et des superstitions dans une société ne devrait pas constituer un frein à la littérature fantastique, qui au contraire ne ferait qu'éveiller la curiosité et l'intérêt de ceux qui croient en l'imperméabilité de la frontière entre le monde des humains et celui régi par des forces obscures.

Certains pionniers de la littérature arabe de la *Nahda* ont effleuré le thème du fantastique sans y pénétrer vraiment comme le fit Muhammad al-Muwaylihî, dans son *Hadît 'Isa b. Hishâm* (1898) que nous avons évoqué

---

[397] ABDEL-MALEK (Anouar), *La formation de l'idéologie dans la renaissance nationale de l'Egypte*, thèse de doctorat, publiée par le C.N.R.S. Paris, 1969, p. 295.
[398] *Ibid.*
[399] RODINSON (Maxime), *L'Etrange et le merveilleux...., op.cit.*, p. 183.

précédemment. L'auteur y traite d'un sujet réaliste dans un cadre fantastique. Un homme visite un cimetière et voit un mort sortir de sa tombe, un ancien pacha. Ce dernier devient le guide du personnage-narrateur, lui révélant les vices cachés et les crimes des hommes puissants. Dans « La Morte », Maupassant décrit la même situation. Il raconte l'histoire d'un homme qui, en visitant un cimetière, voit les morts sortir de leurs tombes et écrire sur leurs pierres tombales l'histoire des crimes qu'ils ont commis. Les deux auteurs utilisent ainsi des histoires de morts-vivants comme révélateur de la nature humaine. Le cadre du fantastique permet à al-Muwaylihî de critiquer sa société indirectement et à Maupassant de situer le lecteur hors de la réalité pour mieux la dévoiler. Dans *Les Jours* de Taha Husayn, le héros se remémore ses superstitions et ses rêves d'enfant[400]. Le souvenir d'un objet fantastique, la bague de Salomon, rejaillit du passé et relie la réalité obscure de l'écrivain aveugle à la lumière d'un passé onirique.

Dans *L'Impasse des deux palais* de Najîb Mahfûz[401], Amina la maîtresse de maison, prête au mot *djinn* (génie, démon) des pouvoirs surnaturels : prononcer ce mot réveillerait des forces obscures. Comme dans les romans fantastiques américains occidentaux, prononcer le nom du démon trois fois le ferait apparaître. Amina évite soigneusement les pièges du langage qui pourraient lui faire prononcer les mots tabous qu'il faut contourner pour ne pas rompre un ordre surnaturel et imperceptible. Taymûr a tout naturellement utilisé la recette du fantastique moderne : allier le naturel au surnaturel, le normal à l'insolite, sa société lui offrant un terrain favorable à cette alliance.

2. Le fantastique chez Maupassant et Taymûr

2.1. Maupassant : un auteur fantastique moderne

On a toujours dit de Maupassant qu'il était le peintre de son époque, mais cela ne se révèle pas seulement dans ses œuvres où il décrit la Normandie, les petits bourgeois ou les paysans. Il fut tout aussi proche de la réalité, d'une "autre" réalité, dans ses contes fantastiques. En écrivant ce type de contes, il se montre sensible à la réalité de son époque où on s'intéresse à la fois au mystère et au domaine des maladies mentales. Nous verrons qu'il y a un lien intime entre la folie et certains thèmes du fantastique. L'œuvre de Maupassant doit sa modernité au fait qu'elle explore les profondeurs de l'âme humaine et cela tout particulièrement dans les récits fantastiques. Ce genre particulier de la littérature moderne, Maupassant ne le conçoit que comme un révélateur subtil des maux des hommes, un fantastique qui

---

[400] HUSAYN (Taha), *Al-Ayyâm* (*Les Jours*), Le Caire, dâr al-Maʿârif, (1ère éd. 1890), 1963.
[401] MAHFÛZ (Najîb), *Bayn al-qasrayn (L'Impasse des deux palais)*, Le Caire, Dâr al-Maʿârif, 1956.

s'apparente à celui d'un auteur comme Tourgueniev dont il fait l'éloge dans « La Peur » :

> *Personne plus que le grand romancier russe ne sut faire passer dans l'âme ce frisson de l'inconnu voilé, et, dans la demi-lumière d'un conte étrange, laisser entrevoir des choses inquiétantes, incertaines, menaçantes. Avec lui, nous sommes brusquement traversés par des lumières douteuses qui éclairent seulement assez pour augmenter notre angoisse [...] Il n'entre point hardiment dans le surnaturel, comme E. Poe ou Hoffmann, il raconte des histoires simples où se mêle seulement quelque chose d'un peu vague et d'un peu troublant*[402].

Nous retrouvons justement dans l'œuvre de Maupassant les caractéristiques et les qualités qu'il attribue à l'œuvre de l'auteur russe. Et quand il parle du doute qui traverse les esprits pour nourrir la peur, on pense justement à l'hésitation indispensable à l'existence du fantastique et que nous avons abordée précédemment à l'occasion de la définition de ce genre par Todorov notamment. Louis Forestier aborde cette définition et dit à propos du fantastique de Maupassant : « Accepter d'emblée l'inconnu, opter pour un ordre qui nous échappe, fait glisser le fantastique vers le merveilleux. L'art de Maupassant est d'avoir constamment renouvelé les conditions de l'incertitude [...] Le vrai fantastique est cette incertitude [métaphysique] dans laquelle nous sommes abandonnés. Je dirai [...] que le fantastique s'allie donc au pessimisme de Maupassant »[403]. Le fantastique de Maupassant est donc intimement lié à sa vision pessimiste de l'existence ; la littérature fantastique s'attachant à décrire le côté obscur de l'existence, il y a trouvé un bon moyen pour exprimer ses propres inquiétudes. Chez lui, la cause de la peur n'est pas palpable ; c'est l'idée qui torture. La nouvelle fantastique est donc non pas un genre à part, mais une manière différente d'aborder les mêmes thèmes, un registre différent de la même littérature. René Godenne considère que la nouvelle fantastique n'était pas un genre très répandu au XIXe siècle, qu'« il ne faudrait pas [lui] accorder une importance excessive »[404] et il attire l'attention sur le fait que sur les trois cents nouvelles de Maupassant neuf seulement sont des nouvelles fantastiques. Il fait partie de ces auteurs qui ont écrit une œuvre harmonieuse qui possède une unité et dont il ne faut pas séparer les écrits en catégories. Chez lui, le récit fantastique n'est pas un genre à part, indépendant du reste de l'œuvre. Les nouvelles exposant des cas de solitude ou de suicide expriment les mêmes angoisses humaines que l'on retrouve dans des nouvelles comme « Le Horla » ou « Lui ? » et l'intervention d'évènements inexplicables n'enlève rien à la dimension réaliste de l'œuvre. Comme le fait remarquer Marie-Claire Bancquart : « Ce sont les modalités de l'existence humaine et cette existence

---

[402] MAUPASSANT (G.de), « La Peur », *C. et N.,* tome II, pp. 200-201.
[403] MAUPASSANT (G. de), *Contes et nouvelles,* note de Louis Forestier, tome II, p. 1623.
[404] GODENNE (René), *La Nouvelle française, op.cit.,* p. 71.

elle-même qui sont inexplicables pour qui voit clair... »[405]. Bernard Terramorsi qui compare l'œuvre de Maupassant à celle de Henri James considère que le nombre de nouvelles fantastiques chez les deux auteurs est modeste, mais qu'elles occupent une place « centrale » dans leur œuvre. Il déclare à propos de la dimension réaliste de ces récits : « Elles témoignent d'une inquiétude latente, d'une expérience répétée de l'aporie de toute écriture tentant de faire passer une chose excessive, parce que réelle »[406]. Pour donner un effet de vérité à ses nouvelles fantastiques, Maupassant choisit la simplicité, cette même simplicité qu'il loue chez Tourgueniev. Il a également un grand souci de vraisemblance ; il choisit donc d'abord un décor qui s'inspire de la réalité avant d'y introduire le détail qui fait vaciller l'ordre des choses. L'idée de la vérité littéraire, si souvent abordée par Maupassant, ne se limite pas à la nouvelle réaliste : « L'art nous donne la foi en l'invraisemblable [...] crée une réalité particulière qui n'est ni vraie, ni croyable et qui devient les deux par la force du talent »[407]. Mais cette vérité qui sous-tend la nouvelle fantastique n'empêche pas que celle-ci propose souvent des faits inconcevables cachés derrière des airs de vraisemblance. C'est ce qu'explique Jean Pierrot dans le propos suivant :

L'art fantastique qui consiste à donner une apparence référentielle à une aventure en réalité purement imaginaire et incroyable, aboutit à ce résultat en jouant sur l'élasticité de la vraisemblance [...] ce point de départ réaliste permet d'expliquer, que certains des meilleurs contes fantastiques furent écrits par des maîtres du réalisme[408].

Mais peut-on encore parler d'écriture réaliste quand l'auteur décrit l'état intérieur d'un personnage, quand il ouvre la voie à sa subjectivité. Le réalisme n'est-il pas au contraire la voix de l'objectivité ? La réponse est que le réalisme qui régit ce type de nouvelle est un *réalisme fantastique ;* il n'apparaît que dans le refus, en surface, de l'irrationnel, dans les détails qui rattachent l'imaginaire aux choses de la vie, car comme l'explique Edgar A. Poe : « L'esprit humain ne peut imaginer rien de ce qui n'a réellement existé »[409]. Dans le conte fantastique, ce n'est pas l'évènement surnaturel qui importe le plus car, contrairement au récit merveilleux où les évènements étranges occupent le centre de l'histoire, le conte fantastique raconte l'état intérieur du héros, il décrit sa conscience (ou son inconscient) et l'origine de sa vision, et ce qui compte ce n'est pas tant la réalité de celle-ci que la conviction du héros que ce qu'il a vu s'est réellement produit.

---

[405] BANCQUART (Marie-Claire), « Maupassant, conteur fantastique », *Archives des lettres modernes,* 1970, n° 163, p. 50.

[406] TERRAMORSI (Bernard), « Maupassant et James », *Europe,* août-sept, 1993, p. 131.

[407] MAUPASSANT (G. de), « Question littéraire », *Chroniques, op.cit.,* p. 22.

[408] PIERROT (Jean), *Merveilleux et fantastique, op.cit.,* pp. 28-29.

[409] POE (Edgar Allan), "Fancy and imagination", *Poe poems and essays,* London, Dent, New York, Dutton. 1964, p. 282, cité par : Tzvetan TODOROV, *Introduction à la littérature fantastique, op.cit.,* p. 45.

2.2. Taymûr entre merveilleux et fantastique

Si Maupassant est né en Normandie, le pays du Mont-Saint-Michel et ce-lui des légendes, Taymûr, lui, a vécu dans un pays où les superstitions, les traditions et les croyances religieuses occupent une grande place. Dans son récit de voyage intitulé *Soleil et nuit,* l'auteur égyptien parle de l'importance des mythes et des croyances dans la vie quotidienne des Orientaux. Il com-mence son récit en parlant de certaines superstitions qui hantent l'esprit de l'homme oriental malgré son désir d'être rationnel : « Nous les Orientaux, sommes profondément sensibles au mystère, aux croyances et aux supersti-tions, c'est là un héritage séculaire »[410]. Taymûr parle ensuite du lien entre l'idée qu'on se fait du destin et celle de la peur de ce que l'on ne connaît pas. Il explique que croire à l'existence d'une force invisible, celle de la Provi-dence, rejoint d'une certaine manière la croyance au surnaturel. Cette peur se trouve à l'origine des superstitions et de l'attrait du surnaturel. L'auteur égyptien parle souvent du goût du mystère que lui ont donné les longues soirées passées à écouter les histoires contées par les paysans égyptiens qu'il a fréquentés, quand enfant, son père les amenait à la campagne. Taymûr est né dans un pays où l'incrédulité concernant les phénomènes surnaturels est plutôt rare, car la religion partout présente admet leur existence.

Maupassant, lui, refuse les croyances, mais apprécie le mystère qu'il y a autour des superstitions et l'utilise dans ses écrits. Son milieu familial et ses aventures de jeunesse ont forgé son goût dans ce domaine[411]. Catherine Noi-reaut écrit : « G. de Maupassant est né en Normandie, pays de superstitions, de guérisseurs et de sorciers [...] son grand-père maternel, Paul Le Poittevin s'intéressait aux sciences occultes, tout comme son fils Alfred Le Poittevin, oncle de Maupassant[412]. Dans sa jeunesse, Maupassant a vécu un évènement qui a aiguisé son goût du mystère. Il s'agit de sa rencontre avec le poète an-glais Swinburne qui lui a offert une main d'écorché dont il ne s'est jamais séparé. Par son côté fétichiste, Maupassant montre qu'il n'était pas tout à fait insensible aux superstitions. Cette main lui inspira deux contes fantastiques : « La Main d'écorché » et « La Main ». En 1882, il fit paraître dans le *Gau-lois* un article consacré à Swinburne « L'Anglais d'Etretat »[413] dont voici un extrait :

---

[410] TAYMUR (Mahmûd), *Shams wa layl* (*Soleil et nuit*), Le Caire, al-Matba'a al-namûzajiyya, [s.d], p. 8.

[411] « Le Mythe familial rapporte que le grand-père maternel de Guy, Paul le Poittevin, a dormi dans une chambre hantée par un mouton noir dont les paroles résonnèrent comme une prophétie : "Tant que toi et tes descendants conserverez ce domaine, la chance persiste-ra pour vous" », PASQUET (M.), *Maupassant*, Albin Michel, 1993, p. 50.

[412] NOIREAUT (C.), *Le fantastique dans les contes et nouvelles de G. de Maupassant*, *op.cit.*, p. 41.

[413] MAUPASSANT (G. de), « L'Anglais d'Etretat », *Chroniques*, *op.cit.*, tome II, pp. 134-136.

Il aimait le surnaturel, le macabre, le torturé, le compliqué, tous les détraque-
ments cérébraux, mais il parlait des choses les plus stupéfiantes avec un flegme
tout anglais qui leur donnait, sous sa voix douce et tranquille, des allures de bon
sens à rendre fou.

Maupassant est frappé par cette opposition entre le calme de Swinburne
et la déraison de ses propos. Cette opposition, nous la retrouvons très souvent dans les contes fantastiques de l'auteur français où la réalité côtoie
l'impossible et où la raison aboutit à la folie où on retrouve aussi ces « allures de bon sens à rendre fou » où les personnages finissent d'ailleurs
souvent par perdre la raison.

Taymûr décrit des peurs plus populaires, des fantômes plus folkloriques
qui révèlent pourtant les mêmes peurs de l'homme devant ce qui l'a toujours
terrifié, à savoir la solitude, la vieillesse et la mort et en cela il rejoint Maupassant. Maxime Rodinson écrit à propos de cette réalité de la littérature du
fantastique : « Notre esprit étant par définition incapable de se représenter
des êtres et des choses échappant aux catégories du sensible, il ne peut pour
arriver au merveilleux [ou au fantastique], qu'opérer à partir d'une distorsion
du monde qu'il connaît »[414].

Dans les nouvelles de Maupassant et Taymûr, les procédés d'écriture ten-
dent vers la sobriété, l'économie de moyen, vers ce « réalisme illusionniste »
qui nous fait accepter l'invraisemblable. Pour donner du sens à l'insolite,
Maupassant le charge de ses craintes et de son désenchantement tandis que
Taymûr puise dans les traditions et les superstitions de son pays pour donner
vie à l'histoire irrationnelle.

3. L'étrange et le surnaturel

3.1. Le thème de la peur

Dans les nouvelles qui abordent le thème de la peur, Maupassant comme
Taymûr ont souvent recours au même cadre de narration. Un groupe d'amis
discute et l'un d'eux prend la parole pour raconter une aventure qu'il a vécue
ou dont il a été témoin. Dans « La peur », Maupassant fait d'abord une
courte description de la mer et du bateau où se trouve un groupe d'amis
avant de décrire les personnages :

Nous étions là, six ou huit, silencieux, admirant, l'œil tourné vers l'Afrique loin-
taine où nous allions [...] Un grand homme à figure brûlée, à l'aspect grave, un
de ces hommes qu'on sent avoir traversé de longs pays inconnus, au milieu de
dangers incessants, et dont l'œil tranquille semble garder, dans sa profondeur,
quelque chose des paysages étranges qu'il a vus[415].

---

[414] RODINSON (M.), *L'Etrange et le merveilleux...*, *op.cit.*, 1978, p. 67.
[415] MAUPASSANT (G. de), « La Peur », *C. et N.*, tome I, p. 600.

La description de la mer et du bateau nous transporte dans une atmosphère de voyage et annonce l'approche du lieu inconnu (l'Afrique, non encore aperçue). Il y a également l'idée sous-jacente de l'aventure et de ce qu'elle cache comme imprévus inquiétants. L'homme que décrit le narrateur dans ce passage et qui va prendre la parole porte sur son visage les marques du temps. Il est le garant d'une certaine vérité, à cause de son âge, de tout ce qu'il a vécu et vu. Maupassant insiste là-dessus en parlant de son « œil tranquille » de sa « figure à l'air grave ». Cet homme définit ainsi la peur :

> C'est quelque chose d'effroyable [...] comme une décomposition de l'âme, un spasme affreux de la pensée et du cœur [...] Mais cela n'a lieu, quand on est brave, ni devant la mort inévitable, ni devant toutes les formes connues du péril : [...] la vraie peur, c'est quelque chose comme une réminiscence des terreurs fantastiques d'autrefois[416].

Cette définition de la peur englobe plusieurs éléments essentiels : il y a d'abord la description de l'état d'âme, de la douleur morale causée par quelque chose d'abstrait, d'invisible. Le comble de l'angoisse est donc non pas la présence d'un élément angoissant, mais l'absence d'une véritable raison sur laquelle la peur pourrait se fixer. Pour définir ces « terreurs fantastiques » dont parle le vieil homme, il faut revenir à la définition du mot fantastique. Comme nous l'avons vu, celui-ci naît de l'intervention du surnaturel ou de l'inexplicable dans un cadre de vie normale, d'où cette idée de peur irraisonnée et paralysante. En prélude à « Apparition », Maupassant décrit là aussi un groupe d'amis lors d'une soirée :

> C'était la fin d'une soirée intime, rue de Grenelle, dans un ancien hôtel, et chacun avait son histoire, une histoire qu'il affirmait vraie. Alors le vieux marquis de La Tour-Samuel, âgé de quatre-vingt-deux ans, se leva et vint s'appuyer à la cheminée. Il dit de sa voix un peu tremblante...[417]

Ici, Maupassant décrit au contraire un décor rassurant : une soirée près du feu dans un lieu chaleureux ; il qualifie lui-même l'atmosphère d'intime. Tous ces éléments amènent des propos que le narrateur présente comme véridiques ; cette situation est propice aux confidences ; ainsi subtilement, l'auteur introduit un sujet inquiétant : l'apparition d'un fantôme. Dans le premier texte de Maupassant, le décor était annonciateur d'une inquiétude latente, dans le deuxième cas il s'agit d'un lieu fermé, ne révélant a priori aucune inquiétude, ce qui accentue le côté bizarre du récit, car il introduit une notion de doute et de peur qui agit comme un élément perturbateur dans un monde ordonné et rassurant. Cet équilibre paraît soudain fragile et facile à bouleverser.

Le début de la nouvelle de Taymûr intitulée « Quand nous vivons avec les fantômes » comporte des éléments communs aux deux textes de Maupassant :

---

[416] *Ibid.*, p. 601.
[417] MAUPASSANT (G. de), « Apparition », *C. et N.*, tome I, p. 780.

Nous passions une agréable soirée chez notre ami 'Ajlan bey [...] Il faisait très froid à l'extérieur, le vent soufflait et faisait trembler les fenêtres et les portes. Nous étions bien à l'abri du mauvais temps près de la cheminée électrique qui diffusait une chaleur bienfaisante dans toute la pièce. Notre hôte avait la soixantaine. Il était très mince [...] ses rides étaient les signes d'une vieillesse sereine [...] Il regardait de temps en temps vers la cheminée comme s'il appelait sa chaleur vers son maigre corps et nous commençâmes à parler des fantômes[418].

Dans le texte des deux auteurs, il y a donc cette image de cheminée qui est l'élément dissipateur du froid menaçant qui est synonyme d'agression venue du dehors. Le lieu clos, le salon est cet endroit à la fois fragile (le vent fait trembler les fenêtres et les portes) et à la fois protégé parce qu'il est fermé et chauffé. Dans la nouvelle de Maupassant, le héros « vint s'appuyer à la cheminée ». Dans le texte de Taymûr 'Ajlan bey « regarde souvent la cheminée comme s'il appelait sa chaleur ». Cet objet qui dispense la chaleur représente l'élément rassurant dans une histoire inquiétante. Dans la nouvelle de Taymûr, le personnage principal est âgé de soixante ans, dans « Apparition », il a quatre-vingts ans. Leur âge et leur sérénité indiquent avant tout leur expérience de la vie et renforcent leur crédibilité. Le nom qu'ils portent et qui souligne leur origine sociale est aussi un élément qui appuie l'idée de leur respectabilité. Comme Maupassant qui choisit souvent des personnages aux noms à particule, Taymûr utilise souvent le terme « bey », qui représente à l'origine un titre chez les Turcs et qui a été ensuite accolé aux noms des notables en Égypte. Dans la nouvelle fantastique, ces éléments contribuent à renforcer la vraisemblance de l'histoire qui sans cela paraîtrait simplement invraisemblable.

Dans « La Main », une nouvelle de Maupassant, une main momifiée disparaît de l'endroit où elle était exposée. Le narrateur propose à la fin une explication rationnelle : le propriétaire de cette main sans doute encore vivant serait venu la chercher. Puis le narrateur retire aussitôt cette proposition : « Je vous avais bien dit que mon explication ne vous irait pas »[419]. Dans les nouvelles fantastiques, le narrateur a un rôle très important ; sa réflexion instaure le doute, l'hésitation, car elle oscille entre crédulité et scepticisme ; elle reflète l'attitude de l'homme moderne et curieux, attiré par l'Inexplicable, mais refusant les croyances et les superstitions. Il dirige aussi imperceptiblement le regard du lecteur et l'interprétation qu'il doit faire du texte. Le surnaturel rôde autour de propos à double sens et c'est cette ambiguïté qui fait la richesse des nouvelles fantastiques de Maupassant, qui frôlent souvent le surnaturel sans s'y introduire totalement, mais assez pour créer ce mystère qui est le principal attrait du fantastique. Dans la nouvelle de Taymûr, les interrogations des convives à propos de l'existence des esprits se situent entre crédulité et scepticisme. Cette nouvelle évoque le problème du surnaturel sans confirmer ni récuser l'idée de l'existence

---

[418] TAYMUR (Mahmûd), « 'Indamâ nahyâ ma'a al-atyâf », (Quand on vit avec les fantômes), *Qalb ghâniya* (*Cœur de femme*), Beyrouth, al-maktaba al-'asriyya [s.d], pp. 117-118.

[419] MAUPASSANT (G. de), « La Main », *C. et N.,* tome I, p. 1122.

de phénomènes inexplicables. La peur, qu'elle soit ressentie par le personnage du conte fantastique ou par le lecteur, est un des piliers de la littérature fantastique. Lovecraft définissait ainsi le fantastique : « Un conte est fantastique simplement si le lecteur ressent profondément un sentiment de crainte et de terreur »[420]. Pour Lovecraft, la peur n'est pas seulement un élément important dans le conte fantastique, elle en est la condition principale. Cependant comme le fait remarquer très justement Todorov[421] qui refuse en partie cette définition, on ne peut déterminer un genre littéraire par rapport à la réaction (de peur) du lecteur. Toute œuvre fantastique ne suscite pas forcément de la peur même si l'auteur cherche souvent à créer ce sentiment chez le lecteur, car celui-ci peut par exemple n'être que curieux ou intrigué devant ce type de récit. Maupassant écrivait à propos de Tourgueniev dans *Le Gaulois* du 7 octobre 1883 : « Il a trouvé des effets terribles en demeurant sur la limite du possible, en jetant les âmes dans l'hésitation, dans l'effarement[422]. Maupassant a raison de parler d'abord d'hésitation ; c'est cette notion qui a permis plus tard aux critiques de donner une définition du fantastique. Chez Taymûr, le fait qu'il y ait une dimension populaire égyptienne et même quelquefois humoristique, comme nous le verrons plus loin, rappelle que les superstitions sont courantes dans ce pays et donne à ses récits une teinte familière qui atténue la dimension obscure et angoissante du conte fantastique qui crée la peur chez le lecteur, mais ce sentiment est en revanche décrit chez ses personnages.

Dans les nouvelles fantastiques de Maupassant, la peur que ressent le personnage principal peut avoir plusieurs causes ; elle peut naître dans un esprit malade, comme dans « Lui ? » où le héros dit avoir peur de lui-même et de la peur [423] ou provenir d'un danger invisible, mais réel comme dans « L'Orphelin » où une mère sent l'agressivité de son fils adoptif sans pouvoir en être sûre[424]. On la retrouve un jour assassinée. Le lecteur reste dans le doute quant à l'identité du meurtrier. Dans ce cas-là, la peur est fondée, même si les interrogations concernant les inquiétudes de la mère demeurent sans réponses. La peur dans les nouvelles de Taymûr prend aussi différentes formes ; elle peut se révéler simple et instinctive comme chez « la loque humaine » dans « La Dinde » ou provenir des « spasmes de l'esprit »[425], comme chez le héros du « Hibou » qui s'enferme dans une angoisse obsessionnelle.

---

[420] LOVECRAFT (Howard Phillips), *Supernatural horror in literature,* New York, Ben Abramson, 1945, p. 16.
[421] TODOROV (Tzvetan), *Introduction à la littérature fantastique, op.cit.,* p. 39.
[422] MAUPASSANT (G. de), *Chroniques, op.cit.,* tome II, p. 260
[423] MAUPASSANT (G. de), « Lui ? », *C. et N.,* tome I, p. 870.
[424] MAUPASSANT (G. de), « L'Orphelin », *C. et N.,* tome I, p. 851.
[425] Expression de Maupassant dans « Lui », *C. et N.,* tome I, p. 870.

3.2. Le thème de la nuit dans les nouvelles de la peur

« Qui … qui est là ?…
Parle, qui es-tu ? »
Mahmûd Taymûr,
« Rajab Effendi », Le Caire, 1928.

« Et soudain je me réveille, affolé, couvert
de sueur. J'allume une bougie, je suis seul ».
Guy de Maupassant,
« Le Horla », Paris, 1887.

Afin de créer une atmosphère de peur, les auteurs des contes fantastiques choisissent souvent la nuit comme moment propice à l'intervention d'un évènement mystérieux ou inquiétant. Maupassant a parlé de la hantise de la nuit dans sa nouvelle « Le Horla » : « À mesure qu'approche le soir, une inquiétude incompréhensible m'envahit, comme si la nuit cachait pour moi une menace terrible »[426]. Dans ce genre de nouvelles, la nuit est souvent synonyme de voile qui rend les contours incertains, les objets hostiles et les êtres inquiétants. Maupassant appelle le contact avec l'obscurité angoissante « le vide infini »[427]. Dans « Le Fantôme de la mère Khalîl », ce type d'obscurité est à l'origine de la peur du vieux Shaʿbǎn, une peur qui va en s'amplifiant jusqu'à ce qu'il en perde la raison. L'obscurité fait peur, car non seulement elle rend invisibles les objets dont la présence familière est souvent perçue comme rassurante, mais en plus elle transforme ces objets en menace, car ils deviennent eux-mêmes obscurs et menaçants. On a souvent comparé les descriptions que Maupassant offre de certains paysages normands aux peintures impressionnistes, mais il s'agit dans ce cas d'images où

---

[426] MAUPASSANT (G. de), « Le Horla », *C et N.*, tome II, p. 915.
[427] MAUPASSANT (G. de), « La Vie errante », *Écrits sur le Maghreb, op.cit.*, p. 13.

les couleurs charrient une idée de vie et de variété (cf. « La Maison Tellier »). En revanche, dans les contes cruels ou fantastiques, l'obscurité distille une atmosphère particulière dont l'opacité est synonyme de tristesse. L'absence de lumière est alors synonyme d'absence d'espoir. C'est le cas dans « Le Horla » de Maupassant et « Le Fantôme de la mère Khalil » où Taymûr décrit l'imposant Sha'bân, un vieux retraité qui aime raconter des histoires de revenants durant ses heures d'oisiveté, mais qui finit par se prendre à son propre jeu. On découvre d'abord son univers familier et sympathique où le temps est ponctué par les rencontres avec les vieux retraités du quartier, un tableau très représentatif de la vie populaire au Caire. Le surnaturel est ensuite introduit petit à petit jusqu'à constituer le principal sujet de la nouvelle. Au début Sha'bân semble victime de son imagination débordante, mais ensuite des éléments inquiétants interviennent de plus en plus dans l'histoire et semblent être indépendants des fantasmes du héros. À l'origine, Sha'bân est un homme sain d'esprit ; rien ne le prédispose à rencontrer des fantômes ; les amicales réunions où il s'amuse à impressionner ses amis en leur racontant des histoires de djinns n'ont rien de l'inquiétante séance de spiritisme. Mais c'est durant la nuit que Sha'bân entend pour la première fois des bruits bizarres et angoissants. À partir de là, ce conteur hardi le jour se transforme en poltron dès que les lumières s'éteignent. La nuit a sur lui un effet oppressant qui accentue ses angoisses, même si le matin il retrouve sa hardiesse. Maupassant écrivait dans une de ses nouvelles : « Le soleil dissipe [la peur] comme un brouillard »[428]. Durant la nuit, la lumière artificielle peut aussi chasser quelquefois la peur ; c'est la seule arme contre la menace invisible qui se cache dans l'obscurité. C'est cette lumière salvatrice que Sha'bân tente de se procurer en appelant désespérément sa nouvelle bonne[429]. Comme à l'époque de Maupassant, les maisons égyptiennes au début du XXe siècle n'étaient pas toujours pourvues d'électricité. La lumière n'en était que plus précieuse.

Dans « Le Horla », le héros poursuivi par un être invisible écrit dans son journal : « J'avais allumé mes deux lampes et les huit bougies de ma cheminée, comme si j'eusse pu, dans cette clarté, le découvrir »[430]. La lumière, plus qu'elle n'éclaire, donne l'illusion du jour où les fantômes n'ont pas de place et où la perception de l'espace lui-même est différente. L'obscurité, le silence de la nuit, l'arrêt de toute activité, le sommeil des autres, contribuent à rapprocher l'idée de la nuit de celle de la mort.

Dans « Le Fantôme... », Sha'bân, à force de guetter les bruits, finit par les entendre et par les attribuer à quelques êtres maléfiques. Cet homme, comme plusieurs personnages de Maupassant, en voulant connaître l'origine de sa peur, se noie dans ses inquiétudes. Une fois prise dans ce piège, toute tenta-

---

[428] MAUPASSANT (G. de), « La Peur », *C. et N.,* tome I, p. 601.
[429] TAYMUR (M.), « 'Ifrît umm Khalîl » (Le Fantôme de la mère Khalil), *Al-hajj Shalabî,* Le Caire, Lajnat al-ta'lîf wa al-tarjama, 1914, p. 38.
[430] MAUPASSANT (G. de), « Le Horla », *C. et N.* tome II, p. 935.

tive de la victime de fuir, d'expliquer ou de dévoiler le mystère ne fait que l'enliser davantage dans ses peurs, un peu comme dans les sables mouvants. Quand Sha'bân, exténué, s'endort d'un seul coup, ses phobies transforment rapidement son repos en combat avec « l'ennemi invisible ».

Le héros du « Horla » a peur du sommeil ; il l'attend comme on attend la mort. Il sait que ses nuits ne le sauveront pas de ses angoisses diurnes ; bien au contraire, c'est sous le joug de la nuit que le Horla, être invisible et indéfinissable, se manifeste de manière « physique » : « Le Horla est d'abord une phobie du contact dont la noire nuit est l'agent catalyseur » écrivent Thérèse et Fabrice Thumerel[431].

Taymûr ne décrit pas en la personne de Sha'bân un personnage rationnel, opposant sa raison aux visions qui le hantent ; lui croit au surnaturel, il ne cherche pas une échappatoire dans un discours cartésien, comme le héros du « Horla » qui tente de trouver dans l'interprétation scientifique un moyen de « conjurer » la folie comme on conjure un sort. Sha'bân est une victime consentante. Mais paradoxalement, la peur du héros de Maupassant n'est pas moindre par ce qu'il croit en la science et qu'il refuse les superstitions. Sa peur est au contraire plus terrible, car elle ne se rattache à aucune croyance. Sa pensée n'en est que plus angoissante ; tout le trahit y compris sa logique et sa raison qui ne lui sont d'aucune aide.

3.3. L'hallucination auditive

Dans la nouvelle fantastique, les cinq sens sont souvent très sollicités. C'est le cas de l'ouïe, sens si délicat qu'il est facile de lui attribuer la perception de sons étranges et inexplicables. Dans la nouvelle de Maupassant « L'Auberge », toute l'évolution de l'intrigue repose sur l'hallucination auditive. Ulrich, le personnage principal perd son ami dans la neige durant une expédition dans la montagne. Après de multiples et vaines tentatives pour le retrouver, il revient seul avec son chien dans son auberge isolée au milieu des neiges. Il commence alors à entendre son ami l'appeler toutes les nuits :

> [Ulrich] dormit longtemps, très longtemps, d'un sommeil invincible. Mais soudain, une voix, un cri, un nom : « Ulrich », secoua son engourdissement profond et le fit se dresser. Avait-il rêvé ? Était-ce un de ces appels bizarres qui traversent les rêves des âmes inquiètes ? Non, il l'entendait encore, ce cri vibrant, entré dans son oreille et resté dans sa chair jusqu'au bout de ses doigts nerveux[432].

Tout dans le texte incite le lecteur à attribuer ces cris, appels effrayants, au compagnon d'Ulrich mort dans la neige. Le narrateur tend à prouver que les appels proviennent d'un être invisible que même le chien d'Ulrich sent sans le voir : « Sam, réveillé par le bruit, se mit à hurler comme hurlent les

---

[431] THUMEREL (Th. et F.), *Maupassant,* Armand Colin, 1992, p. 51.
[432] MAUPASSANT (G. de), « La Peur », *C. et N.,* tome I, p. 601.

chiens effrayés, et il tournait autour du logis cherchant d'où venait le danger »[433]. Au terme d'une longue angoisse, Ulrich devient fou. Pour créer une atmosphère mystérieuse, l'auteur décrit une situation ambiguë. La thèse de l'hallucination auditive ou du rêve initialement envisagés est mise en doute par la réaction de l'animal. Ainsi le mystère demeure total. Le lecteur ne peut pas attribuer avec certitude la peur d'Ulrich à un dysfonctionnement mental ni à l'intervention du surnaturel ; la réponse n'arrive qu'à la fin de l'histoire.

Dans « Le Fantôme de la mère Khalîl », le délire de Sha'bân ou sa possession commence par la perception d'appels mystérieux puis de bruits incertains au début, ensuite plus clairs. Sha'bân plongé dans le noir appelle sa bonne, mais il se trompe et c'est le nom de la défunte Umm Khalîl qu'il crie dans l'obscurité comme malgré lui. Dans les croyances orientales, appeler les morts ou les esprits peut les faire venir, un thème non étranger à la littérature fantastique occidentale. L'appel répétitif du nom d'un mort (donc d'un esprit) agit finalement comme une formule magique ; c'est par ce moyen que le narrateur annonce le début de l'aliénation ou de la possession. Croire qu'on est appelé par un mort ou appeler un mort réveille des angoisses liées à des terreurs anciennes. Ces mots qui fonctionnent comme des « formules magiques » sont des signes prémonitoires ; ils préparent l'évènement surnaturel, le rendant non pas normal, plausible, mais acceptable, car tout dans la nouvelle tend à annoncer cet évènement qui en devient prévisible ce qui en atténue le côté invraisemblable créant ainsi l'illusion d'une suite cohérente de cause à effet.

Dans « l'Auberge », un chien qui hurle, le vent qui souffle, deux évènements en apparence anodins, deviennent sous la plume de Maupassant des faits qui révèlent une atmosphère d'angoisse et de mystère. Les hurlements du chien annoncent la souffrance d'une âme errante, le vent qui souffle est le cri d'une nature hostile et meurtrière : « Le vent s'était levé, le vent glacé qui brise les pierres et ne laisse rien vivant sur ces hauteurs abandonnées. Il passait par souffles brusques plus desséchants et plus mortels que le vent de feu du désert »[434]. Maupassant fait se rejoindre les extrêmes, le souffle du feu et celui du froid pour mieux signifier la force destructrice du vent glacial. L'auteur prête ainsi aux éléments naturels des intentions meurtrières. L'humanisation de la nature fait partie des procédés utilisés par les auteurs de contes fantastiques. Pour construire cette ambiance générale menaçante du conte fantastique, tous les éléments sont mis à contribution par l'auteur, autant les sens du protagoniste que la nature elle-même qui semble alors complice de ce qui se prépare, comme dans le passage suivant, extrait de la même nouvelle :

---

[433] TAYMUR (M.), « 'Ifrît umm Khalîl » (Le Fantôme...), *Al-Hajj Shalabî, op.cit.*, p. 38.
[434] MAUPASSANT (G. de), « Le Horla », *C. et N.*, tome II, p. 935.

Le ciel palissait sur sa tête, et soudain une lueur bizarre, née on ne sait d'où, éclaira brusquement l'immense océan des cimes pâles qui s'étendaient à cent lieues autour de lui. On eût dit que cette clarté vague sortait de la neige elle-même pour se répandre dans l'espace. Peu à peu, les sommets lointains les plus hauts devinrent tous d'un rosé tendre comme de la chair et le soleil rouge apparut derrière les lourds géants des Alpes bernoises[435].

Ce tableau que nous dépeint Maupassant ne représente pas un simple lever de soleil, ce jour qui se lève est le début d'une longue journée de recherche vaine de Gaspard, l'ami disparu dans la neige. La peur de la terrible mort dans le froid et dans la solitude des hauteurs se révèle à travers cette description d'une nature dure et inhospitalière dont l'austérité est suggérée par des mots comme « des cimes *pâles* », « les sommets *lointains* les plus *hauts* », « les *lourds géants* des Alpes ». Ainsi se dressent les hautes montagnes, symbole de la puissance de la nature, face à la vulnérabilité de l'homme. L'utilisation d'images faisant intervenir le froid et la blancheur extrêmes exprime une idée de mort qui plane : « le ciel *pâlissait* », « cette clarté vague *sortait de la neige elle-même* ». C'est comme si la neige était porteuse d'un danger invisible. Maupassant anime la nature (le ciel et la neige) en lui conférant des intentions et des caractéristiques de l'être surnaturel. L'étrangeté de ce décor réside dans sa dimension et dans sa couleur ; les montagnes deviennent des êtres gigantesques grâce au choix des adjectifs et des superlatifs comme les « immense[s] cimes », « les sommets les plus hauts » et à la comparaison entre l'étendue des cimes et l'océan, les montagnes et les géants. D'un autre côté, la couleur du blanc rappelle celle du linceul, symbole d'une mort omniprésente. Mais le rosé « couleur chair » et le « rouge » y introduisent une image sanguine, rompant ainsi l'unité de cette blancheur, synonyme de silence, d'absence et de vide, pour y intégrer l'idée d'une mort ou d'un danger plus violents. Le fantastique naît de ce type de rapprochements entre « le rosé des cimes » et « la chair », les grandes hauteurs et « l'océan ». C'est ainsi que la nature acquiert des dimensions gigantesques et des caractéristiques surnaturelles.

Dans « Le Fantôme de la mère Khalil », le décor est tout autre : point de grand espace, mais au contraire l'étroitesse d'un modeste logis de retraité, un lieu dont la petitesse s'accentue avec l'obscurité et la maladresse de Sha'bân, plongé dans le noir. L'auteur choisit de décrire une habitation dont les dimensions réduites annoncent l'état d'enfermement dans lequel se trouve Sha'bân, emprisonné dans ses hallucinations. Le héros de la nouvelle cherche vainement sa bonne dans le noir, mais ce qui lui est refusé, c'est une présence rassurante ; le mal prend d'abord la forme d'une solitude angoissante. Le surnaturel n'intervient dans cette nouvelle que par le biais du problème de l'isolement. Sa petite vie est envahie par la peur qui déforme tout autour de lui. « Le sentiment de la peur, écrit Louis Vax, sécrète son

---

[435] MAUPASSANT (G. de), « L'Auberge », *C. et N.*, tome II, pp. 791-792.

espace, son temps et sa pensée »[436]. En effet, progressivement, le sentiment de la peur occupe toute la place ; l'idée génératrice d'angoisse devient obsessionnelle et c'est elle qui régit la pensée de la victime. Les lieux, les person-personnages et les objets se modifient par rapport au regard et au sentiment du personnage. Les histoires narrées dans les nouvelles fantastiques sont souvent l'expression d'une conscience en état de souffrance. Dans « L'Auberge », c'est un sentiment de culpabilité qui mène Ulrich à la folie. Cette mystérieuse voix qui l'appelle est également entendue par le chien qui adopte une attitude de peur. L'écrivain fait naître un sentiment d'hésitation chez le lecteur en décrivant l'attitude de ce témoin silencieux. Mais ces appels, quelle que soit leur nature, expriment avant tout les cris de la conscience d'Ulrich qui lui reproche d'être rentré au logis près du feu, alors que Gaspard mourait seul dans la neige. Les lignes suivantes vont dans ce sens :

> *Il tomba grelottant sur une chaise, certain qu'il venait d'être appelé par son ca-camarade au moment où il rendait l'esprit. De cela il était sûr, comme on est sûr de vivre ou de manger du pain [...]. Le vieux Gaspard Hari [...] avait agonisé pendant deux jours et trois nuits, et il venait de mourir tout à l'heure en pensant à son compagnon. Et son âme, à peine libre, s'était envolée vers l'auberge où dormait Ulrich, et elle l'avait appelé par la vertu mystérieuse et terrible qu'ont les âmes des morts de hanter les vivants[437].*

Les propos concernant l'agonie et l'âme de Gaspard sont rapportés en style indirect libre, exprimant ainsi la pensée torturée d'Ulrich qui « succombe » à l'irrationnel, comme on succombe à une maladie. L'explication surnaturelle occupe l'esprit d'Ulrich qui se punit de ne pas être mort lui aussi. Il est vrai qu'au début nous sommes en présence de détails troublants comme les appels répétés venus de nulle part et qui de toute évidence ne peuvent être attribués à un être vivant puisqu'il est clairement expliqué qu'au-dehors aucune vie n'est possible. Toutefois, ce qui provoque réellement la folie d'Ulrich, ce ne sont pas ces premiers appels mystérieux, mais bien une raison rationnelle ; c'est ce qui est révélé à la fin au lecteur. Par mégarde, Ulrich enferme son chien dehors et celui-ci gratte la porte en gémissant pendant deux jours jusqu'à mourir de froid et d'épuisement. Pendant ce temps, Ulrich, persuadé que c'est Gaspard le mort-vivant qui tente de pénétrer à l'intérieur, perd petit à petit la raison. « Les pleurs », « les gémissements » et « les plaintes »[438] interprétés par Ulrich comme autant de cris poussés par l'âme égarée de Gaspard ne sont en fait que ceux du chien enfermé dehors. L'auteur choisit des termes qui humanisent les cris de l'animal et qui peuvent autant s'appliquer à l'un qu'à l'autre, nourrissant ainsi l'ambiguïté et exprimant la subjectivité d'Ulrich. Le narrateur fait subsister

---

[436] MAUPASSANT (G. de), « L'Auberge », *C. et N.*, tome II, p. 235.
[437] *Ibid.*, p. 792.
[438] *Ibid.*, p. 795.

un léger doute sur la nature de ces bruits, mais c'est uniquement par respect pour cette tradition de « l'hésitation » indispensable au récit fantastique entre deux interprétations possibles. Cette nouvelle fait partie des contes fantastiques de Maupassant où l'explication rationnelle est donnée clairement à la fin, même s'il subsiste l'épisode des appels mystérieux du début auxquels le lecteur donnera, à la lumière de cette chute, une raison tout aussi rationnelle, à savoir une hallucination auditive même si le début de l'histoire nous avait d'abord annoncé un évènement irrationnel, et cela de façon précise et convaincante.

Dans « Le Fantôme... » de Taymûr, c'est l'évolution inverse que nous observons. Au début, nulle trace d'évènement réellement inquiétant ou inexplicable. La seule inquiétude se situe dans la souffrance psychologique de Sha'bân. Dans cette histoire tout se passe comme si, à force de croire aux fantômes, ceux-ci finissaient par apparaître à celui qui les appelle. L'histoire se termine par la mort de Sha'bân ; un matin on pénètre chez lui et on le retrouve assassiné. Cette fin suppose un face-à-face final entre Sha'bân et ses démons, ou s'agit-il de ses voisins qui lassés de ses cris ont fini par pénétrer chez lui et l'ont tué ? La littérature fantastique se nourrit de l'ambiguïté ; l'auteur, pour maintenir le mystère, ne confirme, ni n'infirme la possibilité de l'intervention de forces surnaturelles : il laisse le lecteur juger.

Nous avons vu dans « L'Auberge » que le problème de la culpabilité se trouvait à l'origine du malaise d'Ulrich ; dans « Le Fantôme... », c'est la question de la vieillesse et de la solitude qui est indirectement posée. Le passage suivant décrit l'état de Sha'bân après que tout le monde s'est détourné de lui à cause de sa folle agitation : « Il était seul, personne n'osait plus l'approcher. Il était si pessimiste et si las. La vieillesse se fit alors plus lourde à porter, elle lui courba l'échine et le fit paraître âgé de quatre-vingts ans, alors qu'il n'en avait que soixante »[439]. L'histoire de Sha'bân est celle d'un homme ordinaire qui bascule du côté sombre de l'existence. Mais sa mésaventure, fût-elle insolite, ne fait que révéler de façon plus violente sa solitude et sa vieillesse.

Dans la nouvelle fantastique, la peur isole le héros de son entourage ; elle en fait une victime ; la solitude du héros fantastique est à l'origine de l'évènement surnaturel et en même temps l'expérience fantastique accentue cet état d'isolement. La nouvelle se nourrit de faits ordinaires, comme ici la vieillesse qu'accentue la solitude, qu'elle transforme et pousse à l'extrême. C'est grâce à ce type de procédés que le lecteur reconnaît des personnages et des situations qui sont en même temps tout à fait "autres". Florence Goyet écrit à ce propos : « Parce qu'elle travaille constamment sur des paroxysmes, la nouvelle était l'outil rêvé des écrivains fantastiques »[440].

---

[439] TAYMUR (M.), « 'Ifrît umm Khalîl », (Le Fantôme…), Al-Hajj Shalabî, op.cit., p. 50.
[440] GOYET (F.), La Nouvelle (1870-1925), P.U.F., 1993, p. 27.

Dans le texte suivant, la solitude de Sha'bân est peinte avec humour ; ses anciens amis et ceux qui se pressaient autour de lui pour entendre ses histoires le considèrent désormais comme un étranger dont ils se moquent :

> *Quand Sha'bân entrait dans un café, les gens lui cédaient leurs places. Il se retrouvait assis, seul au milieu des tables et des chaises vides. On chuchotait et on lui jetait des regards furtifs. Le garçon de café criait les commandes : « Un narghilé... et un café noir pour le fantôme de la mère Khalîl... ! »*[441]

Les propos du garçon de café introduisent l'idée du sarcasme que peuvent susciter les histoires irrationnelles qu'on y croie ou non. Notons toutefois que Sha'bân provoque à la fois la peur ou du moins un certain malaise (les gens s'écartent de lui) et en même temps il fait rire. Pierre Cogny fait une analyse des structures de la farce chez Maupassant qui correspond aussi à cet aspect chez Taymûr : « La crainte et la farce sont [...] les aspects antithétiques d'une même angoisse »[442]. En effet, le rire peut être une façon d'exorciser une peur. « Je ris de l'autre, donc je ne suis pas atteint comme lui »[443] semble penser celui dont la réaction devant la souffrance d'autrui est le sarcasme. Cependant, cette légèreté introduite par Taymûr sous forme d'humour atténue la dimension inquiétante dans cette nouvelle. Chez Maupassant, les contes fantastiques entretiennent une tension qui n'intègre pas l'humour, sauf peut-être quelquefois un humour noir. On pénètre dans le texte fantastique comme on entre dans un lieu religieux, avec foi et respect. Le rire apporte une distance qui génère le doute et l'incrédulité. Certes, il y a des nouvelles fantastiques qui mélangent les deux registres, mais l'effet inquiétant est du coup atténué.

Les deux auteurs situent l'action de leurs contes cruels ou fantastiques dans un contexte social réaliste ; ils choisissent des personnages normaux et ordinaires pour les faire ensuite pénétrer dans un monde aux lois incertaines. En cela, l'héritage occidental, dont Taymûr a pu bénéficier, est très visible, d'abord dans la tendance réaliste et le fait qu'il s'attache à décrire des personnages et des lieux issus de la société dont il est issu, et ensuite par le fait qu'il utilise les procédés du fantastique moderne, genre jusque-là inconnu dans la littérature arabe. Taymûr qui parle dans ses études littéraires de l'exemple de Maupassant, de Tourgueniev et d'Edgar A. Poe réussit à réunir dans ses nouvelles une vision de l'étrange à la fois occidentale et orientale. Dans « Rajab effendi », nous avons un bel exemple de cette alliance ; Taymûr y aborde le problème des croyances, mais il ne parle pas des pratiques de sorcelleries orientales et de djinns, mais de séances de spiritisme et de médiums plus connus en Occident. C'est l'histoire de Rajab effendi, un homme qui se fait escroquer par un médium. S'étant investi corps et âme

---

[441] TAYMUR (M.), « 'Ifrît umm Khalîl » (Le Fantôme...), *Al-Hajj Shalabî, op.cit.*, p. 51.
[442] COGNY (Pierre), « La Structure de la farce chez G. de Maupassant », *Europe*, juin 1969, p. 345.
[443] *Ibid.*

dans le paranormal, Rajab perd tout, y comprit la raison et finit par assassiner son maître qui a transformé sa vie en enfer, un enfer que Taymûr dépeint le plus explicitement possible. On découvre l'état psychologique du héros hanté la nuit par des rêves obsédants et tentant le jour de trouver la réponse à ses inquiétudes en communiquant avec les esprits. Voici un extrait de cette nouvelle, qui décrit les souffrances nocturnes de Rajab, hanté par des rêves-visions :

> Il se vit seul au milieu d'un désert aride où n'apparaît aucune trace d'homme ou de culture. L'obscurité et le temps orageux amplifiaient sa solitude et son angoisse. Tout d'un coup, une lumière éclaira le désert et un précipice s'ouvrit, des flammes en jaillirent telles des langues de feu, on entendait leur sifflement ainsi que des cris et des gémissements. Puis Rajab se vit brusquement dans la cour étroite d'une maison aux murs élevés où régnait une lumière aveuglante. Un groupe de cheiks à la barbe blanche dont le visage exprimait la piété et la sérénité étaient assis sur des tapis. Chaque fois qu'il les approchait, ceux-ci le chassaient en répétant : « Tu n'es pas des nôtres » [...] Puis il se sentit saisi par la taille et emporté très haut par une main gigantesque couleur de fer, qui le secoua vivement avant de le lancer dans les flammes du tumultueux précipice du désert...[444].

Rajab rêve ainsi de sa damnation ; les images dépeintes dans ce texte ont un sens symbolique universel : le feu est le symbole de l'enfer, le précipice en flamme est la Géhenne dont parle la Bible et le *Jahannam* dont parle le Coran. La main couleur de fer rappelle l'inquiétude de l'homme face à la machine en ce début des temps modernes (cette nouvelle a été écrite vers 1928). Cette main est telle une grue de fer devant laquelle l'homme est minuscule. Comme on le voit encore une fois, la solitude du personnage fantastique est un élément essentiel dans les nouvelles de la peur. L'aventure fantastique, qu'elle soit une vision onirique ou une apparition, montre un héros entouré par des forces hostiles et isolé des autres, dont il ne reçoit qu'indifférence, rejet ou incrédulité. Pour mettre en lumière cette solitude, Taymûr allie l'analyse introspective, qui révèle l'état d'âme du héros, à l'observation extérieure du comportement offrant ainsi un portrait plus complet de son personnage. L'auteur égyptien décrit ainsi la déchéance du héros qui « sombre » dans le paranormal ou succombe à la folie. Il situe d'abord son aventure dans un décor égyptien, nourrissant ainsi la fiction de détails véridiques, décrivant les petits commerçants des rues du Caire qui se réunissent pour conclure une affaire ou pour la prière[445] et utilise ensuite les représentations propres à l'imaginaire eschatologique musulman pour nourrir ses motifs fantastiques. Taymûr nous décrit ainsi la lente « descente aux enfers » de son personnage au sens propre comme au sens figuré.

---

[444] TAYMUR (M.), « Rajab effendi », *Rajab effendi,* Le Caire, 1968, p. 86.
[445] *Ibid.*, p. 9.

Le thème du cauchemar est utilisé par Maupassant dans « La Petite Roque », qui n'est pas un conte fantastique proprement dit, mais qui en utilise certains motifs et techniques. On y découvre la longue déchéance psychologique du maire assassin qui, comme Rajab, est poursuivi par ses visions cauchemardesques :

> Il passait ses jours dans la terreur des nuits ; et chaque nuit, la vision recommençait. À peine enfermé dans sa chambre, il essayait de lutter ; mais en vain. Une force irrésistible le soulevait et le poussait à sa vitre, comme pour appeler le fantôme et il le voyait aussitôt, couché d'abord au lieu du crime [...] Puis la morte se levait et s'en venait, à petits pas [...] vers lui [...] : le meurtrier[446].

Les deux auteurs parlent de nuits noires, symbole de tristesse et de désolation, de visions qui reviennent sans cesse menant la victime vers la folie. La répétition donne sa force et sa dimension dramatique à l'évènement fantastique. Les deux personnages sont les proies d'un sentiment de culpabilité qui les consume. Tous les deux ont transgressé un interdit. Renardet a commis un terrible crime et il s'est lui-même condamné à mort, Rajab a transgressé l'interdit musulman concernant les pratiques cabalistiques devenant par là à ses propres yeux un mécréant. Les deux auteurs décrivent un homme apeuré qui, tel un enfant, se cache dans ses draps par peur des fantômes. Nous lisons dans « La Petite Roque » :

> Et jusqu'au jour, il le regardait, ce rideau d'un œil fixe s'attendant sans cesse à voir sortir sa victime. [...] Et Renardet, les doigts crispés sur ses draps, les serrait ainsi qu'il avait serré la gorge de la Petite Roque. Il écoutait sonner les heures ; il entendait battre dans le silence le balancier de sa pendule et les coups profonds de son cœur. Et il souffrait, le misérable, plus qu'aucun homme n'avait jamais souffert[447].

Le texte suivant qui décrit les peurs nocturnes de Rajab fait écho au précédent :

> Il avait l'impression que la chambre était pleine de diables qui voulaient l'entraîner dans les abîmes de l'enfer. Alors, il cachait sa tête sous sa couverture et se recroquevillait sur lui-même. Il restait ainsi des heures durant, tremblant de peur. Sa terreur ne s'apaisait qu'aux lueurs de l'aube[448].

Ces similitudes entre les deux nouvelles ne sont pas dues au hasard. Il ne s'agit pas non plus de plagiat, car chacune des deux nouvelles possède sa propre unité et relate une histoire différente. Mais il est certain que l'influence de Maupassant se révèle dans le désir de Taymûr de montrer des scènes frappantes où tout est dit en peu de mots. Ici, il révèle en quelques scènes, à la fois l'esprit et l'univers du personnage, une tendance que la forme de la nouvelle a permise grâce à l'adoption d'une écriture moderne

---

[446] MAUPASSANT (G. de), « La Petite Roque », *C. et N.*, tome II, p. 643.
[447] *Ibid.*, p. 643.
[448] TAYMUR (M.), « Rajab effendi », *Rajab effendi, op.cit.*, p. 91.

tournée vers la psychologie des personnages. Taymûr ne suit pas de près le texte français ; il utilise simplement les mêmes procédés du fantastique que Maupassant. Il y a d'abord une récurrence de la souffrance qui justifie le malaise du héros, un environnement qui devient de plus en plus hostile et menaçant, se remplissant d'êtres malfaisants ou de leur menace, jusqu'à la concrétisation du danger à la fin de l'histoire. Pendant ce temps, le héros est seul et vulnérable face à un ennemi à la fois invisible et tout-puissant.

Dans les deux cultures, nous avons des représentations communes du mystère et du surnaturel, comme le mort-vivant, la descente aux enfers, les démons invisibles, etc. Chez Taymûr, en plus de ces points communs interculturels, il y a le désir d'écrire à la manière de Maupassant. Cette influence est visible dans l'économie de moyens, dans la brièveté et dans la manière de traiter ce genre particulier de la littérature moderne. Et malgré la différence socioculturelle entre les univers des deux auteurs, le surnaturel qu'ils décrivent exprime les mêmes malaises existentiels et psychologiques, et cela, quelle que soit la manière dont ils l'ont nommé et représenté.

4. Le fantastique : agents et fonctions

4.1. Les êtres fantastiques

Les êtres surnaturels tels qu'ils apparaissent dans les contes fantastiques des deux auteurs se ressemblent ou diffèrent selon des critères de tradition, de goût ou de culture. Dans « Le Horla », la plus connue des nouvelles fantastiques de Maupassant, le narrateur parle d'un être invisible qui le hante. Dans ce récit se révèle le génie de l'auteur français pour décrire l'être invisible, « la Chose », « the thing ». Bernard Terramorsi dit à propos de Maupassant : « [Il] use souvent du mot "chose" pour désigner de l'existant indéterminé »[449], d'autant plus que ce mot a pour origine « cause », qui justement précède la chose.

Taymûr parle de démon, de fantôme, de djinns. Dans « Le Fantôme de la mère Khalil », il n'utilise pas de terme précis pour désigner la nature du fantôme. Il décrit indirectement ce que le héros perçoit. Dans cette nouvelle, l'auteur n'adopte pas la même technique de narration que Maupassant ; la parole n'est pas donnée à la victime comme dans « Le Horla » où nous découvrons directement la pensée du héros qui tente à la fois de décrire ce qu'il voit et de déterminer l'origine de sa peur. Thérèse et Fabrice Thumerel nous expliquent la nature de cette « chose » : « Le horla n'a pas de nom. Celui que le narrateur lui donne résulte de l'impossibilité de le nommer dans le langage des hommes, de le situer (hors et là) dans l'espace qui crée les distances et confirme les identités »[450]. Maupassant en construisant un mot à partir de

---

[449] TERRAMORSI (B.), « Maupassant et James : Les tours du fantastique », *Europe,* n° 772-773, août-sept., 1993, p. 131.
[450] THUMEREL (Thérèse et Fabrice), *Maupassant,* Armand Colin, 1992, p. 74.

deux termes qui s'opposent « hors » et « là », en invente un qui concrétise une présence invisible, une angoisse impalpable, un double, et l'article défini « le » accorde à ce mot la place d'un substantif. Le héros de cette nouvelle tient un discours qui se veut logique et convaincant, fondé sur l'observation. Le héros fait plusieurs expériences qui prouvent l'existence d'un être invisible qui coupe une rose et boit du lait. Mais les actes de cet être qu'il surveille (sans le voir) ne sont pas toujours concrets ; ils peuvent être abstraits comme quand le « Horla » boit la vie du héros pendant son sommeil. Il est donc une sorte de double vampirique. Le narrateur écrit « Je l'ai vu »[451]. Mais ce qu'il voit c'est l'absence de sa propre image dans le miroir. Le héros perd donc son identité ; elle lui est volée par un être invisible et hostile qui cherche à prendre sa place. Cet envahisseur est plus inquiétant qu'un fantôme auquel on peut donner une forme.

Dans « Le Fantôme de la mère Khalil », « la chose » est nommée ; il y est question de démon ('ifrit). Sha'bân entend d'abord des bruits de sabots. En Orient, les démons prenant des formes humaines sont reconnaissables à leurs sabots qui trahissent leur vraie nature ; en Occident aussi on parle des sabots du diable. Puis le démon de la mère Khalil lui apparaît, accompagné d'une horde de djinns. Le narrateur ne décrit jamais directement ces apparitions en détail, mais traduit ce que Sha'bân perçoit.

Dans « Le Horla », le narrateur donne au lecteur l'impression de voir en même temps que le personnage-narrateur la fleur se couper toute seule. Dans la nouvelle de Taymûr, tout est rapporté indirectement ; les voisins ont entendu dire ce que Sha'bân a cru voir. En adoptant cette perspective narrative, l'auteur entretient l'ambiguïté et surtout évite d'appuyer directement la thèse de l'existence des djinns dans une société qui a davantage besoin qu'on récuse ce type de croyances. L'impact des superstitions en Orient empêche les écrivains de laisser libre cours à leur imagination, les poussant plutôt à dénoncer les croyances populaires[452]. Dans le passage suivant, on a encore un exemple de ce mélange d'humour et de fantastique dans la description que fait Sha'bân de ses visions et qui est rapportée ici :

> Le démon de la mère Khalil ne craignait plus la lumière et le bruit, il visitait maintenant Sha'bân en plein jour. Il dansait devant lui en jouant des castagnettes[453].

Ce texte nous décrit les fantasmagories qui hantent l'esprit de Sha'bân ou alors le déchaînement de quelques forces gouailleuses et hostiles. Les forces invisibles sont très différentes entre l'univers maupassantien et celui de

---

[451] MAUPASSANT (G. de), « Le Horla », C. et N., tome II, p. 935.

[452] L'ouvrage suivant nous donne un large éventail des œuvres romanesques arabes abordant le problème des croyances aux démons et aux génies en Egypte : BADRAN (Ibrahim), KHAMMAS (Salwâ), Dirâsât fî al-'aqliyya al-'arabiyya, al-khurâfa (Etudes sur la mentalité arabe, la fable), Beyrouth, dâr al-Ḥaqîqa, 1979.

[453] TAYMUR (M.), « 'Ifrît umm Khalîl » (Le Fantôme…), Al-Hajj Shalabi, op.cit., p. 51.

Taymûr. Maupassant parlait de cette différence de perception de la peur entre l'Occident et l'Orient, mais sa vision était excessive, car fondée sur l'idée d'une opposition radicale entre deux mondes. Il écrivait dans « La peur » :

> Chez les Orientaux, la vie ne compte pour rien ; on est résigné tout de suite ; les nuits sont claires et vides de légendes, les âmes vides des inquiétudes sombres qui hantent les cerveaux dans les pays froids. En Orient, on peut connaître la panique, on ignore la peur[454].

Durant ses voyages en Afrique du Nord, Maupassant cherchait le soleil et la clarté du jour ; il se sentait mieux là où il avait l'impression que ses maux se dissipaient loin du mauvais temps et il avait l'impression que la pensée elle-même perdait de son obscurité là où la lumière régnait. Dans les contes fantastiques, l'obscurité est perçue comme le voile qui cache la vérité ; cette enveloppe qui rend les choses inquiétantes peut être aussi représentée par le mauvais temps, comme dans « La Peur », où l'histoire se déroule en hiver. L'idée de la lumière et du soleil est liée à une situation agréable et à un esprit léger, le mauvais temps à la mélancolie et à l'inquiétude. Maupassant va ainsi jusqu'à décrire l'esprit de l'Oriental qui vit au soleil comme étant simple et serein et celui de l'Occidental qui vit sous un ciel moins clément comme étant complexe et torturé. Ces oppositions, même si elles sont fausses, ont l'apparence et la simplicité des évidences. Maupassant a toujours utilisé des images facilement et rapidement reconnaissables pour servir son projet narratif. Il veut montrer qu'en Occident, dans le pays de ses lecteurs, la peur est plus intense qu'ailleurs et cet ailleurs, en ce XIXe siècle français, c'est forcément l'Orient lointain et exotique. Les « inquiétudes sombres » propres à l'Occident auxquelles fait allusion Maupassant sont celles que décrit une nouvelle comme « Le Horla ». Il est vrai que les fantômes qui hantent la maison de Sha'bân sont très folkloriques par rapport à l'insaisissable « chose ». En fait, les djinns que voit Sha'bân s'accordent avec sa propre perception de la peur et avec son milieu social et tous ses voisins contribuent à « l'existence » de ces démons, par leurs croyances, par leur peur d'approcher la maison de Sha'bân et par le regard qu'ils portent sur leur voisin ; leur témoignage sert à justifier l'état de Khalil et à renforcer l'ambiguïté de la situation. Le fantôme de la mère Khalil existe grâce à la peur de Sha'bân et à celle de son entourage. Ils le « conçoivent » et lui donnent ainsi sa force. Louis Vax écrit à ce propos :

> Le fantôme, le méchant ne possèdent pas une psychologie complexe. Ils n'existent pas pour eux-mêmes, ils n'existent que pour autrui. Ils menacent bien la victime, mais c'est la victime qui leur donne corps et consistance [...] Le monstre qui menace la vie de sa victime n'est qu'un épiphénomène de la conscience de cette victime[455].

---

[454] MAUPASSANT (G. de), « La Peur », C. et N., tome I, p. 601.
[455] VAX (Louis), La Séduction de l'étrange, op.cit., pp. 215-216.

Dans « Le Fantôme... », une fille rapporte aux voisins les détails de l'agression des djinns dont Sha'bân a été victime. Elle n'en a pas été le témoin direct, mais elle l'a entendu dire. C'est ainsi que se révèle le poids du langage dans la création de « l'évènement » surnaturel. Les mots sont à l'origine de la peur dont la progression aboutit à l'hallucination collective. Todorov l'explique : « Le surnaturel naît du langage, il en est à la fois la conséquence et la preuve »[456]. Dans « Le Horla », le narrateur-héros s'enferme dans son monologue. Sha'bân, lui, raconte à ses camarades des histoires de revenants avant de devenir la victime des fantômes qu'il a créés par les mots. Le fantôme de la mère Khalil correspond à une vision collective et populaire du surnaturel, tandis que le Horla est un fantôme qui naît et se développe dans la solitude, poursuivant un homme qui vit dans un état de claustration. Les autres ne pénètrent pas dans son univers. L'enfermement du héros se révèle aussi à travers son mode d'expression : le journal. Il ne raconte pas ses visions aux autres comme le fait Sha'bân qui cherche vainement de l'aide. En réalité, les deux héros sont profondément seuls. Mais l'un semble rechercher la solitude et l'autre en souffrir. Cet état d'isolement est entretenu par les deux personnages. Pour Sha'bân, les autres n'existent que pour appuyer ses peurs et nourrir ses phobies ; ils ne sont que les témoins de son mal. Le héros du « Horla » fuit les autres et s'engouffre seul dans un labyrinthe de suppositions et de conclusions faussement objectives. Il finit par mettre le feu à sa maison ; pourtant, à l'origine, elle représentait le refuge maternel. Le héros marque ainsi la fin de son combat avec l'Invisible par son désir de se détruire, le mal étant en lui.

4.2. L'agression maléfique

Comme le fait remarquer Alain Labrousse, ce ne sont pas « les agents", mais la fonction qu'ils remplissent qui agresse[457]. Taymûr, dans « Le Fantôme... », ne définit pas ces « agents », ces êtres hostiles ; il ne les énumère pas, ni ne les décrit véritablement. On sait seulement qu'il s'agit de génies faisant des bruits de sabots, en référence aux pieds de bouc des démons. Cette représentation du diable ou de l'être hybride est commune aux imaginaires arabe et occidental. Quand Maupassant parle de pieds de bouc, c'est à une histoire orientale qu'il fait allusion. Dans « L'Inconnue », le narrateur dit à propos d'une femme mystérieuse qu'il a rencontrée : « Il me sembla que je voyais une des magiciennes des *Mille et Une Nuits* [...] Je pensais à Salomon faisant passer sur une glace la reine de Saba pour s'assurer qu'elle n'avait point le pied fourchu »[458]. Louis Forestier nous apprend que cette histoire provient du *Coran* (Sourate XXVII, verset 44.) Il donne cette préci-

---

[456] TODOROV (Tzvetan.), *Introduction à la littérature fantastique, op.cit.,* p. 87.
[457] LABROUSSE (Alain), *Le Conte fantastique moderne (1870-1940),* thèse de 3ème cycle, Bordeaux III, 1973, p. 90.
[458] MAUPASSANT (G. de), « L'Inconnue », *C. et N.,* tome II, p. 447.

sion : « Les commentateurs [du Coran] précisent que la reine de Saba était très velue et qu'on chuchotait qu'elle avait des pieds de bouc ou d'âne »[459]. Toutefois, Maupassant ne s'est pas inspiré d'écrits musulmans ; cette légende est connue en France ; des œuvres françaises ont rapporté l'histoire de Salomon et de la reine de Saba comme *La Fée aux miettes* de Nodier, *Le Voyage en Orient* de Nerval et *La Tentation de Saint Antoine* de Flaubert. On pense aussi aux créatures de la mythologie grecque et aux êtres hybrides qui y sont représentés.

Les êtres décrits dans les nouvelles fantastiques ne peuvent pas toujours entrer dans des catégories bien précises. Il est vrai que Louis Vax a dénombré plusieurs grands ensembles de créatures fantastiques parmi lesquelles figurent le loup-garou, le vampire, les parties séparées du corps humain, etc.[460]. Mais Alain Labrousse a raison d'affirmer que « la notion de fonction est plus opératoire que la typologie de Louis Vax »,[461] car les « agents » peuvent varier indéfiniment. Ce sont leurs fonctions qui sont récurrentes. Dans « Le Fantôme... », l'agent qui agresse a une fonction vengeresse ; Sha'bân attire les mauvais esprits à force de parler d'eux. Il les appelle et, dans les contes fantastiques, cela ressemble à un défi. Le thème développé dans cette nouvelle n'est pas nouveau ; il s'agit d'un thème classique de la littérature fantastique : parler des fantômes les fait venir, commun aux deux cultures. Le tabou est transgressé, la vengeance s'accomplit. Mais l'agression maléfique n'est pas toujours engendrée par « une faute » ; la victime peut très bien n'en avoir commis aucune comme dans « Le Horla » où le héros est victime d'une sorte de vampire sans qu'il y ait eu transgression d'un interdit. Dans ces cas-là, le sort du héros qui est souvent tragique est moins une punition qu'une malchance. Alain Labrousse parle de « piège du destin »[462]. Micheline Besnard-Coursodon analyse également le triste sort du personnage fantastique comme étant causé par l'impuissance de la victime à s'échapper d'un piège :

> *L'impuissance en effet commande l'attitude de la victime, dans les affrontements physiques comme dans les situations morales ; l'immobilisation qui le consacre affecte aussi bien le poisson pris à l'hameçon ou l'animal au filet que l'homme blessé, paralysé et obsédé par la peur [...] toutes ces manifestations de l'état de victime reposent sur la situation unique d'un être pris au piège, à la fois enchaîné et isolé, ne pouvant fuir ce qui le tue, ni dans l'espace, ni dans le temps, ni le surmonter, ni le transcender[463].*

Dans les nouvelles fantastiques des deux auteurs, l'ennemi n'est pas vraiment extérieur et étranger à celui qui souffre ; il ne peut donc pas le

---

[459] Note de Louis Forestier n° 1, Maupassant (G. de), *C. et N.*, tome II, p. 1452.
[460] VAX (Louis), *La Séduction de l'étrange, op.cit.*, p. 12.
[461] LABROUSSE (Alain), *Le Conte fantastique moderne, op.cit.*, p. 91.
[462] *Ibid.*, p. 95.
[463] BESNARD-COURSODON (M.), *Etude thématique et structurale de l'œuvre de Maupassant, le piège.., op.cit.*, p. 230.

vaincre. Il est en lui, il est lui, ce qui explique que la plupart de ces nouvelles finissent de façon tragique et que la mort de « l'ennemi » entraîne celle du héros. L'intervention du surnaturel dans la nouvelle fantastique pourrait être interprétée comme étant une vision onirique ou encore comme une hallucination s'imposant à un esprit malade. Comme nous l'avons vu, il s'agit la plupart du temps d'aventures solitaires et aucun témoin ne peut véritablement confirmer ou infirmer la réalité de l'évènement. Mais il y a aussi ce que Louis Vax appelle des « terreurs populaires »[464] et donc collectives ou du moins ayant un rapport avec une perception de groupe du phénomène surnaturel. Nous en avons vu un exemple chez Taymûr dans « Le fantôme... », où Sha'bân est seul à voir les fantômes, mais ses voisins le croient et rapportent le phénomène comme s'ils en étaient eux-mêmes témoins. Louis Vax écrit : « Le mystère n'est pas dans les choses, mais dans la lutte confuse d'une raison s'efforçant de reconquérir un monde qui menaçait de lui échapper [...] il est l'effort de la raison qui ne se résigne pas au mystère »[465]. La souffrance psychologique est à l'origine de l'évènement inexplicable ; les apparitions et les phénomènes surnaturels sont dans ces cas les manifestations et l'expression de préoccupations en marge de la conscience. L'apparition, c'est la représentation de ce que l'homme refoule ou n'arrive pas à comprendre et à maîtriser. Toutefois, la condition de la réussite d'une œuvre fantastique est qu'aucune explication ne soit imposée de manière claire. Le mystère doit subsister et la thèse de la folie ou du mal-être du héros ne doit être suggérée que comme une possibilité. Le mystère, qu'il soit résolu à la fin de la nouvelle ou non, doit occuper tout au long du texte une place prépondérante et ne pas être atténué par une analyse introspective proposée directement par une voix extérieure et objective. Seuls les faits doivent parler, distillant l'atmosphère particulière du fantastique et amenant le lecteur à accepter l'irrationnel.

4.3. Le thème de la femme-vampire

Pour aborder ce thème, nous utilisons la formule de « contes cruels » pour désigner des récits qui racontent des drames vécus par des personnages pris dans la tourmente et victimes de la cruauté des autres ou de la vie, mais sans qu'il y ait forcément une intervention du surnaturel. Mais comme l'affirme Jacques Chessex : « Plus il y a de réel, plus il y a d'effroi [...] plus l'œil [est] réaliste, plus la certitude de ce réel recèle l'inconnu, le péril, la mort »[466]. Nous avons vu dans les nouvelles fantastiques que les souffrances humaines mènent souvent à l'insolite. Dans les « contes cruels » qui relatent des évènements dramatiques, l'auteur situe son récit entre réalité et fantastique, frôlant le surnaturel sans y pénétrer.

---

[464]VAX (L.), *La Séduction de l'étrange, op.cit.*, p. 106.
[465] *Ibid.*
[466] CHESSEX (Jacques), *Maupassant et les autres,* Paris, Ramsay, 1981, p. 30.

Comme nous l'avons vu dans la partie consacrée aux nouvelles réalistes, les deux auteurs ont souvent fait un portrait extrême de la femme, la rapprochant de ces êtres envahissants et hostiles qu'on retrouve dans la littérature fantastique. Quand l'homme n'arrive pas à se libérer du pouvoir que la femme exerce sur lui et à expliquer rationnellement sa situation, il parle de forces mystérieuses et irrésistibles. Quand les défauts de la femme ou son pouvoir sont poussés à leur paroxysme, cela donne un portrait qui la rapproche du monstre. Dans « Un Soir » de Maupassant, Deslauriers tue un autre monstre à la place de sa maîtresse, une pieuvre dont l'aspect repoussant représente la laideur intérieure de la femme haïe. Dans « La Chauve-souris », Taymûr décrit une femme dont la laideur, cette fois-ci extérieure, rappelle celle du chiroptère. La femme peut également être vue comme un monstre de bêtise ; son inhumanité résiderait alors dans son manque d'intelligence. Elle est décrite comme un être bruyant, aux réactions et aux idées contradictoires. Dans ce type de nouvelles, l'auteur désignant l'Homme comme se distinguant par sa pensée et par sa raison, l'absence de celles-ci chez certaines héroïnes fait d'elles des êtres plus proches de l'animal ou du monstre envahissant que de l'être humain intelligent et sociable. Certains personnages féminins sont ainsi représentés par les deux auteurs comme étant de nature jalouse et agressive. Mais quelquefois cette agressivité est rapportée de manière à suggérer un côté presque surnaturel. Dans le texte suivant extrait d'une nouvelle de Taymûr intitulée « Bigamie », on découvre la pensée vengeresse d'une femme dont le mari a épousé une deuxième femme plus jeune qu'elle :

> Elle éprouvait souvent une furieuse envie d'arracher des bras de leur mari, cette femme molle et paresseuse. Puis de l'étreindre lui, dans l'étau de ses bras vigoureux pour le combler d'ardents baisers, des baisers de goule qui lui sucerait la vie[467].

Cette femme qui nourrit des pensées meurtrières à l'égard de celui qui l'a trahie apparaît comme une ogresse. Nous citons ici la traduction des éditions latines. Dans la version originale, il est question de « baisers de serpents » ; cette femme est donc une sorte de gorgone. Le traducteur, lui, parle de goule ; cette traduction serait d'autant plus intéressante si elle a été effectuée par Taymûr, comme le suppose F. Gabrieli[468], car les Nouvelles Éditions Latines ne font figurer aucun nom de traducteur autre que celui de l'auteur original. La femme-goule et la gorgone sont des images empruntées aux légendes arabes et à la mythologie grecque. Notons que cette image de femme-ogresse exprime la pensée de l'héroïne qui se perçoit elle-même ainsi et qui dit son désir de dominer son mari. Grâce au style indirect libre, Taymûr nous fait découvrir la psychologie de son héroïne à laquelle il attribue

---

[467] TAYMUR (M.), « Zawj wa darratân », *Ihsân li-lâh*, *op.cit.*, p. 129, traduction : « Bigamie », *La Fleur de cabaret*, 1953, Nouvelles Éditions Latines, p. 57.
[468] GABRIELI (F.), « L'Opera letteraria... », *Oriente Moderno*, *op.cit.*, p. 143.

une pensée vénéneuse dictée par la jalousie et qui contribue à donner d'elle cette image d'ennemie silencieuse dont la passivité n'est due qu'à sa situation de prisonnière. Nous pourrions comparer cette image de femme-goule aux nombreuses descriptions que fait Maupassant de certaines de ses héroïnes ; pourtant, c'est avec le Horla qu'il faut comparer la femme-goule, car il est l'incarnation de l'être envahisseur ; comme cette femme, il étreint et il écrase :

> Je sens que quelqu'un s'approche de moi, me regarde, me palpe, monte sur mon lit, s'agenouille sur ma poitrine, me prend le cou entre ses mains et serre ... serre... de toute sa force pour m'étrangler. [...] J'essaie avec des efforts affreux, en haletant, de me tourner, de rejeter cet être qui m'écrase et qui m'étouffe, — je ne peux pas !![469].

Et plus loin :

> Cette nuit, j'ai senti quelqu'un accroupi sur moi, et qui, sa bouche sur la mienne, buvait ma vie entre mes lèvres. Oui, il la puisait comme aurait fait une sangsue. Puis, il s'est levé, repu, et moi je me suis réveillé, tellement meurtri, brisé, anéanti, que je ne pouvais plus remuer[470].

Il s'agit ici d'un rêve ; pourtant, éveillé ou endormi, cet homme a toujours l'impression qu'un être invisible cherche à le posséder. Le passage précédant nous racontait le rêve éveillé d'une femme que la jalousie transforme en monstre assoiffé de vengeance. Grâce à l'image de la femme vampire qui veut sucer la vie par ses baisers de goule, l'auteur fait se rejoindre l'idée de l'amour et du désir et celle de la mort. En donnant l'amour par des baisers, cette femme espère aussi prendre la vie. Les thèmes de l'amour, de la haine et de la mort sont voisins : l'un aboutit souvent à l'autre. Dans « Le Horla », il ne s'agit pas d'amour, mais seulement de possession. Dans les nouvelles fantastiques, on parle souvent d'un ennemi terrible contre lequel l'homme est impuissant. Cet ennemi peut être invisible comme une pensée abstraite, une peur, une inquiétude latente. Dans la nouvelle de Maupassant, le narrateur parle de sangsue, mais ce que le Horla suce ce n'est pas une matière comme le sang, c'est l'énergie de sa victime, son être même. D'une certaine manière le Horla devient un double du héros, car il se « construit » en se nourrissant de sa victime. Sa présence se précise et s'impose au fur et à mesure que le héros s'affaiblit. Mais le Horla n'anéantit le corps que pour mieux détruire l'esprit. Ce thème a été maintes fois repris par les auteurs fantastiques après Maupassant ; une des images les plus récurrentes dans la littérature fantastique moderne est cette disparition progressive de l'homme au profit d'un autre être, un parasite intelligent. En effet, la littérature fantastique utilise ces images d'envahissement de l'être par une idée ou un monstre, car l'angoisse qui en découle est plus terrible que la simple peur de

---

[469] MAUPASSANT (G. de), « Le Horla », C. et N., tome II, p. 916.
[470] Ibid.

la mort. Ce que Maupassant montre dans « le Horla » c'est surtout une souffrance morale même s'il est souvent question de « maladie » ou d'« épidémie ». En effet, le lecteur se demande si le héros est victime d'un mal physique, qui peut être décrit et analysé ou si, au contraire, la victime subit un mal imaginaire, contre lequel les remèdes ne peuvent rien. D'ailleurs, il est intéressant de savoir que, dans les films fantastiques, souvent l'envahisseur, l'*alien* est une métaphore de la maladie qui entre en l'homme, lui retire sa force et ne le laisse qu'une fois vidé de son énergie et de sa substance, pour ensuite aller envahir un autre corps.

L'auteur égyptien et l'auteur français se rejoignent dans leur description du baiser de la mort. Le Horla s'accroupit sur le corps du héros pour boire sa vie entre ses lèvres et la femme jalouse imagine la manière dont elle comblerait son mari de baisers de goule qui lui suceraient la vie. Cette femme est à la recherche du pouvoir, un pouvoir auquel elle ne peut accéder dans la réalité. Le baiser lie ainsi l'agresseur et la victime dans une relation d'amour-haine. La première épouse aime et hait à la fois le mari bigame. Dans la nouvelle de Maupassant, ce qui lie le Horla à sa victime c'est une dépendance vitale : le Horla n'existe que par rapport à sa victime dont il a besoin pour exister. Ce qu'il y a d'universel dans cette image de vampire suçant la vie par la bouche de ses victimes c'est l'idée que se font les peuples de l'âme. La bouche reçoit la nourriture qui fait vivre. L'image de l'enfant ou de l'homme qui boit est celle de la vie. L'image inverse symbolise donc la mort, une mort dont l'originalité réside dans cette manière d'inverser des symboles universellement connus. L'auteur emprunte ainsi le chemin du vraisemblable (du connu) pour aboutir à un possible effrayant.

4.4. Le diable dans les nouvelles des deux auteurs

La littérature fantastique occidentale décrit plusieurs créatures surnaturelles. Les ennemis de l'homme sont tour à tour le fantôme, la sorcière, le diable... Le thème du diable apparaît dans les œuvres des deux auteurs de deux manières différentes : dans le premier cas, Maupassant et Taymûr adoptent une vision rationnelle du problème, dénonçant ce qu'il y a de malsain dans les superstitions et dans les croyances au diable et aux démons. Dans le deuxième cas, les deux auteurs utilisent certains thèmes ou motifs appartenant à ces croyances pour construire leurs récits fantastiques ou leurs contes cruels. Quand Maupassant exprime directement son opinion sur les questions qui se rattachent à la religion par exemple, c'est pour mieux affirmer ne croire ni à Dieu ni à diable. Selon lui, les croyances religieuses naissent de la peur de l'homme devant ce qu'il ne connaît pas et face à la mort. Dans « Le Diable »[471] par exemple, il montre la vulnérabilité de ceux qui croient au malin et comment ils sont trompés par certaines personnes peu

---

[471] MAUPASSANT (G. de), « Le Diable », *C. et N.,* tome II, p. 769.

scrupuleuses qui utilisent ces croyances pour les exploiter. Taymûr est croyant, mais il refuse les superstitions comme tous les musulmans modernes qui ne croient pas à l'existence matérielle d'un diable qui pourrait agir physiquement dans le monde des vivants. En islam, le diable représente l'idée du mal ; son action auprès des hommes consiste à les y inciter, pour cela, il utilise l'atout de la séduction qui constitue un des points communs les plus importants entre la représentation du diable en Occident et en Orient. Dans les milieux populaires, on continue à croire à la réelle existence du diable, des djinns et autres créatures obscures et de leur possible intervention auprès des humains dans le monde réel. Dans « Le Diable »[472], Taymûr dénonce ces croyances et montre comment le fait de croire au diable peut aveugler les gens au point de les empêcher de porter secours à une personne en entendant ses cris de détresse, la croyant possédée par le malin.

La Bible comme le Coran racontent la même histoire qui oppose Satan (*Al-Shaytân*) à Adam et Ève *(Adam wa Hawwa')* qu'il mène à leur perte. Les deux auteurs peuvent aussi donner certaines caractéristiques du diable à certains de leurs personnages. C'est le cas par exemple de certaines héroïnes femmes qui jouent le rôle de la tentatrice ; la diabolisation de la femme est liée au thème de la métamorphose. Nous avons vu précédemment que les deux auteurs décrivent des cas de femmes qui attirent l'homme dans le piège de l'amour grâce à l'appât de la chair, puis, quand l'homme répond à cet appel, la femme séductrice laisse voir au grand jour une autre nature injuste et hostile. Ce qu'ils décrivent, ce ne sont plus des femmes, mais des êtres dont la nature est double, chez qui l'être s'oppose au paraître. Dans la littérature fantastique comme dans les écrits des trois religions monothéistes, le diable est un séducteur ; il attire l'homme à sa perte après lui avoir fait miroiter de belles promesses. Quand il est sûr d'avoir assujetti sa victime, le tentateur apparaît tel qu'il est, un monstre hideux et terrifiant. Il ne se soucie plus de cacher son horrible face devant son nouveau serviteur qui a accepté de signer le pacte. Maupassant décrit souvent un autre pacte qui ressemble sous sa plume par bien des côtés au contrat de mariage qui lie l'homme à la femme. Une fois mariée, celle-ci se déchaîne, montrant une autre nature foncièrement injuste et outrancière. Le narrateur de la nouvelle « Au printemps » nous raconte une sorte de « métamorphose » de sa femme après le mariage :

> *Oh cet œil de la femme, quelle puissance il a ! Comme il trouble, envahit, possède, domine ! Comme il semble profond, plein de promesses, d'infini ! On appelle cela se regarder dans l'âme ! Oh ! Monsieur, quelle blague ! Si on y voyait, dans l'âme, on serait plus sage, allez [...] Je perdis enfin tout à fait la tête, et, trois mois après, je l'épousai. Que voulez-vous, monsieur [...] on se dit que la vie serait douce avec une femme ! Et on l'épouse, cette femme ! Alors elle*

---

[472] TAYMUR (M.), « Al-Shaytân » (Le Diable), *Abu 'Ali 'amil artist, (Abu Ali fait l'artiste)*, Le Caire, al-Matba'a al-Salafiyya, 1934.

vous injurie du matin au soir, ne comprend rien [...] jacasse sans fin [...] se bat avec le charbonnier, raconte à la concierge les intimités de son ménage, confie à la bonne du voisin tous les secrets de l'alcôve [...][473].

Cette caricature de la femme la rapproche aussi de ces êtres simples, mais malfaisants contre lesquels l'homme doit se battre dans les aventures fantastiques. Quand Maupassant ou Taymûr parlent d'hommes « captivés », « possédés », « liés corps et âme » à la femme, ils font référence à un discours magique où la femme « ensorcelle » et jette des sorts. La femme n'est alors perçue que comme une des figures de l'ennemi qui menace l'homme, l'envahit, prend toute la place et le réduit au silence.

---

[473] MAUPASSANT (G. de), « Au printemps », *C. et N.*, tome I, pp. 288-289.

II. LE FANTASTIQUE,
EXPRESSION D'UN MAL-ÊTRE

1. De « l'inquiétante étrangeté » au fantastique

Dans *Essais de psychanalyse appliquée*[474], Freud explique le concept de « l'inquiétante étrangeté » (*das unheimliche*) : « Cette sorte de l'effrayant qui se rattache aux choses connues depuis longtemps, et de tout temps familières »[475]. Il s'agit de l'effroi qu'on peut ressentir à propos de détails impossibles ou de situations inversées en apparence anodines mais qui peuvent s'avérer extrêmement inquiétantes. S. Freud donne cet exemple : « On doute qu'un être en apparence inanimé ne soit vivant et inversement, qu'un objet sans vie ne soit en quelque sorte animé »[476].

Maupassant décrit souvent des situations bizarres où s'installe cette « inquiétante étrangeté » qui inverse l'ordre des choses. Cela peut être un objet déplacé, comme cette carafe dont le contenu diminue alors que personne n'y touche (« Le Horla ») ou alors un ensemble de détails inquiétants comme dans « L'Auberge » où le vent et des cris mystérieux font perdre la raison à Ulrich.

On retrouve cette atmosphère étrange et inquiétante chez Taymûr dans « Le Diable », quand des cris déchirent la nuit dans un village plongé dans l'obscurité, ou dans « Le Fantôme... » où un homme crie le nom d'une morte, et ce, devant le corps étendu et immobile d'une autre femme qui dort.

Cette notion d'« inquiétante étrangeté » est présente dans les nouvelles fantastiques qui traitent du thème du double. Dans « Lui ? » de Maupassant, un homme voit un autre homme, assis sur son fauteuil, puis la vision disparaît. Dans « Le Horla » et « Lettre d'un fou », le héros ne voit plus son reflet dans le miroir comme si un être invisible s'était mis entre lui et le miroir. Ces êtres imperceptibles et angoissants représentent une sorte de double envahissant. Dans la littérature occidentale, voir son double est souvent un présage de mort : « Le romantisme allemand a donné au double (*Doppelgänger*) une résonance tragique et fatale... Il peut être le complémentaire, mais plus souvent l'adversaire qui nous invite à combattre... rencontrer son

---

[474] FREUD (Sigmund), *Essais de psychanalyse appliquée*, Gallimard, 1971, p. 165.
[475] SALEM (Jean), « Le Bestiaire imaginaire de G. de Maupassant », *Maupassant et l'écriture, op.cit.*, p. 134.
[476] Freud (S.), *Essais de psychanalyse..., op.cit.*, p. 254.

double est dans les traditions anciennes un évènement néfaste, parfois même un signe de mort »[477].

Taymûr qui a lu les nouvelles de Maupassant où le thème du double est apparent a repris cette idée de manière originale dans « Le Courtier de la mort ». Chez les deux auteurs, le thème du double se révèle dans des détails inquiétants, à travers une apparition ou dans le sentiment d'une présence obsédante ressenti par un des personnages. Cet « autre » devient « indépendant » avant de prendre petit à petit la place de celui qu'il finit par détruire. Catherine Noireaut écrit à propos de la légende du double dans la religion égyptienne : « Les Anciens, les Égyptiens en particulier, croyaient que tout homme avait un double qui l'attendait dans le tombeau ; à la mort, il y aurait réunion en une seule unité »[478]. Ce thème a été largement repris dans la littérature fantastique, qui se nourrit de sujets et d'images issus des anciens mythes et légendes. Otto Rank explique que l'idée de l'existence d'un double était considérée à l'origine comme positive, car elle est une assurance contre l'anéantissement avant d'évoluer vers une représentation plus négative, celle de la mort[479].

Dans « Le Courtier de la mort », c'est autour d'une atmosphère de peur que Taymûr aborde ce thème. Dans cette nouvelle, il décrit l'angoisse d'un homme, 'Ammar, qui fuit le croque-mort du village dont l'apparence physique inspire la peur ; la silhouette décharnée et inquiétante du courtier de la mort rappelle aux hommes qui s'éloignent à son approche que leur fin est proche. 'Ammar fuit cet ancien ami, comme s'il fuyait un autre lui-même. C'est l'histoire d'un homme qui fuit un présage de mort, né d'une inquiétude que rien ne justifie et que tout autour de lui tend à renforcer :

> 'Ammar entra enfin au village, mais la nuit l'y avait précédé, il marcha à grands pas, s'empressant de rentrer chez lui. Une obscurité opaque l'entourait et le silence régnait. Il essaya en vain de calmer le sentiment de peur qui l'assaillait. Mais il entendit tout à coup le bruit de pas saccadés derrière lui battant le sol comme s'il s'agissait des sabots d'un animal. Il entendit aussi un grognement. Il pensa que c'était le Cheick Ghunim, le croque-mort qui le poursuivait. Il entra précipitamment dans sa maison s'enferma à double tour en haletant. Mais les yeux perçants du Cheick Ghunim, ces deux trous sombres à la lueur avare, lui apparurent dans la lucarne de sa chambre. Il prit sa djellaba, l'enroula et en obtura l'ouverture. Il eut de plus en plus de mal à respirer comme si quelque chose pesait sur sa poitrine. Il s'écria : « Mais que me veut cet homme ? Que veut-il... ?[480].

[477] BIRON (Marcel), L'Allemagne romantique, voyage initiatique, Paris, Albin Michel, 1977, tome I, p. 120.
[478] NOIREAUT (C.), Le Fantastique dans les contes et nouvelles de Maupassant, op.cit., p. 154.
[479] RANK (Otto), Don Juan, une étude sur le double, Paris, Denoël, 1932.
[480] TAYMÛR (M.), « 'Azrâ'îl al-qarya » (L'Azraël du village), Fir'awn al-saghîr (Le petit pharaon), op.cit., pp. 126-127.

Après la mort du croque-mort, la métamorphose de 'Ammar en un indivi-du taciturne et décharné annonce l'accomplissement de la menace : 'Ammar et son double obscur ne font plus qu'un. Dans ce passage, la dernière inter-rogation qui se répète ressemble à celles qu'on trouve souvent dans les nouvelles de Maupassant. Cette répétition indique un autre dédoublement. Dans sa nouvelle « Le Horla », Maupassant joue tout particulièrement sur cette récurrence des mots qui révèle indirectement la présence du double :

> *Donc, il s'était sauvé, il avait eu peur, peur de moi [...] Ah ! Je me rappelle, je me rappelle le beau trois-mâts brésilien [...] l'Etre était dessus (...) Et il m'a vu ! Il a vu ma demeure. [...] Il est venu le... le... [...] Le Horla... j'ai entendu... Le Horla... C'est lui... le Horla...[481].*

Dans les nouvelles fantastiques, ce n'est pas toujours le monstre hideux qui effraie ; l'idée abstraite et obsessionnelle peut être ce monstre qui tue. L'idée meurtrière n'est pas forcément celle de la menace d'un être hostile ; l'idée obsessionnelle peut à elle seule constituer ce monstre effrayant et s'appeler par exemple "jalousie", comme dans plusieurs textes où ce senti-ment grandit et obsède l'esprit. Dans « M. Jocaste », Maupassant parle de la jalousie comme étant « l'idée qui ronge[482] ». Dans « Fou », Taymûr compare la pensée à « des serpents qui grouillent dans la tête du jaloux »[483].

Grâce aux verbes «grouiller» et «ronger», les auteurs assimilent la pensée à un insecte ou un animal malfaisant. L'idée de cette animalité de la pensée permet de suggérer son "indépendance". C'est une pensée bien particulière qui régit l'univers de celui qu'elle hante. Cette pensée ennemie ressemble par bien des côtés à une maladie. Dans « Le Horla », il est bien question d'une épidémie dont le héros pense être victime. Il parle ainsi de son mal :

> *Je maigrissais d'une façon inquiétante, continue, et je m'aperçus soudain que mon cocher [...] commençait à maigrir comme moi. Je lui demandais enfin : Qu'avez-vous donc Jean ? Vous êtes malade ? ». Il répondit : « Je crois que j'ai gagné la même maladie que monsieur. C'est mes nuits qui perdent mes jours[484].*

Dans cet univers où plus rien n'est inoffensif, les forces naturelles se transforment en ennemi. La nuit est une ogresse qui mange les jours comme si les éléments étaient en conflit entre eux. Maupassant applique ainsi à son texte le concept de « l'inquiétante étrangeté » en rattachant de l'inquiétant aux choses connues. Il inverse l'ordre des choses dans un univers où plus rien ne fonctionne normalement. Il nous décrit des hommes qui subissent les conséquences d'un désordre devant lequel ils sont impuissants. L'idée de la maladie insidieuse, celle dont il souffre lui-même, qui ronge le corps sans répit, a inspiré à Maupassant plusieurs nouvelles où un ennemi matériel ou

---

[481] MAUPASSANT (G. de), « Le Horla », *C. et N.,* tome II, pp. 932-933.

[482] MAUPASSANT (G. de), « M. Jocaste », *C. et N.,* tome I, p. 721.

[483] TAYMUR (R.), « Majnûn » (Fou), *Kull 'âm wa antum bikhayr* (Bonne année), *op.cit.,* p. 20.

[484] MAUPASSANT (G. de), « Le Horla », *C. et N.,* tome II, p. 824.

immatériel absorbe la vie de sa victime. Il a donné à ses propres angoisses de multiples formes. Ses nouvelles fantastiques demeurent très proches de la réalité même quand les lois naturelles semblent ne plus régir le monde qu'il décrit. Cette impuissance devant l'implacable « désordre », il en a fait l'expérience. Pour lui, ce désordre est celui que crée la maladie incurable dans le corps et l'esprit.

Cette image d'amaigrissement rapide et inquiétant, on la retrouve aussi dans la nouvelle de Taymûr « Le Courtier de la mort » : 'Ammar se « métamorphose » dès qu'il devient à son tour croque-mort :

> *Depuis que 'Ammar a commencé son nouveau métier, il changea physiquement. Son corps commença à maigrir, ses yeux s'enfoncèrent, son front parut plus proéminent [...] et son long visage acquit un air triste et effrayant*[485].

Dans « Le Fantôme de la mère Khalil », Sha'bân vieillit prématurément, son corps se délabre progressivement parce que ses nuits sont hantées par des visions étranges et que le jour il vit dans l'angoissante attente de la menace nocturne, comme le personnage du « Horla » dont « les nuits mangent les jours ». La peur agit sur Sha'bân comme s'il s'agissait d'une véritable maladie. Taymûr décrit ainsi l'implacable décrépitude physique causée non pas par l'âge, mais par la pensée obsessionnelle.

2. Solitude, temps et folie

2.1. La solitude, une des conditions du récit fantastique

Les nouvelles fantastiques décrivent un monde où les souffrances humaines prennent d'importantes dimensions et différentes formes et l'insolite n'est quelquefois que l'expression de leur absurdité. L'intervention du surnaturel n'est pas indispensable à la nouvelle fantastique pour qu'elle puisse suggérer l'existence d'un univers à part. Marie-Claire Bancquart déclare à propos de la réalité que décrit la littérature fantastique moderne : « C'est le marquis de Sade qui, en préface aux *Crimes de l'amour*, souhaitait que le faux merveilleux disparût de la littérature pour faire place à une noirceur, à une étrangeté tirée seulement de l'analyse du cœur humain »[486]. Les « contes cruels » et les nouvelles fantastiques se rejoignent en révélant les souffrances humaines sous toutes leurs formes, quelle que soit la manière dont l'auteur procède pour nous les représenter. Parmi ces souffrances, il y a la solitude que Maupassant et Taymûr ont dépeinte de manière à la fois implicite et extrême dans « L'Auberge » et « Le Fantôme... ». Cette solitude est quelquefois une condition au bon fonctionnement de ce type d'aventure. L'auteur du conte fantastique cherche le plausible, et même en décrivant des situations

---

[485] TAYMÛR (M.), « 'Azrâ'îl al-qarya » (L'Azraël du village), *Fir'awn al-saghîr (Le petit pharaon), op.cit.*, pp.165.
[486] BANCQUART (M.-C.), *Maupassant, conteur fantastique, op.cit.*, p. 54.

tout à fait impossibles il s'attache à un certain réalisme. Il en résulte que les scènes d'apparition de fantômes, par exemple, ont souvent pour décor un endroit particulier qui prépare le lecteur à voir l'incroyable. Un endroit obscur, désert ou plein d'ombres permet d'annoncer l'apparition d'un spectre. Le fait de décrire un personnage solitaire permet aussi de suggérer sa fragilité et surtout personne ne peut contredire ses visions : l'absence des autres comme témoins du phénomène surnaturel permet d'entretenir l'ambiguïté de la situation. Confirmer ou infirmer la réalité de l'évènement surnaturel pourrait nous mener hors du fantastique qui a pour condition l'hésitation entre deux interprétations. Si le héros était compris et cru par les autres, cela enlèverait le côté angoissant de l'histoire fantastique qui tire sa force de l'isolement dans lequel se trouve le héros qui n'est entouré que par des éléments hostiles et n'est entendu que par des gens incrédules. Tout se ligue contre le héros fantastique qui doit combattre un danger qu'il est le seul à percevoir. Mais malgré l'originalité de cette situation, le personnage principal a plusieurs points communs avec le héros romanesque traditionnel. Il doit vaincre des forces hostiles, les maîtriser ou alors les fuir. L'aventure fantastique peut finir par la victoire du héros même si chez Maupassant et Taymûr elle finit toujours de manière tragique. La véritable originalité de la fonction du héros fantastique réside dans sa dimension symbolique. C'est cette noirceur des situations qui confère sa profondeur à l'œuvre fantastique. Dans la société occidentale du XIXe siècle, le surnaturel qui intriguait beaucoup de gens, dont Maupassant, était un « dépaysement » pour l'esprit cartésien. Jean Pierrot déclare à ce propos : « La déchristianisation progressive de la société française au cours du XIXe siècle laisse subsister une nostalgie du surnaturel, d'autant plus intense que la vision positiviste du monde semble dépouiller la vie de toute poésie »[487].

Dans la société égyptienne du début du XXe siècle, le surnaturel n'a pas eu besoin d'être réintroduit ; la relative modernisation de la société arabe n'a pas fait disparaître certaines croyances même si la science a fait considérablement reculer les superstitions. Mais le côté obscur des choses a toujours fasciné les écrivains même s'ils sont issus d'une société où les croyances demeurent vivaces. Taymûr qui nous parle souvent des soirées de son enfance où l'on racontait des histoires de fantômes nous en donne la preuve. Maupassant a souvent commencé ses nouvelles fantastiques en décrivant un groupe de personnes écoutant une histoire incroyable.

Outre le fait que la nouvelle ressemble souvent à l'histoire racontée à la fin d'un repas dans ce qu'elle a d'étonnant et de dépaysant, la rencontre d'un groupe d'amis permet à l'auteur de suggérer une situation bien particulière. Ceux qui écoutent l'histoire à l'intérieur de l'histoire représentent l'attitude des lecteurs. L'incrédulité, l'étonnement ou les questions des lecteurs sont exprimés par cet auditoire. Mais l'entourage n'a pas uniquement ce rôle de

---

[487] PIERROT (Jean), *Merveilleux et fantastique*, op.cit., p. 793.

spectateur sceptique ou de juge, il peut aussi participer à l'action. Dans « Le Fantôme de la mère Khalil », les amis de Sha'bân constituent au début un auditoire attentif et inoffensif avant de contribuer à l'isolement de leur ancien ami. Mais Sha'bân lui-même ne perçoit les autres que comme des témoins de son malaise. Son entourage joue un rôle dans la progression de son obsession. Ils croient aux fantômes, fuient Sha'bân et le craignent ; ils contribuent ainsi à faire de lui une victime.

Dans « Le Horla », le cocher a un rôle de victime-témoin : il maigrit comme son maître. L'entourage n'est donc perçu que par rapport au fait qu'il justifie l'obsession. Cependant, ces témoins ne communiquent pas véritablement avec le héros. L'incrédulité comme la foi de l'entourage renforcent l'isolement du héros fantastique. Pierre-Georges Castex écrit très justement : « Parmi les contes dont le ressort principal est la peur, les plus émouvants et les plus fantastiques ont pour personnage principal un névrosé dont l'équilibre mental succombe ou a succombé [...] à l'horreur de se sentir seul »[488].

Chez Sha'bân, le poids de la solitude va de pair avec la vieillesse. C'est un homme qui recherche la compagnie des autres, mais qui souffre et meurt seul. Dans « L'Auberge », Ulrich vit une solitude soudaine et dramatique après la disparition de son compagnon. Mais la solitude peut aussi être choisie, recherchée et entretenue. Dans « Qui sait ? », le héros nous parle de son désir d'être seul et de son refus de la présence des autres : « Je meurs moralement, et je suis supplicié dans mon corps et dans mes nerfs par cette immense foule qui grouille, qui vit autour de moi, même quand elle dort »[489].

Le narrateur utilise le terme « grouiller » pour décrire l'agitation confuse de la foule. Cette foule qu'il déshumanise par ce terme évoque le mouvement désordonné des insectes. Cet homme vit dans un univers particulier où les lois sociales sont perçues par le personnage-narrateur comme étant absurdes. Sa solitude se révèle ainsi dans son hypersensibilité. Maupassant parle d'« hyperacuité sensorielle », un terme qu'il utilise quand il se décrit lui-même ou quand il parle de ses personnages qui ressentent les choses plus fortement et plus douloureusement que les autres. Vu de l'extérieur, c'est l'univers intérieur du héros qui paraît insensé ; pourtant le personnage-narrateur arrive à nous convaincre que c'est le dehors, l'extérieur qui est absurde. Si on considère la situation du point de vue du héros, c'est le monde « normal » qui semble cruel et « fermé ». La présence des autres, de cette foule dont parle le héros de « Qui sait ? » accentue l'idée de la solitude dans laquelle il se trouve. Marie-Claire Bancquart écrit : « Le bain de foule [chez Maupassant] comme chez Baudelaire et E. Poe n'est qu'une multiplication de la méconnaissance [de l'autre], un certificat de solitude »[490].

---

[488] CASTEX (P.-G.), *Le Conte fantastique…*, op.cit., p. 376.
[489] MAUPASSANT (G. de), « Qui sait ? », *C. et N.*, tome II, p. 1226.
[490] BANCQUART (M.-C.), *Maupassant, conteur fantastique, op.cit.*, p. 71.

Dans « Le Hibou », une des nouvelles fantastiques les plus abouties de Taymûr et dont l'écriture est assez proche de celle de Maupassant, il y a un exemple similaire de solitude recherchée et entretenue et qui mène au même désordre mental. Malgré la présence des autres, la solitude du héros misanthrope est extrême. Un des aspects les plus flagrants de son isolement psypsychologique est l'absence totale de communication avec les autres, qu'il s'agisse de « ces idiots de médecins » qui lui ont conseillé d'aller se reposer à la campagne ou de sa femme dont il dit : « Je hais son horrible sourire »[491]. Quant à la campagne, il en parle ainsi : « Comment ces fous de poètes peuvent-ils chanter la beauté de la nature ? Où est cette prétendue beauté ? »[492].

Ces personnages solitaires ne sont pas toujours décrits comme ne pouvant s'attacher à personne. Certains objets ou êtres peuvent servir leur claustration. Dans « Qui sait ? », le héros ne supporte plus les hommes et leur préfère les meubles : leurs remplaçants tranquilles. Par sa solitude, le héros de « Qui sait ? » fuit l'agitation des autres ; il recherche l'immobilité et le dit d'ailleurs clairement : « Je m'attache aux objets inanimés »[493]. Dans ce type de récits, l'espace et les objets qui entourent le héros fantastique, essentiellement solitaire, peuvent être indépendants et participer à l'action, comme si la conscience du héros déteignait sur eux en les transformant en miroir de sa souffrance ; c'est ce que Louis Vax appelle « l'espace fantastique »[494].

Le héros du « Hibou » fuit toute présence humaine ou animale. Il fait disparaître tout ce qui pourrait créer de l'agitation autour de lui. À l'origine, cette solitude est censée apporter l'apaisement, mais dans les contes fantastiques il est rare que le héros échappe à ses obsessions ou qu'il trouve la paix.

Dans « Solitude » de Maupassant, le narrateur explique l'inutilité du mariage qui donne l'illusion de ne plus être seul et qui ne fait qu'accroître l'écart qu'il y a entre l'homme et la femme ; il y cite un extrait d'une lettre de Flaubert, son ami et père spirituel, dont nous connaissons le pessimisme : « Nous sommes tous dans un désert. Personne ne comprend personne »[495]. Si Maupassant parle autant et si bien de la solitude, de la solitude intérieure contre laquelle la présence d'autrui ne change rien, c'est parce qu'il en a longtemps fait l'expérience et qu'il la considérait comme implacable et sans remède.

Dans certains contes fantastiques, si le narrateur présente le mariage comme étant la solution pour échapper à la solitude, c'est d'abord pour justifier la présence d'un personnage témoin. L'auteur peut ainsi, grâce à la présence d'un second personnage, mettre en lumière la situation qu'il décrit.

---

[491] TAYMUR (M.), « Al-Bûmatu tan'aq » (Le Hibou hulule), *Shifâh ghalîza (Les Lèvres charnues), op.cit.,* p. 211.

[492] *Ibid.,* p. 209.

[493] MAUPASSANT (G. de), « Qui sait ? », *C. et N.,* tome II, p. 1226.

[494] VAX (Louis), *La Séduction de l'étrange,* Paris, PUF, 1965, p. 209.

[495] MAUPASSANT (G. de), « Solitude », *C. et N.,* tome I, p. 1257.

Le conjoint devient alors un témoin privilégié, mais c'est un témoin qui ne peut apporter d'aide. Pour mettre en évidence cette impuissance, l'auteur ne lui donne jamais la parole, montrant par là l'indifférence du héros à son égard : il ne « l'entend » pas. Ces nouvelles où les héros s'entourent de témoins passifs sont en réalité des nouvelles à personnage unique. Les autres n'ont pas de véritable rôle ; ils sont moins présents que ces simples objets qui s'animent et deviennent des « objets fantastiques ». Dans « Qui sait ? », les objets enlèvent au héros la seule certitude qu'il avait et qui concerne sa place par rapport à eux, puisqu'ils s'animent et le quittent. Maupassant disait ne pas croire aux « supercheries » de l'amour et considérer le bonheur comme une illusion ; cela explique le fait que dans plusieurs de ses nouvelles qui abordent le thème de la solitude ; le mariage ne soit envisagé qu'en dernier recours, permettant non pas un véritable échange, mais apportant uniquement une présence au héros solitaire. Dans « Lui ? », celui-ci explique à un ami la raison qui le pousse au mariage :

> Je me marie pour n'être pas seul ! [...] Je ne veux plus être seul la nuit. Je veux sentir un être près de moi [...] Je veux pouvoir briser son sommeil [...] pour entendre une voix [...] pour voir, allumant uniquement ma bougie, une figure humaine à mon côté... parce que... parce que... (Je n'ose pas avouer cette honte)... parce que j'ai peur, tout seul [...] je n'ai pas peur d'un danger, j'ai peur de la peur[496].

Ce passage est un exemple type de ces textes où Maupassant nous fait découvrir directement la pensée du personnage principal. Cette situation initiale ne semble pas comporter d'invraisemblances ; le lecteur découvre ainsi une pensée claire exprimée avec des mots simples. L'auteur n'incite pas le lecteur à porter un jugement, mais à constater un état. Puis, progressivement, l'auteur introduit d'autres éléments qui créent une progression dramatique. En réalité, ce n'est pas l'univers extérieur qui change et qui se transforme en ennemi : les véritables changements s'opèrent à l'intérieur de l'individu qui nourrit sa propre angoisse d'interrogations et d'affirmations tourmentées. Le monde extérieur est en réalité intact ; c'est la perception de l'individu qui est modifiée. Pourtant, tout tend à prouver le contraire.

Dans « Le Hibou », Taymûr nous rapporte la pensée de son héros dont le raisonnement est très proche de celui de la nouvelle « Lui ? ». On pourrait voir dans cette nouvelle l'influence directe de Maupassant. Le narrateur y exprime la même peur que le héros maupassantien par rapport à la solitude et à la nuit, son épouse représentant son dernier rempart contre la folie, car elle lui renvoie une image de lui-même qui se dérobe à lui :

> Je ne veux pas passer la nuit seul à me retourner dans mon lit [...] Je déteste l'obscurité et je ne peux dormir quand la lampe est éteinte... Je veux ma femme toujours près de moi. Quand je me sens seul, je veux tendre la main et sentir sa présence... je n'ai pas peur... c'est une chose ridicule et honteuse que d'avoir

---

[496] MAUPASSANT (G. de), « Lui ? », *C. et N.*, tome I, p. 870.

peur, de quoi aurais-je peur ? Rien au monde ne me fait peur... pourtant je tremble[497].

La traduction française rend les deux textes encore plus proches et plus évident le désir de Taymûr d'écrire à la manière de Maupassant. Et il est vrai que l'auteur égyptien a réussi à recréer une atmosphère proche de celle des nouvelles fantastiques de l'auteur français. Il est dit dans les deux textes que ces hommes n'ont pas peur d'un danger ils trouvent cela ridicule ; il s'agit bien d'une peur qui ne peut se fixer sur rien de concret. Cette peur se révèle à travers le langage ; elle s'exprime par l'hésitation : « Je n'ose avouer » (« Lui ? »), dans les contradictions : « Je n'ai pas peur... pourtant je tremble » (« Le Hibou »), mais aussi dans les répétitions : « Parce que... parce que... » (« Lui ? »). Cette répétition marque à la fois l'évolution dramatique et l'état psychologique du héros ; elle montre également l'hésitation, la peur, l'impuissance dont témoigne la désarticulation de la phrase. La peur apparaît également dans les questions et les réflexions puériles qui révèlent une vulnérabilité d'enfant : « J'ai peur tout seul » (« Lui ? »), « Je ne peux dormir quand la lumière est éteinte » (« Le Hibou »). Dans la nouvelle de Taymûr « Le Hibou », les points de suspension séparent continuellement les phrases faisant penser au texte du « Horla » : « Les jours se suivent, et mon état empire ... mon attitude est devenue insupportable... mon comportement bizarre... »[498].

Dans le texte de Maupassant, les points de suspension sont encore plus nombreux : « Cette fois je ne suis pas fou. J'ai vu... j'ai vu... j'ai vu !... Je ne puis plus douter... j'ai vu !... j'ai encore froid jusque dans les ongles... j'ai encore peur jusque dans les moelles... j'ai vu !... »[499]. Les points de suspension permettent également de révéler le doute et l'hésitation qui envahissent l'esprit du personnage-narrateur. Ces points qui se détachent du reste du texte sont comme une rupture dans la pensée, petits vides signifiant l'effort de réflexion ou alors des fissures dans la raison devant ce qui ne s'explique pas, devant l'angoisse profonde et irraisonnée.

2.1.1. Solitude et enfermement

Dans « Lui ? » et « Le Hibou », le héros recherche une présence, mais refuse la communication et les autres ne sont perçus qu'à travers le rôle qu'il leur assigne. Par ce moyen, l'auteur révèle souvent l'état de solitude dans lequel se trouve le héros de la nouvelle fantastique. Le lieu-refuge où se trouve le protagoniste est le premier révélateur de cette solitude, un lieu qui se transforme en prison, mais cette transformation est subjective : c'est toujours la conscience du héros qui transforme l'espace, le temps et les lieux.

---

[497] TAYMUR (M.), « Al-Bûmatu tan'aq » (Le Hibou…), *Shifâh ghalîza (Les Lèvres charnues), op.cit.,* p. 43.
[498] *Ibid.,* p. 207.
[499] MAUPASSANT (G. de), « Le Horla », *C. et N.,* tome II, p. 927.

Au début, la maison « protège » d'un extérieur qui semble hostile. Le héros de « Qui sait ? » exècre la foule et préfère être « entre les bras » de sa maison. Dans « Le Hibou », le héros déteste la campagne où il a été obligé d'aller pour suivre les conseils de ses médecins et s'enferme dans sa maison. Les paysages de la campagne lui rappellent « une peinture macabre ». Dans « Le Horla », le narrateur écrit dans son journal : « J'aime ma maison où j'ai grandi. De mes fenêtres, je vois la Seine qui coule [...] couverte de bateaux »[500]. Cet homme regarde le monde extérieur qui se révélera dangereux ; les bateaux qui couvrent le fleuve annoncent l'arrivée du trois-mâts brésilien porteur d'une mystérieuse épidémie.

Dans « Le Hibou », le héros s'enferme dans sa chambre. De sa fenêtre il voit un hibou dont il perçoit la présence comme une menace[501]. La fenêtre derrière laquelle se tiennent les deux personnages suggère un état de réceptivité. Cette ouverture est un intermédiaire entre ces hommes et le monde extérieur. Ils sont tributaires de ce troisième « œil » qui transforme le paysage en vision. Il est important de noter que la nouvelle « Le Horla » commence par cette « représentation » de l'extérieur. C'est ainsi que prend forme le thème de l'enfermement. Dans « Le Hibou », la séparation entre l'extérieur et l'intérieur est évidente : le héros refuse le contact avec l'extérieur qu'il ne supporte pas. Mais la maison qui est perçue au début des deux nouvelles comme un rempart se transforme en huis clos où l'obsession prend forme et se développe. Dans « Le Hibou », le narrateur croit percevoir le bruit d'un oiseau enfermé dans une cage, un bruit qui se rapproche jusqu'à se confondre avec les battements de son cœur. L'oiseau en cage est en fait la métaphore de l'homme prisonnier de lui-même ; le bruit qu'il entend exprime de manière concrète son sentiment d'étouffement. Le narrateur ne peut supporter le hululement du hibou et le fait tuer par son gardien. Le hibou, c'est d'abord l'extérieur angoissant que suggère l'apparence hostile de l'animal. En tuant le hibou, il détruit l'hostilité du monde extérieur et par là, il met également fin à la possibilité de communication avec les autres. De nouveau, l'angoisse accapare l'esprit du héros ; il regrette alors le hululement du hibou, car le silence total se révèle encore plus angoissant. Désormais, la porte se referme entre lui et les autres après la mort du hibou. Par conséquent, son agressivité n'est plus dirigée vers l'extérieur, mais vers lui-même. Ce personnage est étranger à ceux qui l'entourent et n'aime pas la campagne où il vient d'arriver. Il parle de sa compagne en ces termes : « Cette femme que j'appelle mon épouse »[502]. Aucun dialogue ne liera ces deux personnages dans le texte. La description de l'état du héros se fait à travers un monologue qui représente bien l'état de solitude dans lequel il s'est enfermé. Le choix du hibou renforce cette idée, car dans la plupart des

---

[500] *Ibid.*, p. 913.
[501] *Ibid.*, p. 210.
[502] TAYMUR (M.), « Al-Bûmatu tan'aq » (*Le Hibou…*), *Shifâh ghalîza* (*Les Lèvres charnues*), *op.cit.*, p. 210

cultures cet oiseau représente la tristesse, l'obscurité, la retraite solitaire et mélancolique et, dans la symbolique de l'Égypte ancienne, il exprime en plus le froid et la mort. Cet animal est donc tout indiqué pour servir de représentation vivante aux maux du personnage principal.

Ainsi, au début, l'agressivité et la peur sont dirigées vers un objet considéré comme source du mal alors qu'il n'en est que la représentation. Dans un deuxième temps, l'agressivité du héros est dirigée contre lui-même. Il se suicide et met ainsi fin à son obsession. C'est la même structure qui ordonne le récit du « Horla » : le narrateur se trouve, comme le personnage précédent, dans une situation d'enfermement. Le cadre de narration que constitue le journal intime montre, comme le monologue dans « Le Hibou », qu'il n'y a pas de communication avec le monde extérieur. Le cadre du journal donne l'illusion au héros qu'il pourra maîtriser par les mots qu'il couche sur le papier un mal qui est invisible et imperceptible. Ce cadre narratif donne au lecteur l'impression de lire directement un journal, de suivre l'évolution du mal de l'intérieur. Henri Mitterand parle d' « une illusion de journal, un condensé de journées privilégiées »[503]. Cette technique fait partie des procédés utilisés par Maupassant pour créer ce qu'il appelle « l'illusion réaliste ». La nouvelle tire généralement sa force de l'instant crucial et le journal crée cette impression de concentration du temps ; seul l'essentiel est révélé. Même quand il ne se passe rien, ce temps mort exprime une inquiétude, une attente et annonce ainsi un évènement inquiétant :

> *9 août — Rien, mais j'ai peur.*
> *10 août — Rien, qu'arrivera-t-il demain ?*[504]

Le « Horla » est hors de portée ; en le nommant, en le décrivant, le héros tente de le cerner. L'écriture devient une arme contre l'errance psychologique. Le héros du « Horla » cherche à trouver un équilibre à travers les mots rationnels en les encadrant dans la forme du journal qui rassure grâce entre autres au repère du temps : « *25 mai.* Aucun changement ! mon état vraiment est bizarre. À mesure qu'approche le soir, une inquiétude incompréhensible m'envahit comme si la nuit cachait pour moi une menace terrible »[505].

Le narrateur utilise des descriptions cliniques de son mal mystérieux. Mais le support du journal, au lieu de l'aider à guérir, l'emprisonne. Finalement, le cadre du journal n'est pas un rempart contre la folie : ses pages sont les murs qui enferment sa raison chancelante.

Comme dans la nouvelle « Le Hibou », le héros du « Horla » projette sa peur sur un être invisible et décide de l'éliminer. Mais n'ayant pas réussi à le détruire après avoir mis le feu à sa maison, qui représente ce qu'il a de plus

---

[503] MITTERAND (Henri), *L'Illusion réaliste de Balzac à Aragon,* Paris, P.U.F., 1994, p. 153.
[504] MAUPASSANT (G. de), « Le Horla » *C. et N.,* tome II, p. 929.
[505] *Ibid.,* p. 915.

précieux, il pense à se détruire lui-même. Il a initialement dirigé son agressivité contre un être extérieur à lui, même s'il s'agit d'une présence invisible. Puis, comme le héros de la nouvelle de Taymûr, le suicide lui semble être la seule solution après avoir constaté son échec à détruire le Horla : « Non, non, sans aucun doute, sans aucun doute, il n'est pas mort... alors... alors... il va falloir que je me tue moi... »[506].

Le dénouement de cette nouvelle confirme notre proposition initiale : l'ennemi est intérieur et l'obsession ne résulte pas d'une confrontation avec l'extérieur, mais d'un état de claustration extrême. Étant les ennemis d'eux-mêmes, les protagonistes des deux textes décident de s'éliminer pour mettre fin à leurs souffrances.

2.2. L'écoulement de l'eau et du temps

Dans une nouvelle fantastique, les éléments qui entourent le héros contribuent à créer une atmosphère qui révèle l'état psychologique du personnage et sa perception du monde qui l'entoure. Un de ces éléments est l'eau dont le thème est très présent dans l'œuvre de Maupassant. Selon Jean Pierrot, l'eau marque l'œuvre de Maupassant de façon « pathologique »[507]. En revanche, dans celle de Taymûr, nous rencontrons moins souvent cet élément. L'auteur égyptien décrit plutôt le désert et le sable. Chacun des deux auteurs semble ainsi marqué par l'élément prédominant dans la nature de son pays. Certes, Taymûr aurait pu parler du Nil, mais il privilégie l'élément terre.

Dans « Le Horla », le narrateur écrit dans son journal : « De mes fenêtres, je vois la Seine qui coule, le long de mon jardin [...] la grande et large Seine, qui va de Rouen au Havre, couverte de bateaux qui passent »[508]. L'écoulement du temps et l'impossibilité d'arrêter son cours sont suggérés par l'écoulement de l'eau et par le passage des bateaux. Gaston Bachelard écrit à propos de la poésie d'Edgar A. Poe : « Contempler l'eau, c'est s'écouler, c'est se dissoudre, c'est mourir »[509]. La même symbolique se dégage du texte de Maupassant ou l'image de l'eau présage la même dissolution.

Dans « Le Hibou », il y a l'élément eau, mais c'est une eau particulière, stagnante et boueuse ; le héros-narrateur décrit les paysages qui l'entourent à son arrivée à la campagne :

> En venant en calèche de la gare à la maison, je suis passé devant des marécages sur lesquels flottaient des cadavres de bêtes en décomposition et desquels s'échappaient de fortes vapeurs... Je n'oublierai jamais la vision de l'un d'eux qui émergeait de l'eau. Est-ce vraiment un cadavre d'animal, ne serait-ce pas plutôt celui d'une femme enceinte aux jambes gonflées, et sans tête ? J'ai

[506] *Ibid.*, p. 938.
[507] PIERROT (Jean), *Merveilleux et fantastique, op.cit.*, p. 609.
[508] MAUPASSANT (G. de), « Le Horla », *C. et N.*, tome II, p. 913.
[509] BACHELARD (G.), *L'Eau et les rêves*, Paris, José Corti, 1978. p. 66.

l'impression d'étouffer... il me semble qu'autour de ma maison, il y a une multitude de cadavres semblables à ceux-là, tassés les uns contres les autres, qui entourent ma maison et l'assiègent... quelle puanteur ! [510]

Dans cette nouvelle le temps est arrêté ; il ne coule pas comme dans « Le Horla », mais dans les deux nouvelles l'écoulement de l'eau ou sa stagnation révèlent une angoisse et une idée de mort. En effet, dans « Le Horla » le temps fuit ; il est insaisissable, incontrôlable. La technique du journal est une tentative de le cerner, de le maîtriser : « 2 juin. — Mon état s'est encore aggravé. Qu'ai-je donc ? » [511]. Avec ces dates, le héros tente d'immobiliser des instants fugitifs, de contrôler le mal, de le mesurer et de le dater, tentant ainsi vainement de l'identifier et de le circonscrire.

Dans « le Hibou », le temps ne coule pas : il est arrêté comme les eaux stagnantes des marécages qui entourent la demeure du héros. Celui-ci ne perçoit le temps que par rapport aux bruits qu'il entend. Le héros entend les battements d'un cœur : le sien ou celui du hibou qu'il a tué ? Le doute naît dans l'esprit du héros comme dans la nouvelle d'Edgar A. Poe *Le Cœur révélateur* dont Taymûr s'est peut-être aussi inspiré, Edgar Poe étant un auteur qu'il appréciait. Les battements du cœur sont comme le bruit d'une horloge qui régit la temporalité du héros tourmenté. Le temps de l'obsession est un temps bouché qui mène inévitablement à la destruction, car il n'est que la vaine et douloureuse répétition d'une inquiétude.

Dans la nouvelle de Maupassant « Sur l'eau », un homme est obligé de passer la nuit sur sa barque au milieu de la rivière à cause du brouillard ; toute la nouvelle décrit son attente et ses angoisses. Le temps y est étiré, angoissant il devient le souci principal du personnage ; il en résulte une impression d'attente pesante pour le lecteur. Ainsi procède Maupassant pour communiquer un sentiment d'angoisse au lecteur qui « attend » avec le héros le moment de la délivrance, le lever de l'aube salvatrice.

Dans les nouvelles qui traitent du thème de l'eau, le temps stagne (« Le Hibou »), s'arrête (« Sur L'eau ») ou bien s'écoule (« Le Horla ») et malgré la rapidité de la nouvelle, nous le percevons comme étant un support de l'action et de l'écriture. Le temps joue un rôle important dans les nouvelles traitant du thème de la folie, comme nous le verrons dans le chapitre suivant.

---

[510] TAYMUR (M.), « Al-Bûmatu tan'aq » (Le Hibou…), *Shifâh ghalîza* (*Les Lèvres…*), *op.cit.,* p. 210.
[511] MAUPASSANT (G. de), « Le Horla », *C. et N.,* tome II, p. 916.

2.3. Les désordres de la pensée

2.3.1. La pensée obsessionnelle

Dans plusieurs nouvelles des deux auteurs, le fantastique réside uniquement dans le fonctionnement de la pensée obsessionnelle. Comme pour l'évènement surnaturel, l'essentiel n'est pas de savoir si elle est réelle, l'important est que le héros en soit imprégné. L'idée qui hante l'esprit d'un individu est importante parce qu'elle représente *sa* réalité. « Une obsession n'est ni vraie ni fausse, elle est », écrit Marie-Claire Bancquart[512]. Les états de solitude et d'enfermement décrits dans les nouvelles fantastiques ne sont que l'expression d'une souffrance intérieure. Cette souffrance se révèle à travers une pensée et des angoisses obsessionnelles. Les personnages victimes d'une obsession ont beau faire preuve de lucidité, ils sont emprisonnés dans un univers qui tire sa force de la vie quotidienne tout en se définissant comme étant le refus de la réalité. Kurt Willi décrit ainsi le fonctionnement de l'obsession :

> *La fixation d'une idée dans l'esprit implique toujours une répression plus ou moins complète de toutes les sensations, images ou idées au profit d'une seule [...] toutes les tendances [...] qui pourraient faire naître un autre état d'âme, demeurent à l'état naissant et sont refoulées[513].*

Les nouvelles que nous avons précédemment abordées décrivent des personnages qui vivent dans un univers clos où une seule idée importe ; tout ce qui peut se passer autour d'eux et qui ne concerne pas leur idée fixe n'est pas mentionné. Quand le narrateur parle d'un élément ou d'un aspect de la vie qui semble a priori ne pas concerner l'obsession, il s'avère toujours après qu'il sert la réalité intérieure du héros. Dans « Le Horla », quand l'auteur montre son personnage hors de sa maison, de son espace régi par l'obsession, il le place dans un lieu de légendes. La visite du mont Saint-Michel est décrite comme une tentative pour échapper à la maladie, mais cette sortie vers le monde extérieur ne constitue pas véritablement une évasion. Le moine que le héros rencontre soutient l'idée de l'existence d'êtres invisibles. Ainsi, le héros paraît être à la recherche de ceux qui croient au surnaturel afin d'alimenter sa propre phobie. Le héros de la nouvelle fantastique tout en étant victime de sa peur, l'entretient. L'état psychologique du héros se révèle dans le regard qu'il porte sur tout ce qui l'entoure. Son état morbide déforme sa vision du monde. Dans « Le Horla » le mont Saint-Michel nous apparaît selon l'expression d'André Vial tel « un tableau d'épouvante qui rappelle certains lavis de Hugo »[514].

---

[512] BANCQUART (M. C), « Maupassant conteur fantastique », *Archives des lettres modernes*, *op.cit.*, p. 48.
[513] WILLI (Kurt), *Déterminisme et liberté chez Guy de Maupassant*, thèse de doctorat présentée à la faculté des lettres de l'université de Zurich, dir. de recherches M. Georges Poulet, Zurich, 1972, p. 44.
[514] VIAL (A.), *Faits et significations*, Paris, Nizet, 1973, p. 506.

Quand le héros de la nouvelle « Le Hibou » décrit la campagne, c'est aussi un tableau macabre qu'il nous en offre. Les marécages sont pleins de charognes ; ce paysage apocalyptique reflète bien l'état d'âme du héros.

L'obsession semble fonctionner comme un rétrécissement de la perception du monde, en plus du fait que la structure de la nouvelle elle-même fonctionne sur le mode de la concentration. Aucune autre pensée que celle qui régit l'obsession ne se développe dans l'esprit du héros tourmenté ; de même dans la nouvelle classique, aucun aspect étranger au sujet et à l'évènement principal n'est abordé. La nouvelle est brève et va à l'essentiel ; sa forme convient parfaitement au mode de l'introspection qui nous révèle en peu de pages la nature et le fonctionnement de l'obsession.

2.3.2. Le thème de la folie dans les nouvelles fantastiques

Dans leur description de la folie, les deux auteurs demeurent sur la lisière de la raison. En effet, nous n'observons nulle part un véritable état de démence, mais seulement une progression vers celui-ci. Le raisonnement du héros se veut jusqu'au bout objectif et lucide ; pour cela, il décrit son état grâce à un discours qui a l'air d'un exposé scientifique.

Pour parler de la folie, Maupassant s'est inspiré de ses propres souffrances physiques et morales. Il était atteint de la syphilis dont les symptômes s'aggravaient au fur et à mesure que les années passaient ; il souffrait entre autres maux de névralgies et de troubles de la vision. Maupassant a été également marqué par la folie de son jeune frère Hervé qu'il dut lui-même interner. Celui-ci lui cria le jour de son internement : « C'est toi le fou ! ». Tout au début de sa maladie, Hervé se serait levé et aurait commencé à scier du bois en plein dîner. Mais Maupassant n'a pas décrit le comportement du fou de l'extérieur, il nous a fait découvrir son raisonnement. Il a utilisé le style direct pour exprimer les sensations de ce héros particulier. Il dit « je » pour décrire des choses que son personnage est seul à croire. Les propos de l'halluciné ont des « allures de bon sens » parce que le lecteur découvre directement un raisonnement qui témoigne d'un esprit logique. Maupassant a lui-même fait l'expérience de l'autoscopie : des névralgies aiguës l'obligeaient à utiliser l'éther et d'autres drogues pour apaiser ses douleurs. Le spectre de la folie a hanté les dix années de créativité de Maupassant qui savait que la dernière étape de la maladie dont il souffrait était la démence. Pierre Martino écrit à ce sujet : « Dans chacun de ses fous, Maupassant a transposé, en les poussant à la limite, quelques-unes de ses propres sensations. Tous avant d'aboutir à la folie, ont pensé comme lui, agi comme lui »[515]. Pour rendre crédibles un raisonnement, une situation, Maupassant s'inspire toujours de ses expériences, de ses sensations et de ses convictions profondes. En ce qui concerne la folie, il ne fait que pousser à leur pa-

---

[515] MARTINO (Pierre), *Le Naturalisme français*, Armand Colin, 1969, p. 131.

roxysme ses propres peurs et ses propres souffrances. Mais il ne faut pas confondre le malaise qu'il ressentait avec le véritable état de démence. Quand il sombra dans la folie, il avait déjà cessé d'écrire. La folie ne lui a rien dicté. C'est bien sa lucidité qui est à l'origine de son art. André Vial a raison de mettre en garde ceux qui sont tentés de confondre le travail de l'artiste et l'état mental de ses personnages : « On interprète en défaillance de l'homme les habilités de l'artiste [...] [Il] voulait troubler et épouvanter, il n'eût guère pu y prétendre s'il eut recueilli les pures incohérences d'une cervelle démente »[516].

Comme nous l'avons vu précédemment, la peur est un des piliers de la littérature fantastique. Catherine Noireaut fait le lien entre peur et folie : « La force de la peur est telle chez les personnages de Maupassant qu'elle aboutit souvent à l'épouvante, forme d'aliénation partielle, et à la folie »[517]. La folie comme aboutissement de la peur est un thème traité dans plusieurs nouvelles des deux auteurs. Maupassant disait : « Les fous m'attirent. Ces gens-là vivent dans le nuage impénétrable de la démence où tout ce qu'ils ont vu sur la terre [...] recommence pour eux dans une existence imaginée en dehors de toutes les lois qui gouvernent les choses et régissent la pensée humaine »[518].

Nous sommes forcément amenés à comparer l'univers des fous à celui du surnaturel où les lois naturelles n'ont plus prise sur le réel. Le texte de Maupassant décrit le monde des aliénés comme un monde un peu magique. Les deux auteurs se situent souvent dans le domaine du fantastique et non directement dans celui de la folie. Nous retrouvons ce lien subtil entre le domaine de la maladie et celui de l'irrationnel dans une nouvelle de Taymûr intitulée « Le Mausolée ». Dans la société arabe, la folie côtoie souvent certaines croyances. Le fou est perçu comme quelqu'un qui a été touché par des forces mystérieuses. Dans les milieux populaires du monde arabo-musulman, il est perçu comme la victime ou peut-être le serviteur de ces forces qui l'ont touché. Cela explique la prolifération de certains lieux appelés *zawiya* (sanctuaire) où un marabout prétend pouvoir chasser les forces obscures qui hantent le malade (qu'il s'agisse de maladie physique ou mentale). Si nous considérons le mot arabe qui désigne la folie, nous constatons qu'il sert cette association entre la maladie mentale et le surnaturel. Il s'agit du mot *junûn* (folie) qui est construit sur la racine *jinn* qui signifie démon ou génie. L'adjectif *majnûn* (fou) signifie littéralement « être possédé par un démon, être possédé, fou »[519]. Nous retrouvons la même racine de *jinn* dans « *Janna* », un verbe qui signifie envelopper et cacher (par exemple : « *Janna al-layl* » (la nuit est tombée, a étalé son voile). Ce mot signifie également enterrer « tenir caché et comme enseveli au fond dans les entrailles, comme la

---

[516] VIAL (A.), *Faits et significations*, op.cit., pp. 241-242.
[517] NOIREAUT (C.) *Le Fantastique dans les contes et nouvelles de Maupassant*, op.cit., p. 125.
[518] MAUPASSANT (G. de), « Madame Hermet » *C. et N.*, tome II, p. 874.
[519] KAZIMIRSKJ (A. De Biberstein), *Dictionnaire arabe-français*, Beyrouth, librairie du Liban, Paris, Maisonneuve et Cie, 1860, tome I, p. 332.

mère son fœtus, *janîn[520]*). Le mot folie *junûn* comporte ainsi une idée de mystère ; le *janân* est un voile, un rideau ; c'est tout ce qui cache, couvre et dérobe à la vue. L'idée de folie est donc liée à une certaine conception du mystère. La folie évoque ce qui est caché, ce que l'homme ne voit pas, ne maîtrise pas. C'est peut-être aussi le « voile » qui cache la raison. Cette vision de la folie se rapproche de celle qu'en offre la littérature fantastique. Mohamed Boughali décrit la perception de la folie en Afrique du Nord qui ne diffère pas beaucoup des autres pays arabo-musulmans. Les *djinns* ou *jnoun* en maghrébin sont considérés comme étant à l'origine de la folie :

> *Les jnouns se trouvent immanquablement impliqués dans chacune des formes courantes de la folie. Les esprits invisibles restent donc, dans les représentations populaires la cause directement agissante dans l'atteinte mentale qui prend une allure ou une autre selon le mode d'action des assaillants[521].*

La littérature tient compte de ces confusions et les utilise comme sujet de fiction. Dans « Le Mausolée », Taymûr nous raconte l'histoire de Saïd Abû 'Allâm le fou, auquel on prête des pouvoirs magiques. Quand les gens du village lui parlent, celui-ci répond de façon incohérente. Mais les hommes à l'affût des miracles interprètent subjectivement les mots absurdes et finissent par y déceler des vérités et des présages. C'est ainsi que naît « le pouvoir » de ce personnage a qui on érige un mausolée après sa mort. Il existe toujours un lien étroit entre les souffrances des hommes et leurs croyances. La folie et la sagesse se confondent quand les mots sont ambigus et qu'ils peuvent aussi bien désigner la vérité par pure coïncidence ou à cause de l'interprétation subjective ou alors paraître totalement insensés. Taymûr décrit ainsi l'état de Saïd Abû 'Allâm, que la folie a métamorphosé :

> *Au fil des jours, son corps s'affaissa, ses cheveux poussèrent et s'emmêlèrent [...] L'expression de son visage se déshumanisa [...] Ses traits qui reflétaient jadis l'intelligence et la force de caractère se voilèrent derrière le masque de la démence, comme la lumière se voile derrière une vitre sale[522].*

Le temps semble agir différemment sur le corps du fou ; c'est comme s'il s'accélérait et que cet homme vieillissait à vue d'œil. L'auteur illustre ainsi l'idée que la folie peut agir concrètement sur le corps de la victime. Le narrateur décrit le fou de manière à le déshumaniser. Les cheveux longs et emmêlés suggèrent l'animalité du personnage. Les yeux hagards et dénués d'intelligence désignent la folie comme une voleuse de la conscience. Saïd est un être marginal évoluant dans un univers impénétrable que révèle la métaphore de la vitre obscurcie alors que la transparence est synonyme de lucidité. L'état physique et vestimentaire du fou reflète son état d'âme ; sa

---

[520] *Ibid.*
[521] BOUGHALI (Mohamed), *Sociologie des maladies mentales au Maroc*, Casablanca, Ed. Afrique-Orient, 1988, p. 15.
[522] TAYMUR (M.), « Darîh al-arba'în » (Le Mausolée), *Zawg fî al-Mazâd (Un Mari aux enchères)*, Beyrouth, Manshûrât al-maktaba al-'asriyya, [s.d.], pp. 51-52.

pensée est enfermée dans un corps délabré. L'auteur cherche ainsi à nous montrer que le lien entre le monde réel extérieur et l'univers du fou est rompu. Ses yeux hagards ne se posent sur rien de visible. À l'image de son physique, la pensée de cet homme qui n'a plus conscience de ce monde-ci est à l'abandon. Dans le passage suivant, extrait de « La Chevelure », Maupassant décrit un fou enfermé dans un asile psychiatrique. Le même rapport entre le temps et la folie y est mis en évidence :

> Les murs de la cellule étaient nus, peints à la chaux. Une fenêtre étroite et grillée, percée très haut [...] éclairait cette petite pièce claire et sinistre ; et le fou assis sur une chaise de paille nous regardait d'un œil fixe, vague et hanté. Il était fort maigre, avec des joues creuses et des cheveux presque blancs qu'on devinait blanchis en quelques mois. Ses vêtements semblaient trop larges pour ses membres secs, pour sa poitrine rétrécie, pour son ventre creux. On sentait cet homme ravagé, rongé par sa pensée, par une Pensée, comme un fruit par un ver. Sa folie, son idée... mangeait le corps peu à peu. Elle, L'Invisible [...] ruinait la chair, buvait le sang, éteignait la vie[523].

Dans ce texte nous retrouvons l'idée maîtresse que développe Taymûr dans « Le Mausolée » : le regard vague du fou signifie la fin de la communication entre l'individu et le monde extérieur. Chez Maupassant, cette idée est appuyée par la description du décor qui entoure le fou. La pièce où il se trouve est claire, elle est peinte à la chaux. La blancheur est ici signe de vide et d'absence de couleur et de vie. Le vide qu'engendre l'absence de la raison qui gère l'esprit se révèle à travers le silence et la nudité de l'endroit (murs nus) et l'austérité du mobilier (chaise en paille). La pensée du fou est à l'opposé de la raison qui nourrit l'esprit, qui le « remplit ». La folie est synonyme de vide ; le narrateur parle bien d'une pensée qui « ronge ». Il décrit également « une fenêtre étroite et grillée ». La fenêtre étant le symbole de l'ouverture vers le monde extérieur, celle-ci suggère la fin de la communication avec le dehors, car elle est non seulement étroite, mais elle est surtout grillée et inaccessible ; elle est donc l'image de la négation d'un avenir.

Comme dans la nouvelle de Taymûr, le temps qui régit l'univers du fou semble bien particulier ; c'est un temps accéléré. Les cheveux du fou blanchissent en quelques mois et son corps se dégrade rapidement. Les lois auxquelles son esprit et son corps obéissent semblent différentes des lois naturelles. Claude Le Guen écrit à ce propos : « Le temps est ce par quoi le moi est en relation avec la réalité [...] Le temps est la relation de la personne à l'espace »[524].

La réalité du fou est transformée, modifiée ; son temps est à l'image de ce changement. À travers ce temps accéléré ou figé, le fou perçoit l'espace comme étant rétréci et étouffant ou comme un espace angoissant et qu'il ne

---

[523] MAUPASSANT (G. de), « La Chevelure », *C. et N.*, tome II, p. 107.
[524] LE GUEN (Claude), « Unité et réalité du temps », *Entretiens sur le temps,* Paris, Mouton, 1967, pp. 230-231.

peut s'approprier. La folie transforme donc en ennemis des éléments qui constituent habituellement des repères : le temps et l'espace. Dans « La Chevelure », le fou est d'abord emprisonné en lui-même, ensuite dans sa cellule. Le temps, aussi invisible que sa pensée, fait partie des ennemis impalpables qui hantent son univers. Dans les deux nouvelles, le temps est synonyme de vieillesse et de mort ; c'est un temps dont le poids « pèse » sur le corps des deux personnages qu'il métamorphose. Dans « Le Mausolée », le corps de Saïd s'est « affaissé » ; le fou de « La Chevelure » est décharné. Maupassant décrit « une poitrine rétrécie », « un ventre creux ». L'omnipotence de l'Idée s'oppose ainsi à la faiblesse d'un corps minuscule. Claude Le Guen parle ainsi du temps de la névrose : « les phénoménologistes […] ont […] défini la schizophrénie comme un monstrueux rétrécissement de la structure temporelle »[525]. La perception du temps et de l'espace par le schizophrène rappelle celle que nous décrit Maupassant à propos du fou dans « La Chevelure ». Nous retrouvons dans les deux textes l'idée de « monstruosité » et de « rétrécissement ». Le thème de l'ennemi envahisseur est ainsi présent dans cette description de la folie. L'envahisseur peut être « un monstre » venu d'ailleurs comme dans « Le Horla ». Il peut aussi être le serviteur de forces obscures comme dans « Le Fantôme de la mère Khalil ». Dans « Le Mausolée » et « La Chevelure », c'est la folie qui représente cet ennemi invisible. Saïd vieillit « au fil des jours » et non pas au fil des années. Le fou de « La Chevelure » semble être victime d'un monstre invisible que Maupassant désigne sous le nom de pensée « dévorante » qui est une sorte de vampire puisqu'elle « ruine la chair » et « boit le sang ». La victime est décharnée comme après les attaques d'un monstre invisible.

Dans les nouvelles qui abordent le thème de la folie, l'insolite n'est que cette autre manière de décrire ce que l'homme renonce à comprendre. Certes, la psychologie a donné des réponses à des questions considérées hier comme des mystères, mais la littérature fantastique se nourrit de ces mystères en les réinventant sans cesse. Catherine Noireaut pose cette question-affirmation : « La psychanalyse n'a-t-elle pas remplacé et par là même rendu inutile la littérature fantastique ? »[526]. Confondre la littérature et la psychanalyse est une erreur, car les arts s'épanouiront indépendamment des sciences. La littérature si elle traite de thèmes proches des problèmes abordés par la psychanalyse, comme les obsessions, les angoisses, les hallucinations, etc., ne le fait ni pour les mêmes raisons ni dans la même optique que la psychanalyse. Les progrès de la psychologie ne menacent en rien l'inspiration fantastique. Bachelard a raison d'affirmer que « les grandes œuvres ont toujours ce double signe : la psychologie leur trouve un foyer secret, la critique littéraire un verbe original »[527].

---

[525] *Ibid.,* p. 217.
[526] NOIREAUT (C.), *Le Fantastique dans les contes et nouvelles de Maupassant, op.cit.,* p. 295.
[527] BACHELARD (Gaston), *L'Eau et les rêves, op.cit.,* p. 64.

III. TECHNIQUES ET MODE D'ÉCRITURE CHEZ MAUPASSANT ET TAYMÛR

Pour bien mesurer l'influence de l'œuvre de Maupassant sur celle de Taymûr, il faut étudier les techniques d'écriture qu'ils ont adoptées dans leurs nouvelles pour mieux cerner celles que l'auteur égyptien a empruntées à Maupassant. Nous nous sommes déjà intéressée tout au long de ce travail aux procédés d'écriture des deux auteurs, mais nous abordons ici cet aspect de manière plus spécifique. L'analyse psychologique ainsi que la description jouent par exemple un rôle très important dans leurs nouvelles réalistes et fantastiques et nous révèlent la direction que l'auteur veut donner à son récit. En outre, l'étude de leurs techniques de narration, comme la place accordée au personnage-narrateur et l'adoption d'un « cadre » de narration, nous permet de mieux déterminer le lien qui lie le texte arabe au texte français.

1. La description dans les nouvelles fantastiques

Un des aspects les plus importants de l'écriture chez Maupassant est la description. Albert-Marie Schmidt disait à ce propos : « Grâce à Flaubert, Maupassant constate que de tous ses sens, c'est la vue qu'il prise le plus haut »[528]. La description chez Maupassant n'est pas photographique, elle est mouvement et sensibilité. Les objets sont présentés selon leur relation avec l'homme, une relation quelque peu étrange même quand il s'agit d'objets simples tels qu'une ficelle ou une fleur. Ils peuvent représenter un piège ou être chargés de sensualité. C'est pour cela qu'il est difficile de croire à cette lucidité et à cette objectivité que Maupassant revendique à propos de tous ses écrits alors que ceux-ci trahissent plutôt son intériorité tourmentée.

Taymûr décrit plus souvent les hommes que les objets qui les entourent, mais il arrive que ces derniers prennent une dimension importante. Dans « La Ficelle » de Maupassant et « Le Hibou » de Taymûr, des objets déterminent la structure dramatique du texte. Dans la nouvelle de Maupassant, un homme ramasse une ficelle et on l'accuse de vol. Il « s'usera » à force d'essayer, en vain, de convaincre les autres de son innocence. Cette ficelle joue le rôle de l'objet maléfique qui attire l'homme dans un piège. Micheline

---

[528] SCHMIDT (A.-M.), *Maupassant par lui-même, op.cit.*, p. 61.

Besnard-Coursodon qui étudie le mécanisme de ces pièges que représente l'objet « tentateur » chez Maupassant les compare aux indices dans les romans policiers[529]. Elle fait remarquer que, dans « la Petite Roque » par exemple, le corps et les vêtements de la petite fille assassinée n'ont rien révélé aux autres : « C'est au coupable qu'ils se montrent, en une série d'hallucinations qui condamnent à la mort »[530].

Dans la nouvelle de Taymûr, un hibou empaillé, donc un animal réduit à l'état d'objet, exerce sur le héros une influence malfaisante. Cet objet est inoffensif pour les autres et aliénant pour le héros qui en entend le cœur battre alors que sa femme n'entend rien. L'objet exerce une influence négative sur le héros solitaire dans un univers où tout se transforme en danger pour lui. L'objet vit et devient puissant à cause du pouvoir que lui confère la victime ; les sentiments qui animent le héros, comme l'angoisse ou la culpabilité, sont projetés sur l'objet qui s'anime à son tour.

La description des lieux a un rôle très important chez Maupassant ; elle annonce le climat où se déroule le récit. Le peintre Maupassant fait de ses personnages des portraits assez brefs, mais s'attarde sur tout ce qui les entoure. Dans les nouvelles fantastiques, la description est ainsi annonciatrice de l'intrigue. Quand le décor devient menaçant, inquiétant, c'est à la fois pour suggérer l'évènement et l'état du personnage. Dans « Qui sait ? », le héros-narrateur en rentrant chez lui va avoir une vision terrible. Ses meubles (ou sa raison) quittent sa maison (son être), le piétinent et s'en vont ailleurs. Ce texte chargé d'images symboliques est précédé d'une description révélant l'inquiétude qui naît et s'accroît dans l'esprit du personnage :

> Je revenais à pied, d'un pas allègre, la tête pleine de phrases sonores, et le regard hanté par de jolies visions. Il faisait noir, noir, mais noir au point que je distinguais à peine la grande route, et que je faillis [...] culbuter dans le fossé [...] Le ciel s'éclaircit un peu devant moi et le croissant parut, le triste croissant du dernier quartier de la lune [...] J'aperçus au loin la masse sombre de mon jardin [...] Le gros tas d'arbres avait l'air d'un tombeau où ma maison était ensevelie[531].

Contrairement à la description intégrale que les auteurs réalistes cherchent à donner de la nature et des choses, le choix des éléments décrits (la lune, les arbres, la maison) révèle une vision sélective du décor. Mais nous savons que Maupassant refusait autant l'étiquette d'auteur « réaliste » que « naturaliste » considérant que la seule réalité littéraire est une illusion convaincante[532]. Pour que cette « illusion » soit plausible et cohérente dans ses textes fantastiques, il recourt aux mêmes procédés que pour le texte « réa-

---

[529] BESNARD-COURSODON (Micheline), *Étude Thématique et Structurale de l'œuvre de Maupassant, Le piège, op.cit.*, p. 237.
[530] *Ibid.*, p. 74.
[531] MAUPASSANT (G. de), « Qui sait ? », *C. et N.*, tome II, p. 1227.
[532] MAUPASSANT (G. de), *Pierre et Jean*, « Le Roman », *op.cit.*, p. 22.

liste ». Il prépare et annonce l'évènement insolite grâce aux signes prémonitoires et au décor révélateur ; le lecteur s'attend à cet évènement et le trouve par conséquent vraisemblable. La nouvelle et le conte tirent leur force d'un certain ordre des éléments qui débouchent sur l'évènement final produisant ce que André Vial appelle « un effet de récurrence explicative »[533]. On peut ainsi constater que chez Maupassant, le mode de présentation des faits fantastiques importe plus que les évènements eux-mêmes et leur nature. Le texte précédemment cité nous révèle la technique qu'il utilise pour construire un décor particulier qui révèle non seulement une atmosphère bien propre au conte fantastique, mais qui crée aussi une évolution dans le rythme dramatique du récit. Au début, le personnage marche d'« un pas allègre », l'esprit plein de musique ; cette légèreté et ce bonheur annoncés initialement vont s'amenuiser rapidement. Ce mouvement est synonyme de progression vers une situation plus pesante révélée brusquement après ce début optimiste. Dans la littérature fantastique, l'auteur décrit souvent une situation rassurante, un décor anodin ou une atmosphère joyeuse avant d'introduire des éléments inquiétants. Cette technique a été largement utilisée dans la littérature et le cinéma fantastiques modernes qui ne situent que rarement l'histoire étrange dans un décor de château hanté.

Le narrateur parle d'obscurité envahissante : « il faisait noir, noir.... » ; ici la répétition tient lieu de superlatif. Le narrateur parle d'une grande route qui est souvent synonyme de délivrance dans des histoires où l'homme est prisonnier ou en danger. Accéder à la grande route, c'est pouvoir rejoindre les autres ; dans ce texte le héros la distingue à peine. Sa solitude est totale et le danger devient ainsi de plus en plus menaçant : « je faillis culbuter dans le fossé ». Le narrateur décrit également la lune, mais la clarté qu'elle est censée apporter est, elle aussi, mise en doute puisqu'une partie d'elle est occultée. Cela suggère son impuissance à éclairer le décor. Un clair de lune serait salvateur tandis que la lueur de ce croissant de lune est plutôt source d'ombres. Le narrateur nous introduit ensuite dans un décor encore plus fermé et plus inquiétant : son jardin devient « une masse noire », les arbres « un gros tas ». L'uniformité et l'opacité de ce jardin s'opposent à une idée de diversité des éléments qui aurait pu rendre ce jardin visible et rassurant. Cette « masse sombre » apporte une idée de danger. Le narrateur finit d'ailleurs par comparer son jardin à un tombeau qui ensevelit sa maison. Ce danger qui entoure et absorbe sa demeure le guette lui aussi. En effet, en se dirigeant vers sa maison, il pense s'y réfugier, mais tous ces « indices » nous montrent que sa maison est elle aussi une source de danger : elle en est encerclée. La suite de l'histoire le confirme. Ce texte nous offre ainsi un bon exemple de cette progression dramatique révélée à travers la description d'un lieu.

---

[533] VIAL (André), *Maupassant et l'art du roman*, op.cit., p. 514.

Dans la littérature arabe classique, la description était loin de constituer une démarche narrative fondamentale comme c'est le cas dans la littérature occidentale. Cela est visible dans les premières traductions des œuvres romanesques européennes où les passages descriptifs étaient supprimés ou dans les préromans arabes où la description était assez figée. Si Taymûr n'utilise pas la description avec autant de régularité que Maupassant (qu'on a souvent comparé à un peintre), il a pu cependant utiliser cet outil avec plus de souplesse que ses prédécesseurs. Et comme on peut en juger par l'extrait suivant, il a su lui donner le même rôle que certaines descriptions de Maupassant qui annoncent un évènement ou renforcent un effet. Dans « Un Homme redoutable », le narrateur nous fait pénétrer dans une atmosphère de peur qui règne dans un village où sévit un homme puissant et inique :

> *Nous sortîmes des maisons à la lueur des lampes. La nuit était claire et les étoiles brillaient tels des yeux perçants [...] les lumières vacillantes des lampes dansaient sur les corps des femmes habillées en noir et accroupies devant leurs maisons, les faisant ressembler à des fantômes. Plusieurs hommes, se tenant à l'écart, en petits groupes, discutaient, l'air grave[534].*

On découvre ainsi la nuit durant laquelle un homme tue sa fille pour venger son honneur. Les détails révélés dans ce passage descriptif annoncent l'inquiétude qui plane sur le village. L'obscurité de la nuit accentue cette idée de pesanteur qui règne dans ces lieux où la menace de la mort règne. En mentionnant les étoiles, le narrateur les humanise en parlant d'« yeux perçants », comme si la nature s'animait et devenait à son tour menaçante. Les astres semblent surveiller les gens du village comme pour rappeler une autre hostilité, celle des gardes travaillant pour cet homme qui sème la terreur. L'allusion aux lumières vacillantes sur le corps des femmes distille une impression d'étrangeté, de cette « inquiétante étrangeté » dont on a parlé précédemment et qui confère un côté inquiétant aux objets et aux êtres. Nous avons vu l'exemple de la nouvelle « Le Hibou » où la mort est partout présente dans le paysage marécageux et qui traduit le trouble du narrateur. L'auteur de la nouvelle fantastique cherche à nous faire découvrir les angoisses de ses personnages par rapport à leur perception de l'espace et du temps. Ces éléments sont décrits de manière à contribuer à l'action. L'efficacité de la nouvelle fantastique ou du conte cruel dépend souvent du talent de l'auteur à créer cet effet de coalition entre différents facteurs spatio-temporels contre le héros solitaire. La plupart des œuvres fantastiques utilisent cette association entre un danger véritable et la nature de l'environnement. Les objets et le décor ont un rôle et un pouvoir. Ils menacent l'être en difficulté contribuant ainsi au malaise (ou au bonheur) de l'individu qu'ils encerclent ou qu'ils libèrent.

---

[534] TAYMUR (M.), « Rajul rahîb » (Un Homme redoutable), *Fir'awn al-Saghir, op.cit.*, p. 172.

2. L'analyse psychologique dans la nouvelle fantastique

Taymûr à l'instar de Maupassant a souvent exprimé son désir de révéler l'état psychologique de ses personnages sans avoir recours à de longues phrases explicatives préférant les décrire de l'extérieur. Le choix du narrateur contribue, comme nous l'avons vu, à donner cette impression d'objectivité et de distance et quand le narrateur raconte sa propre histoire nous avons directement accès à sa pensée. Une des méthodes de narration les plus utilisées chez Maupassant est en effet la narration à la première personne. Le monologue, la lettre ouverte, le journal intime nous font pénétrer dans l'univers intérieur du héros. L'analyse psychologique se réduit dans ces cas à la réflexion du héros-narrateur qui décrit son propre cas.

Sensible à la nouvelle influence des sciences psychologiques en Égypte, Taymûr s'efforce de révéler le plus souvent possible l'état d'âme de ses personnages et leurs motivations profondes comme dans « Rajab effendi », « Abu Ali fait l'artiste » et « Lettre de Munir bey » où il révèle les souffrances morales de ses personnages et leurs désirs secrets. Mais il n'est pas un auteur de récits psychologiques et n'a pas la même démarche qu'un auteur comme al-Mânzinî par exemple, le romancier égyptien de l'introspection, surnommé le Paul Bourget du Caire. Taymûr procède la plupart du temps comme Maupassant préférant l'allusion à l'explication, ce qui s'accorde d'ailleurs avec les dimensions de la nouvelle. Maupassant critique la méthode explicative qu'il nomme péjorativement « géographie morale » et donne justement l'exemple de Paul Bourget. Il reproche aux romanciers d'introspection :

> Cette tendance vers la personnalité étalée, car c'est la personnalité voilée qui fait la valeur de toute œuvre et qu'on nomme génie ou talent — cette tendance n'est-elle pas une preuve de l'impuissance à observer [...] la vie éparse autour de soi, comme la ferait une pieuvre aux innombrables bras[535].

L'opinion qu'exprime Maupassant dans cet article défend surtout sa propre position littéraire ; mais ne pas s'attarder sur la psychologie des personnages pourrait également être considéré comme une preuve d'impuissance. Henry James a reproché à Maupassant cette tendance à dénigrer l'analyse psychologique : « Je soupçonne que si M. de Maupassant n'a qu'une piètre opinion des "explications", c'est parce que celles-ci ne se pressent pas en très grand nombre à son esprit. Sa conception du comportement humain est si simple qu'elle peut presque s'en passer »[536]. Pourtant, Maupassant utilise très habilement et de façon régulière d'autres moyens pour révéler la conscience de ses personnages et Henri James en reconnaît l'efficacité : « Tout aussi puissant est son sens visuel, l'appréciation rapide et

---

[535] MAUPASSANT (G. de), « L'Évolution du roman au XIX siècle », *Maupassant, journaliste et chroniqueur,* Paris, Ed. Albin Michel, 1956, p. 234.
[536] JAMES (Henry), *Sur Maupassant,* Bruxelles, Ed. Complexe, 1987, p. 83.

immédiate de son regard qui explique la concision et la vigueur singulières de ses descriptions »[537]. Plusieurs critiques louent la tendance de Maupassant à « faire allusion » au lieu d'expliquer les états psychologiques de ses personnages. René Dumesnil écrit : « La valeur psychologique du "document" n'est pas moindre sans commentaires subjectifs, simplement par la justesse des propos, des attitudes et des gestes, les personnages livrent le secret de leur cœur et le tourment de leur esprit »[538].

La nouvelle de Taymûr s'apparente avant tout au récit court tel que le concevait Maupassant. Il décrit brièvement ses personnages ou nous les fait découvrir à travers leurs réflexions ou leur dialogue avec leur entourage et par leur comportement, rarement par des analyses approfondies. Le dialogue fait partie des procédés utilisés par les nouvellistes pour rendre leurs personnages plus palpables et pour combler ainsi la place restreinte accordée à la description psychologique. Le dialogue emprunte certaines qualités au théâtre. Daniel Grojnowski compare d'ailleurs la nouvelle à la pièce de théâtre du point de vue de l'unité de lieu, de temps et d'action[539]. Le dialogue s'intègre parfaitement au texte narratif notamment fantastique, lui conférant sa densité dramatique. Chez Taymûr, le dialogue n'est pas, comme chez Maupassant, plutôt délimité du point de vue typographique ; chez l'auteur égyptien, il traverse tout le texte ou se mélange au récit. En revanche, il emploie un commentaire autour du dialogue, qui nous informe sur l'attitude, la mine, les mimiques de l'interlocuteur, ce qui est une technique nouvelle apparue avec le roman moderne et le théâtre.

3. Les techniques de narration chez Maupassant et Taymûr

3.1. Le rôle du narrateur

L'étude de la nouvelle nous amène forcément à considérer la question de la perspective narrative c'est-à-dire le point de vue et la position du conteur. La terminologie utilisée par Jaap Lintvelt[540] qui cite les travaux de Pouillon, de Todorov et de Genette, nous aide à cerner la notion de narrateur. De façon générale, nous rencontrons les types narratifs suivants :
- Le narrateur « auctoriel » qui a une perception interne ou externe des personnages, mais toujours illimitée ; c'est le narrateur omniscient.
- Le narrateur « actoriel » qui a une perception externe ou interne, mais toujours limitée des évènements et des autres personnages ; il est lui-même acteur dans le récit.
- Le type narratif « neutre » qui se contente d'enregistrer les faits de l'extérieur comme le ferait une caméra.

---

[537] *Ibid.*, p. 75.
[538] DUMESNIL (R.), *La Publication des Soirées de Médan,* Paris, Société française d'édition littéraire et technique, 1933, p. 92.
[539] GROJNOWSKI (Daniel), *Lire la nouvelle,* Dunod, 1993, p. 77.
[540] LINTVELT (Jaap), *Essai de typologie narrative, le point de vue,* Paris, José Corti, 1989.

Dans les nouvelles des deux auteurs, nous rencontrons très fréquemment un narrateur auctoriel qui désigne la conscience omnisciente du texte et qui dispose d'une perception sans limites de la psychologie des personnages et jusqu'à leur inconscient. Le type narratif actoriel désigne le narrateur qui participe à l'action ; il représente un des personnages de la nouvelle. C'est un « acteur-percepteur », mais sa perception est limitée, car il n'a pas l'omniscience du narrateur auctoriel. La place qu'occupe le narrateur actoriel est très révélatrice de la direction que veut donner l'auteur à sa nouvelle. La voix de ce narrateur est très souvent l'écho de celle de l'auteur. Pourtant, comme nous le savons, Maupassant refuse l'intervention directe de l'auteur dans l'œuvre romanesque : « Je considère que le romancier n'a jamais le droit de qualifier un personnage, de déterminer son caractère par des motifs explicatifs […] Le romancier ne doit pas plaider, ni bavarder, ni expliquer. Les faits et les personnages seuls doivent parler[541]. »

Concernant les règles de narration, Taymûr adhère aux idées de Maupassant ; il a d'ailleurs repris ses principales théories littéraires pour les expliquer dans des ouvrages théoriques arabes et il a suivi les préceptes de l'auteur français dans sa manière d'écrire. Comme nous l'avons vu dans la deuxième partie, il insiste bien à son tour sur le fait que la voix de l'auteur doit être voilée. Pourtant, de manière détournée, les deux auteurs vont quand même exprimer leur opinion en introduisant un personnage qui leur « ressemble » et en le dotant de qualités qui rappellent les leurs. Chez Maupassant, le narrateur-acteur, que est aussi quelquefois le héros de l'histoire, est la plupart du temps athée, rationnel, souvent misogyne, quelquefois cynique, pessimiste et sensible. Il occupe une position sociale qui lui permet d'être un garant de vérité. Chez Maupassant, il s'agit souvent d'hommes issus de la noblesse, cultivés et intelligents, médecins ou hommes de loi. L'histoire qu'ils nous racontent semble ainsi plus crédible. Ces hommes qui nous racontent toutes sortes d'aventures se caractérisent par leur lucidité, par leur recherche de la vérité, par leur scepticisme devant les naïvetés du peuple ou leur compassion devant les malheurs d'autrui. Toutefois, le narrateur actoriel n'a pas toujours le critère d'honorabilité comme nous le verrons plus loin.

Dans les nouvelles de Taymûr, le narrateur actoriel a la plupart du temps une pensée rationnelle ; c'est un Égyptien cultivé et rationnel, mais également croyant ; on le devine à certaines réflexions concernant la sérénité même s'il n'aborde pas directement la question de la religion. Quand son métier est révélé, il est médecin, haut fonctionnaire, homme de loi (juge ou avocat). La situation sociale du narrateur garantit son honorabilité et la valeur de ses propos. Nous devinons l'importance de ces qualités pour le narrateur-héros de la nouvelle fantastique qui rapporte une histoire invraisemblable. Il est digne de foi, ce qui introduit la fameuse notion

---

[541] MAUPASSANT (G. de), *Chroniques, op.cit.,* tome II, p. 42.

d'« hésitation » dans l'interprétation de l'évènement inexplicable. Ce narrateur-acteur a une perception limitée des faits et des personnages ; il n'a pas l'omniscience du narrateur auctoriel qui a une vision globale de la situation. Le lecteur se sent ainsi plus proche de ce narrateur qui participe à l'action et qui en devient plus accessible, révélant ses sentiments et ses interrogations. Le narrateur actoriel peut nous faire découvrir les autres personnages à travers sa propre rencontre avec eux. Dans « Garçon, un bock ! » par exemple, le narrateur-acteur, un homme cultivé et qui a réussi dans la vie, rencontre Des Barrets qui mène une vie oisive et sans horizon. Ce premier narrateur nous décrit l'aspect physique et vestimentaire de son ami. Il lui pose des questions et nous fait ainsi découvrir le personnage de Des Barrets d'abord de l'extérieur. Ensuite, ce dernier prend la parole et raconte l'histoire de sa vie avec ses propres mots. Dans cette nouvelle nous avons donc deux voix, celle du narrateur-témoin et celle du « véritable » héros de la nouvelle : Des Barrets qui raconte les traumatismes qu'il a vécus dans son enfance. Ces deux narrateurs ont donc deux rôles bien précis. Ils donnent chacun une image différente et complémentaire du personnage central. Cette polyphonie enrichit la nouvelle en lui donnant plusieurs ouvertures.

Dans « Le chien d'As'ad bey » de Taymûr, le narrateur, un jeune étudiant en fin d'études de droit (toujours ce critère d'honorabilité) fait la connaissance d'As'ad bey. On découvre le vieil homme d'abord de l'extérieur par le biais du regard que porte sur lui le narrateur actoriel, qui a le rôle de témoin, avant de le découvrir directement grâce aux dialogues.

Nous avons précédemment évoqué le rôle du narrateur auctoriel qui ne prend pas part à l'action, étant uniquement la conscience omnisciente du texte. Il faut comparer ces deux types de narrateurs pour expliquer la raison du choix de l'auteur de présenter son récit par un narrateur auctoriel omniscient ou au contraire par un narrateur actoriel qui a une vision limitée des évènements et des personnages. Dans « Le Gueux » ou « L'Aveugle » de Maupassant et « La Dinde » de Taymûr par exemple, un narrateur auctoriel ne prenant pas part à l'action nous dévoile des cas de misère extrême. Ce qui caractérise par-dessus tout ces gueux c'est leur solitude. Le narrateur-acteur souvent représenté par un homme cultivé et sensible n'a pas de place dans cet univers. Si ces histoires étaient narrées par un narrateur-acteur cela imposerait une implication de sa part, or le but de l'écrivain est de décrire cet univers de l'extérieur et avec distance sans intervenir dans le cours des choses. Toutefois, dans certaines nouvelles, un narrateur prenant part à l'action nous raconte la misère d'un personnage qu'il a rencontré ; il nous explique alors comment son chemin a croisé celui de ce personnage dont il nous rapporte la souffrance. Le rôle que joue ce narrateur-acteur est toutefois très limité. Il n'apporte pas vraiment d'aide à la personne en difficulté, car il se trouve dans l'impossibilité de le faire. Mais si l'auteur choisit ce type de narrateur, c'est pour que son propos ait une valeur de témoignage. La passivité de ce narrateur-témoin montre avant tout l'impossibilité de changer ou de remédier à la misère humaine, illustrant ainsi la vision fataliste que l'auteur porte sur le monde. Dans « L'Odyssée d'une fille » par exemple, le narrateur-acteur accepte de donner le bras à une prostituée afin d'éviter qu'elle ne soit arrêtée par la police. C'est ensuite elle qui conte sa terrible histoire. À la fin, le premier narrateur reprend la parole et exprime son sentiment d'impuissance devant la misère humaine : « J'ai eu, pendant une demi-heure, la sinistre sensation de la fatalité invincible ... j'ai compris l'impossibilité de la vie honnête pour quelques-uns »[542]. En guise de mot de la fin, le narrateur-héros décrit cette fille qu'il abandonne à son triste sort et qui s'éloigne dans la nuit : « Et elle partit, s'enfonçant dans la pluie fine comme un voile. Je la vis passer sous un bec de gaz, puis disparaître dans l'ombre. Pauvre fille ! »[543]. L'impuissance du narrateur exprime celle de l'homme en général devant le malheur d'autrui et justifie l'attitude de « spectateur pessimiste » du narrateur-témoin.

Dans « Le Diable », Taymûr nous conte le drame d'une enfant battue ; le narrateur-acteur un homme intelligent et sensible est le témoin impuissant de ce drame. Comme dans la nouvelle de Maupassant, le rôle du narrateur-acteur se limite à observer et à plaindre ceux qui souffrent. Le narrateur raconte son séjour à la campagne et ses promenades nocturnes avec un ami qui a le rôle de l'interlocuteur. Ils entendent des cris bizarres et le héros s'interroge sur leur provenance, mais son ami tente de le persuader qu'il s'agit de quelques manifestations du diable, le lieu étant considéré par les villageois comme hanté. En réalité, il s'agit des cris d'une jeune fille que son père bat et affame. Après la mort de celle-ci, le narrateur actoriel s'écrie : « J'aurais pu la sauver hier soir avant que ce fou ne la tue, mais l'épée a précédé la justice »[544]. C'est ainsi que le narrateur justifie ou exprime son regret de ne pas être intervenu à temps. Mais nous savons que dans cette nouvelle le rôle du narrateur-acteur n'est pas d'intervenir dans le cours des choses. Dans cette nouvelle, la place qu'occupe le narrateur nous révèle le fonctionnement du conte fantastique qui se nourrit d'une ambiguïté qui peut laisser à la fin la place à l'explication rationnelle. Nous découvrons tout d'abord une histoire de fantôme ; les deux protagonistes (le narrateur-héros et son ami) pensent être les témoins d'un évènement surnaturel ; le décor nocturne et la peur des villageois contribuent à créer une atmosphère inquiétante ; ce n'est qu'à la fin qu'on découvre qu'il s'agit d'un crime. Dans cette nouvelle, le narrateur-acteur a une vision limitée et externe des faits et des personnages. Il se contente de nous raconter ce qu'il voit et entend. Au début, l'ambiguïté est maintenue, car le lecteur n'en sait pas plus que le narrateur-héros qui hésite lui aussi entre deux interprétations. Le mystère demeure jusqu'au

---

[542] MAUPASSANT (G. de), « L'Odyssée d'une fille », *C. et N.* tome I, p. 997.
[543] *Ibid.*, p. 1003.
[544] TAYMUR (M.), « Al-Shaytan » (Le Diable), *Abu 'Ali..., op.cit.*, p. 87.

moment où le héros découvre la vérité. Cette histoire commence donc comme un conte fantastique pour finir de façon rationnelle.

Le narrateur-acteur qui raconte l'histoire d'une personne qu'il connaît, qu'il a rencontrée ou qui fait partie de son entourage est « crédible » grâce à sa position sociale ou à sa lucidité. Il peut également raconter sa propre histoire. Le « je » nous fait pénétrer directement dans l'univers du héros qui décrit son état intérieur grâce au monologue, à la lettre ouverte ou au journal. Ce narrateur actoriel n'a pas forcément le critère d'honorabilité cité plus haut. Il peut s'agir d'un assassin comme dans « Moiron » où un ancien maître d'école prend la parole pour expliquer la raison qui l'a poussé à tuer ses propres élèves. Ce type de narrateur actoriel qui n'a pas le critère d'honorabilité a cependant d'autres qualités qui rendent son discours plausible et digne d'intérêt. C'est le cas dans les contes du prétoire chez Maupassant, où un homme plaide sa cause. Taymûr, à l'instar de Maupassant, donne la parole à des personnages que la société condamne. Dans « Je suis l'assassin »[545], un meurtrier explique les raisons qui l'ont poussé à commettre un crime. Dans une nouvelle où il n'y a aucune intervention d'un narrateur extérieur expliquant le comportement et la psychologie du meurtrier, la narration à la première personne permet au lecteur de pénétrer directement dans l'univers du protagoniste et de découvrir les doutes et les peurs de celui qui dit « Je ».

Dans ce type de nouvelles, le meurtrier est lucide et sincère et c'est à cette condition que le récit d'un fou ou d'un assassin ne paraît pas purement et simplement invraisemblable ou amoral. Nous savons que la nouvelle utilise souvent des stéréotypes, ce qui ne la condamne pas forcément au manichéisme ; un criminel peut être quelqu'un qui souffre.

Dans les nouvelles fantastiques narrées à la première personne, le héros doute quelquefois de sa raison, puisque son entourage ne perçoit pas les mêmes phénomènes que lui. Mais il est forcément amené à croire ce qu'il voit et entend même s'il est le seul à les percevoir. Thérèse et Fabrice Thumerel écrivent à propos de la narration à la première personne dans des nouvelles décrivant des cas extrêmes : « des narrateurs-personnages, [...] qui racontent leurs propres expériences, suscitent l'adhésion du lecteur dans le même temps qu'ils le font douter (est-il sain d'esprit ou aliéné ?) »[546].

Nous avons vu que le choix d'un narrateur omniscient permet à l'auteur de donner à son récit une perspective narrative « neutre » afin de traiter un certain type de sujet. Toutefois, cette neutralité ne concerne que la manière distante dont les faits et les personnages sont décrits ; ce narrateur est différent du véritable « narrateur-neutre », dont nous avons cité le cas plus haut et qui se contente d'enregistrer les faits de l'extérieur. Le narrateur auctoriel

---

[545] TAYMUR (M.), « Anâ al-qâtil » (Je suis l'assassin), *Anâ al-qâtil*, Le Caire, Dâr nahdat misr, 1969.
[546] THUMEREL (Th. et F.), *Maupassant*, Armand Colin, 1992, p. 67.

nous dévoile la pensée intérieure des personnages et nous expose quelquefois directement son opinion sur la signification profonde de l'histoire. Dans « Le Gueux » et « L'Aveugle », Maupassant raconte deux cas de misère extrême. Dans les deux nouvelles, l'histoire est racontée par un narrateur omniscient. Pourtant, les deux narrateurs n'occupent pas tout à fait la même place dans le récit. Dans « Le Gueux », le narrateur n'intervient à aucun moment ; il nous narre l'histoire d'un mendiant sans porter de jugement, décrit la situation de l'extérieur et ne prend pas part à l'action. Toutefois, comme il est omniscient, il nous dévoile même la pensée du gueux, ses craintes et ses désirs. Maupassant réussit ainsi à nous émouvoir sans avoir besoin d'expliquer davantage la misère de son personnage. Dans « L'Aveugle » en revanche, le narrateur auctoriel introduit sa propre pensée au début et à la fin de la nouvelle. « Le prétexte » de cette intervention directe du narrateur auctoriel est qu'il a connu cet aveugle, sans donner d'autres détails concernant cette relation. Ce premier avertissement explique et justifie l'intervention finale du narrateur qui exprime ainsi directement sa pitié à l'égard du personnage dont il raconte l'histoire : « Et je ne puis jamais ressentir la vive gaieté des jours de soleil, sans un souvenir triste et une pensée mélancolique vers les gueux »[547]. Entre ces deux interventions, le narrateur décrit la situation de l'extérieur. Mais comme dans « Le Gueux », il nous décrit jusqu'à la pensée secrète du personnage, car il s'agit d'un narrateur auctoriel omniscient qui décrit les faits, les personnages et leur état d'âme.

Quelquefois, le narrateur auctoriel exprime une pensée autre que celle du personnage. C'est le cas dans la nouvelle de Taymûr « La Dinde » où un narrateur extérieur et omniscient nous décrit la vie misérable d'un infirme au Caire et nous révèle ses peurs et ses « ébauches de pensées », puis exprime une pensée plus morale qui ne voit dans les signes extérieurs de richesse et de puissance qu'une illusion. Dans cette nouvelle, la voix du narrateur intervient comme le ferait une conscience extérieure qui décrit l'injustice humaine. Cette conscience « supérieure » rétablit l'ordre des choses en proposant une philosophie salvatrice. Donc, malgré un désir de la part de l'auteur de rester objectif face à l'histoire qu'il nous raconte, son écriture trahit toujours sa position. Pour donner une image concrète de l'écriture « objective » et « réaliste », on pourrait citer ce propos de Stendhal : « Le roman est un miroir qui se promène le long d'un chemin. Tantôt à vos yeux il reflète l'azur des cieux, tantôt la fange des bourbiers de la route »[548]. Mais comme le roman ne s'écrit pas tout seul, la vision que reflète le miroir est celle du narrateur qui charge le texte de sa subjectivité.

---

[547] MAUPASSANT (G. de), « L'Aveugle », *C. et N.,* tome I, p. 405.
[548] STENDHAL, *Le Rouge et le noir*, Paris, Michel Lévy, 1866, p. 354.

3.2. Cadres et polyphonie

La littérature arabe classique connaît bien les techniques du cadre de narration et de l'enchâssement ; les récits des *Mille et Une Nuits* nous en offrent des exemples riches et variés, Taymûr n'a donc pas eu à les emprunter à Maupassant. En revanche, ce qu'il a appris de ce dernier concernant la technique du cadre, c'est la modernité, la variété et le réalisme. En France, c'est à Maupassant que revient le mérite d'avoir utilisé avec le plus de régularité et d'originalité la technique du cadre de narration qui constitue chez lui de véritables « archétypes », comme la plupart des critiques en conviennent. Taymûr reprend les mêmes types de cadres que Maupassant et de manière si proche qu'il est évident que ceux-ci lui ont servi de modèles.

Chez Maupassant, le cadre de narration est constitué par un texte assez court qui annonce une première situation (par exemple une réunion d'amis ou de famille, au cours d'un dîner par exemple.). Cette situation initiale (A) est décrite par un premier narrateur (N1). Celui-ci cède la parole à un des personnages présents dans le récit-cadre qui raconte à son tour son histoire. Il devient ainsi le narrateur (N2) d'un deuxième récit décrivant une nouvelle situation (B) ; ce récit devient la plupart du temps le récit principal ; c'est le métarécit ; il est plus important et le plus long. Les textes décrivant la situation (A) initiale et finale sont généralement succincts. Mais il arrive, assez rarement cependant, que le récit initial (A) soit presque de la même longueur que le métarécit (B).

À la fin de la nouvelle encadrée, un troisième petit texte, une clausule, redonne la parole au premier narrateur pour « le mot de la fin ». Mais cet ordre de narration n'est pas toujours adopté ; quand le récit B se termine par une chute qui résonne, le retour à la situation initiale est souvent abandonné comme nous le verrons plus loin. Le passage d'un récit à l'autre est marqué par l'auteur à l'aide d'un saut de ligne renforcé la plupart du temps par un astérisque. Nous pouvons représenter l'architecture narrative de ces récits à cadre par les schémas suivants :

Schéma n° 1 :

Situation A (récit encadrant) : 1er narrateur Récit de présentation (récit primaire ou préambule)
Situation B (récit encadré) : 2e narrateur Métarécit
(Retour à la) **Situation A** (récit encadrant) : 1er narrateur : mot de la fin ou clausule

Ce schéma peut s'appliquer à des nouvelles constituées d'un récit encadré, central et d'un récit encadrant qui commence par un préambule et finit par une clausule ; l'auteur redonne ainsi souvent la parole au premier narrateur à la fin de la nouvelle pour qu'il fasse une sorte de bilan, et pour se confronter à la réaction des narrataires (les récepteurs du récit, assistance présente dans le récit ou lecteurs) ce qui équilibre les trois parties du texte ; la boucle est ainsi bouclée. Mais dans les nouvelles enchâssées, le retour à la situation initiale n'est pas systématique, et certaines nouvelles n'ont pas de conclusion. Dans ce cas-là, la structure narrative de ces nouvelles correspond au schéma suivant :

Schéma n° 2 :

Situation A : (récit encadrant) 1er narrateur
Récit de présentation (récit primaire ou préambule)
Situation B (récit encadré) : 2e narrateur
Métarécit

On remarque que dans les nouvelles où l'auteur ne prend pas la peine de revenir à la situation initiale le second récit se termine sur une chute qui rend toute autre explication ou retour à la situation initiale inutiles. L'auteur choisit l'un ou l'autre des schémas narratifs selon l'histoire contée et pour que le récit se termine toujours par un état d'équilibre des deux parties qui apporte au lecteur le sentiment que l'histoire est achevée.

Les textes décrivant les situations (A) initiales et finales sont généralement très succincts. Mais dans certaines nouvelles de Maupassant, le récit initial (A) occupe un espace égal ou supérieur au deuxième récit (B) ; ce cas est cependant très rare. La nouvelle « Un soir » en est un bon exemple[549] : le récit initial occupe huit pages et demie, le deuxième récit sept pages et demie et le texte final, la clausule, dure une page. La première situation est une scène de pêche où un premier narrateur actoriel raconte la manière dont son ami tue sadiquement une pieuvre. La deuxième partie est une histoire d'amour racontée par l'ami et le texte final est la conclusion du premier narrateur qui appelle le lecteur à une réflexion profonde sur la destinée de l'homme. Cette histoire de chagrin d'amour tire son originalité narratologique de cet effet de miroir des deux textes qui se reflètent l'un l'autre. Cette scission traduit également l'état d'âme du héros qui transpose une histoire sentimentale traumatisante et encore indicible sur une scène de pêche où les images deviennent symboles. Nous retrouvons le même schéma dans « Garçon, un bock ! » ; la situation initiale où un premier narrateur (N1) nous raconte sa rencontre avec Des Barrets dure trois pages et demie. L'histoire de Des Barrets dite par lui-même (N2) s'étend sur deux pages et demie et le mot de la fin dit par le premier narrateur (l'ami de Des Barrets) (N1) fait sept

---

[549] MAUPASSANT (G. de), « Un Soir », *C. et N.*, Tome II, pp. 1069-1085.

lignes. Cette relative égalité entre les deux parties s'explique par le désir de l'auteur de donner la parole autant au témoin extérieur (N1) — qui juge Des Barrets du dehors tout en nous donnant une idée de son aspect physique et vestimentaire et en nous révélant une partie de son passé — qu'à Des Barrets lui-même qui nous révèle son état d'âme. Les deux « voix » nous donnent ainsi une vision plus complète et plus complexe du personnage. La polyphonie du texte maupassantien permet ainsi au lecteur de découvrir plusieurs facettes d'un même personnage. Toutefois, la plupart du temps, le premier narrateur (N1) ne fait que présenter succinctement une situation de façon assez brève et la parole est rapidement donnée au narrateur principal (N2). Le retour à la situation initiale (A) à la fin du récit est toujours très bref, quelle que soit l'architecture de la nouvelle.

Dans les nouvelles de Taymûr, le narrateur initial (N1) intervient de façon plutôt concise pour situer le lecteur dans une première situation qu'il peut facilement se représenter (un dîner d'amis par exemple) avant de laisser la parole au deuxième narrateur. Chez lui, nous ne rencontrons pas de cas de nouvelles où le texte encadrant prend autant de place que le texte encadré. Il n'a pas suivi l'exemple assez particulier du récit enchâssé. Chez lui, il n'y a pas de retour à la situation initiale (récit A) où le premier narrateur peut conclure ou inciter le lecteur à réfléchir sur la véritable portée de l'histoire. S'il y a une réflexion de ce genre, elle sera exprimée par le narrateur principal et dans le corps du texte (récit B) qui clôt toujours ses nouvelles encadrées.

Le début de la nouvelle (quand l'auteur s'adresse pour la première fois au lecteur) est un moment crucial. Nous avons vu qu'Alain Buisine compare la nouvelle à un train qui doit arriver le plus rapidement possible à destination[550]. Mise à part sa vitesse comparée à la brièveté du récit, nous pourrions rapprocher le moment du départ du train qui s'ébranle du commencement de la nouvelle dont les premiers mots donnent le ton de l'histoire. On peut aussi comparer le début de la nouvelle à l'incipit du roman, que Collette Becker décrit comme « un lieu stratégique où le romancier affronte les difficultés nées de la nécessité d'embrayer sa fiction sur le réel[551]. Chez les deux auteurs, la nouvelle encadrée nous offre un bon exemple de ces débuts de récits qui situent très vite le lecteur dans le vif du sujet. Pendant les premières lignes, le lecteur est vigilant, objectif, pas encore habitué à l'atmosphère que va distiller le récit. Il importe alors que l'auteur trouve les mots justes et la situation qui accrochent le lecteur et qui l'invitent à accepter la fiction et c'est là où se situe le rôle du cadre de narration. René Godenne annonce et classe très succinctement cinq modes de présentation utilisés par Maupassant[552]. Nous reprenons ici chaque cas pour l'étudier de façon approfondie et à la lumière d'une comparaison entre la démarche des deux auteurs. Nous

---

[550] BUISINE (Alain), « Paris. Lyon, Maupassant », *Maupassant miroir de la nouvelle*, *op.cit.*, p. 17.
[551] BECKER (Collette), *Lire le réalisme et le naturalisme*, *op.cit.*, p. 110.
[552] GODENNE (René), *La Nouvelle française*, *op.cit.*, pp. 60-62.

retrouvons ainsi tous les types de cadres utilisés par Maupassant chez Taymûr. En voici des exemples dans le cas des nouvelles fantastiques :

1. Un narrateur raconte à un groupe de gens une aventure qu'il a vécue ou dont il a été témoin : Voici un exemple de ce type de préambule chez Maupassant :

C'était à la fin d'un dîner d'hommes, à l'heure des interminables cigares et des incessants petits verres [...] On vint à parler du magnétisme [...] Chacun apporta un fait, des pressentiments fantastiques [...] À la fin il [un homme sceptique] se leva, jeta son cigare, et les mains dans les poches : Eh bien, moi aussi, je vais vous raconter deux histoires, et puis je vous les expliquerai. Les voici :

*

Dans le petit village d'Etretat...[553].

L'exemple suivant est extrait d'une nouvelle de Taymûr intitulée « Quand nous vivons avec les fantômes » :

Nous passions une agréable soirée chez notre ami 'Ajlan bey [...] Notre hôte nous écoutait parler des fantômes et des séances de spiritisme sans intervenir, jusqu'à ce que l'un de nous lui demande son avis sur la question [...] 'Ajlan bey prit alors la parole :[554]

Ce type de cadre sert à donner au lecteur l'illusion de connaître le narrateur (N2) présenté et décrit par une première voix (N1) ; il peut ainsi se le représenter concrètement. Ce type de cadre permet également de décrire une première situation, d'annoncer subtilement un sujet délicat, comme ici celui du surnaturel. L'emprunt de ce genre de cadre typiquement maupassantien montre la manière dont un auteur peut s'inspirer des procédés d'écriture d'un autre. Dans cette nouvelle, Taymûr semble reprendre le sujet et l'architecture de la nouvelle de Maupassant, pourtant il ne s'agit pas de plagiat, car après un début très ressemblant, Taymûr aborde un autre sujet et s'écarte de la nouvelle « Magnétisme ». Il est évident que l'auteur égyptien ne cherche pas à reprendre à sa manière les nouvelles de son auteur favori ; il veut plutôt adapter les techniques narratives de la nouvelle occidentale au texte arabe.

2. Le deuxième cas de récit encadré consiste à donner la parole à un narrateur qui raconte à un ami des faits de son passé. En voici un exemple chez Maupassant extrait de sa nouvelle « Sur L'eau » :

Un soir que nous nous promenions au bord de la Seine, je demandai [à mon ami] de me raconter quelques anecdotes de sa vie nautique. Voilà immédiate-

---

[553] MAUPASSANT (G. de), « Magnétisme », *C. et N.*, tome I, pp. 406-407.
[554] TAYMUR (M.), « 'Indamâ nahyâ ma'a al-atyâf » (Quand nous vivons avec les fantômes), *Qalb ghâniya (Cœur de femme)*, *op.cit.*, pp. 117-118.

ment mon bonhomme qui s'anime [...] Il avait dans le cœur une grande passion [...] : La rivière. Ah ! me dit-il, combien j'ai de souvenirs sur cette rivière...[555].

Ici le premier narrateur (N1) nous présente son ami qui deviendra le futur narrateur (N2) et nous annonce le sujet qui va être abordé. Par ce procédé, le lecteur découvre d'abord un personnage qu'il peut parfaitement se représenter avant que celui-ci ne devienne simplement une voix qui raconte. Voici un exemple équivalent chez Taymûr dans « Un Homme redoutable » :

Mon ami Farid me conta un jour un de ses souvenirs lointains, il dit : Mon oncle m'appela un beau jour [...] Il s'assit en tailleur sur son confortable sofa au milieu des coussins et se mit à fumer le narguilé en buvant son café turc. Il me fit asseoir près de lui et me dit : « Ecoute Farid, je suis vieux aujourd'hui et je n'ai plus de force, je ne peux plus diriger les affaires de la ferme. Peux-tu prendre ma place ? ça me permettra de me reposer...[556]

Le vieil homme contera ensuite à son neveu un souvenir de son passé. Celui qui dit d'abord « je » est le premier narrateur (N1). Farid qui parle de son oncle est le deuxième narrateur (N2). L'oncle enfin, qui raconte son histoire, devient donc le troisième narrateur (N3). Mais le narrateur principal (N2) reprend assez vite la parole. En fait, nous pouvons considérer que cette nouvelle se compose uniquement de deux parties : l'incipit qui annonce l'histoire (récit A) et le corps du texte constitué par l'histoire de Farid (récit B). Le propos du grand-oncle qui est assez court peut être assimilé à un dialogue avec le héros.

Dans l'histoire de Maupassant, il est question de promenade au bord de la Seine, dans celle de Taymûr il est question d'un patriarche sur un sofa qui passe les clés de l'avenir à son petit-neveu. Mais même si ce dernier décor et cette situation semblent quelque peu exotiques pour un lecteur européen, l'exotisme de la nouvelle fantastique se situe ailleurs. Pour les lecteurs égyptiens, Taymûr décrit plutôt une situation réaliste et reconnaissable tout autant que Maupassant qui parle de la Seine à ses lecteurs français. La nouvelle classique possède un exotisme qui lui est propre et qui naît plutôt du regard porté par l'auteur sur les évènements et les personnages, un regard extérieur et distant comme l'explique F. Goyet[557].

3. Le troisième type de récit encadré présente un premier narrateur qui raconte directement au lecteur un de ses souvenirs personnels ; il se situe dans le présent et parle du passé. Il y a donc deux récits, qui se déroulent à des moments différents, même s'ils ont le même narrateur. La nouvelle « Souvenirs » de Maupassant commence ainsi : « Comme il m'en vient des souvenirs

---

[555] MAUPASSANT (G. de), « Sur l'eau », *C et N.,* tome I, p. 54.
[556] TAYMÛR (M.), « Rajul rahîb » (Un Homme redoutable), *Fir'awn as-Saghir, op.cit.,* p. 159.
[557] GOYET (F.), *La Nouvelle (1870-1925) (description d'un genre à son apogée),* Chap. « La Nouvelle exotique », P.U.F., 1993, p. 133.

de jeunesse sous la douce caresse du premier soleil ! […] une de ces aventures […] date de douze ans et paraît déjà si vieille […] »[558]

Dans « Parmi mes souvenirs » outre le choix d'un titre similaire, Taymûr adopte le même cadre de narration. Ainsi commence la nouvelle : « J'aimerais vous raconter deux histoires qui datent de mon enfance et dont le souvenir demeure présent malgré le passage des ans […]»[559].

Il n'y a donc qu'un seul narrateur ; le cadre ne consiste pas à donner la parole à deux narrateurs, mais à « déplacer » la voix d'un narrateur unique. Celui-ci nous expose d'abord ses sentiments au temps présent par rapport à un sujet précis, puis il raconte un évènement qui s'est déroulé dans le passé et qui justifie son attitude actuelle. L'auteur crée, grâce à ce procédé, l'illusion du passage du temps et également celle d'une relation directe entre le narrateur et le lecteur auquel il s'adresse. Le cadre se concrétise donc par ce décalage temporel entre le discours initial (récit A) et le texte principal (récit B) comme le schéma suivant l'indique :

Schéma n°3 :

- Récit de cadre (A) temps présent
- Récit principal (B) temps passé
- Retour ou non au récit (A) (temps présent)

Ce type de cadre donne l'illusion d'une répercussion d'un évènement passé dans la vie présente du narrateur. Le récit achevé et conté au passé acquiert ainsi une valeur particulière, car son souvenir continue d'agir dans le temps présent.

4. Dans le quatrième cas, le récit est écrit sous forme de lettre. Ainsi commence « En voyage » de Maupassant :

Sainte-Agnès, 6 mai

Ma chère amie,

Vous m'avez demandé de vous écrire souvent et de vous raconter surtout des choses que j'aurai vues […] Je vous enverrai donc […] des lettres où je ne parlerai ni de vous ni de moi, mais seulement de l'horizon et des hommes qui s'y meuvent. Et je commence[560].

Dans cette nouvelle, Maupassant donne au fait divers la force de l'actualité en le faisant raconter par un témoin. La réflexion suivante du narrateur montre que Maupassant, qui s'inspirait souvent de faits divers publiés dans la presse, veut donner à son récit un cachet d'authenticité pour pallier

---

[558] MAUPASSANT (G. de), « Souvenir », *C. et N.*, tome II, p. 120.
[559] TAYMUR (M.), « Min haqîbat al-dikrayât » (Parmi mes souvenirs), *Anâ al-qâtil* (*Je suis l'assassin*), *op.cit.*, p. 121.
[560] MAUPASSANT (G. de), « En voyage », *C. et N.*, tome I, p. 431.

l'impersonnalité d'une information lue dans un journal : « Vous voyez ma chère amie, que c'est là un simple fait divers. Mais si vous aviez vu le trou lui-même, vous auriez été comme déchirée jusqu'au cœur, à la pensée de cette agonie d'un enfant pendu aux mains de son frère... »[561]. Le fait que ce soit à une femme, qui pourrait aussi être une mère, que le narrateur raconte cette histoire mettant en scène un drame arrivé à des enfants contribue à la rendre encore plus émouvante.

Taymûr adopte également la forme épistolaire dans certaines de ses nouvelles dont celle de « La Femme voilée » où un homme écrit à son ancien amour :

Madame,

Vous serez sans doute étonnée en recevant cette lettre alors que tout lien est rompu entre nous depuis tant d'années. [...] Je voulais vous dire que j'ai été très amoureux de vous [...] Pourquoi ne vous l'ai-je pas dit à cette époque ? Pourquoi ai-je gardé le secret si longtemps ?[562]

Dans cette nouvelle, en quelques mots, l'auteur nous projette dans le passé du héros-narrateur qui décrit en même temps son état d'âme actuel. En adoptant la forme épistolaire, l'auteur donne au lecteur l'illusion de pénétrer dans l'univers intime de deux correspondants. Il réussit ainsi à écourter la distance entre le narrateur et le véritable destinataire : le lecteur.

5. Dans le cinquième cas, le narrateur raconte une histoire qu'il connaît par ouï-dire. Voici un exemple de ce type de cadre chez Maupassant dans « Madame Parisse » :

Un bruit de pas me fit tourner la tête ; une femme, une grande brune passait sur le chemin qui suit la mer en allant vers le cap. Monsieur Martini murmura, en faisant sonner les finales : « C'est Madame Parisse, vous savez ! »

Non je ne savais pas, mais ce nom jeté, ce nom de berger troyen me confirma mon rêve. Je dis cependant « Qui ça, Madame Parisse ? « Il parut stupéfait que je ne connusse pas cette histoire [...] Et Monsieur Martini me conta ceci :[563]

Nous retrouvons ce même type de cadre de narration chez Taymûr où une personne raconte une histoire qu'elle a entendue. Ainsi commence « Derrière le voile » :

Je connaissais mon ami Abd al-Hadi depuis que nous étions enfants et qu'il habitait à Mitriyya [...] Le destin nous sépara pendant cinq années. Je le rencontrai par hasard au café Lunaparck [...] Nous nous revîmes dans son bureau au Ministère. 'Abd al-Hadi me demanda :

---

[561] Ibid., p. 434.
[562] TAYMUR (M.), « Zât al-lithâm » (La femme voilée), Duniâ jadîda (Un Nouveau monde), Beyrouth, al-maktaba al-'asriyya, [s.d.], pp. 111-115.
[563] MAUPASSANT (G. de) « Madame Parisse », C. et N. tome II, p. 705.

— Connais-tu cet homme qui vient de sortir de mon bureau ?

— Non je n'ai pas eu cet honneur [...]»

'Abd al-Hâdi, après s'être fait prier, finit par accepter de raconter le secret du mystérieux visiteur. Il commença ainsi l'histoire :

— Cet homme s'appelle Safa Bey [...][564].

L'adoption de ce type de cadre sert à éveiller la curiosité du lecteur. Avant de raconter l'histoire principale (récit B), les auteurs entourent d'un halo de mystère leurs futurs héros, Madame Parisse et Safa bey (ce dernier travaille au Ministère comme certains personnages maupassantiens et comme Maupassant lui-même à ses débuts). Ces noms prononcés par les personnages-témoins : M. Martini et 'Abd al-Hadi, promettent aux lecteurs de découvrir une histoire étonnante et aiguisent ainsi leur curiosité.

En utilisant le procédé du cadre de narration, le nouvelliste peut varier les angles de vue et nous présenter ses récits sous différentes « clés de voûte ». Certes, Taymûr n'utilise pas les cadres de narration avec la même régularité que Maupassant ni de manière aussi rigoureuse ; par exemple, il ne referme jamais la boucle en redonnant la parole au narrateur initial dans les récits à double narrateur. Chez lui, le récit à cadre correspond toujours au schéma n°2 ou n°3 (sans retour au récit A). Tous les types de cadres que nous avons cités ont un point commun : le narrataire. En effet, celui qui raconte l'histoire s'adresse toujours de façon claire à quelqu'un, un personnage ou directement au lecteur.

Le cadre de narration, malgré le fait qu'il pourrait paraître artificiel, a en fait plusieurs utilités. Dans les nouvelles où l'auteur raconte une aventure ou un souvenir, il choisit souvent un intermédiaire entre le lecteur et le narrateur. Il s'agit souvent d'un auditoire qui écoute l'histoire et quelquefois (chez Maupassant) cet auditoire exprime son avis qui représente l'opinion du lecteur. Cette opinion est exprimée en guise de mot de la fin.

Quand le récit de cadre est assez développé, il permet à l'auteur d'offrir une sorte d'introduction à sa nouvelle mettant la lumière tour à tour sur la nature du sujet qui va être traité, sur les motivations et les rôles des protagonistes ou sur le décor où se situent les personnages. Par ce moyen, l'auteur offre aux lecteurs un premier tableau qu'ils peuvent facilement se représenter, il peut alors maintenir l'illusion d'une relation directe entre le narrateur et le lecteur. En outre, quand le récit est raconté à deux voix, le lecteur a l'impression de découvrir au moins deux visions d'une même situation. Ces procédés permettent à l'auteur de rendre sa nouvelle plus riche et plus complexe et de « compenser » ainsi sa brièveté et sa simplicité. Dans les nouvelles fantastiques, le récit à cadre est particulièrement efficace, car il permet au lecteur de se représenter le héros-narrateur et son univers, ce qui renforce cette fameuse « illusion réaliste ».

---

[564] TAYMUR (M.), « Khalfa al-sitâr » (Derrière le rideau), *Al-Hajj Shalabî, op.cit.*, pp. 93-99.

CONCLUSION DE LA QUATRIÈME PARTIE

Dans le monde arabe, le surnaturel se situe à la lisière de deux systèmes de pensée, la pensée rationnelle et le vaste domaine des croyances religieuses ou populaires, et si le fantastique moderne est né en Occident grâce à la mort des croyances religieuses, en Orient celles-ci sont bien vivantes. Pour créer des œuvres fantastiques, on s'accorde à dire qu'il faut que le surnaturel quitte le domaine de la croyance pour devenir une source d'inspiration littéraire. Dans l'Orient arabe où il y a beaucoup d'écrits eschatologiques où foisonnent les êtres surnaturels, sans parler de la littérature du merveilleux, ce genre n'a pas vraiment pris racine et ne s'est pas développé comme en Occident en devenant un genre à part entière. Toutefois, les œuvres fantastiques étrangères traduites ou dans leurs versions originales ont tout de même leur lectorat. Et si des auteurs égyptiens se sont essayés au fantastique moderne comme l'a fait Taymûr, ni ce dernier ni Maupassant n'ont tenté un fantastique plus audacieux accordant une place importante à la fantasmagorie ; leurs écrits sont restés très ancrés dans la réalité, n'utilisant le surnaturel qu'avec parcimonie.

Si la littérature fantastique ne s'est pas véritablement épanouie contrairement au merveilleux chez les Arabes, d'autres ont reproché aux Français de ne pas posséder de littérature fantastique. L'Allemand Henri Heine disait : « Les Français n'ont pas la tête fantastique. Un atavisme lointain les retiendrait dans les bornes de la clarté et de la raison »[565]. Pierre-Georges Castex récuse ces affirmations en rappelant la place qu'occupent le rêve et les mythes dans la littérature française du XIXe siècle et ceci malgré l'importance du bon sens français[566]. Les idées qu'on se fait de l'imaginaire de l'ensemble d'une population se révèlent souvent réductrices. En fait, nous retrouvons ce désir d'échapper à la réalité par le biais d'histoires imaginaires et ce besoin de faire appel au surnaturel, dans toutes les littératures.

Dans le conte merveilleux, l'auteur rapporte des faits incroyables sans détour comme s'il s'agissait de la réalité, dans la littérature fantastique c'est le chemin inverse qu'emprunte l'auteur ; il déguise la vérité en lui donnant les

---

[565] HEINE (H.), *Die romantishe shule,* tome III, cité par : CASTEX (Pierre-Georges), *Le Conte fantastique…, op.cit.*, p. 397.
[566] *Ibid.*

figures de l'impossible, car c'est bien de la réalité que nous parle le fantastique, une réalité angoissante que la psychologie tente de comprendre et la littérature de sublimer. L'auteur de la nouvelle fantastique ou du « conte cruel » veut amener en douceur son lecteur au surnaturel ou à l'hallucination, utilisant plusieurs cadres de narration, comme autant d'antichambres de l'indicible. Concevoir le monde de façon « déraisonnable » est le propre de l'artiste, quel que soit son pays d'origine. Les djinns qui poursuivent l'homme dans la nouvelle arabe ne sont pas en réalité très éloignés des fantômes qui prennent en Occident la forme du « Horla » ou des vampires.

CONCLUSION GÉNÉRALE

On a toujours opposé l'Orient à l'Occident, culturellement, sociologi-quement, politiquement, et aujourd'hui cette séparation présumée constitue plus que jamais une source de conflits supposés ou réels. Pourtant, par le passé et à l'heure actuelle, ces deux mondes ont partagé et continuent à avoir en commun un grand nombre de choses qui, si elles étaient davantage mises en valeur, atténueraient l'idée erronée que rien ne réconciliera jamais ces deux mondes. Il n'y a qu'à voir l'incroyable ruée vers l'art et la culture, sou-vent d'inspiration occidentale, que vivent certains pays arabes, qui édifient aujourd'hui de véritables îles de la connaissance, y invitant les professeurs des grandes universités occidentales - dont ils ont souvent repris les noms pour leurs propres institutions -, pour s'interroger sur la réalité de cette sépa-ration considérée par beaucoup comme irréductible.

En Occident, durant des décennies, l'Orient a été représenté, peint, décrit, rarement de façon réaliste, quelquefois de façon impérialiste - comme Ed-ward Saïd [567] s'est efforcé à le dénoncer- ; on lui fit porter des rêves d'exotisme nés dans l'esprit de ceux qui l'ont visité ou imaginé dans leur atelier ou leurs cabinets d'écriture. Mais cela n'empêcha pas le fait que des artistes et des écrivains occidentaux l'ont quand même célébré sans avoir forcément eu à son égard une visée coloniale. Certaines entreprises artis-tiques réalisées à l'époque où l'orientalisme battait son plein sont aujourd'hui considérées par les Orientaux eux-mêmes comme un hommage qui leur a été rendu ; c'est le cas pour la peinture orientaliste qui, après avoir été longtemps décriée, vit actuellement une véritable résurrection grâce no-tamment à l'engouement des Arabes pour cet art qui représente leurs ancêtres[568]. En Orient, à l'origine, l'intérêt pour l'Occident a été à l'opposé de l'engouement des Occidentaux pour l'Orient. On ne dessinait pas un pays conquis, on allait découvrir celui de l'envahisseur avec l'idée de rapporter les fruits de ses avancées technologiques et militaires. Cet intérêt s'élargit rapidement aux autres domaines culturels et laissa une empreinte durable

---

[567] SAID (Edward), *L'Orientalisme, L'Orient créé par l'Occident*, [*Orientalism*, 1978], trad. : Catherine Malamoud, préface de Tzvetan Todorov, Le Seuil, (1ère édition 1980), éd. 2003.
[568] RACHDI (Naïma), *Etienne Dinet ou le regain de la peinture orientaliste*, Ed. Chèvre feuille étoilée, 2011.

dans la société arabo-musulmane et cela malgré la méfiance à l'égard des idées et des mœurs occidentales. La particularité de l'ouverture de l'Orient vers l'Occident à l'époque de la *Nahda* réside dans le fait que ceux qui se sont inspirés des pays européens, notamment les pionniers de la littérature arabe moderne, considéraient les créateurs occidentaux comme étant leurs « prédécesseurs » ; ils assumaient le fait d'apprendre d'eux et leur empruntaient les éléments de leur savoir sans y voir un signe d'acculturation ou d'infériorité. Ainsi, et malgré les critiques des conservateurs qui voyaient d'un mauvais œil l'influence étrangère, à l'époque de la *Nahda*, l'Occident était perçu comme une source d'inspiration et de développement.

L'œuvre de Taymûr fait partie de celles qui témoignent de l'intérêt que les Orientaux ont porté durant la *Nahda* et continuent à témoigner à l'Occident, non pas seulement pour lui emprunter sa science et sa technologie, mais aussi pour comprendre ses idées, sa littérature et son art. La nouvelle et le roman ont trouvé naturellement leur place au sein de la littérature arabe moderne, devenant même ses genres majeurs, cette évolution s'inscrivant dans un héritage narratif qui a évolué en s'enrichissant d'éléments nouveaux. En adoptant la forme de la nouvelle et en lui appliquant les théories du réalisme tout en prenant exemple sur Maupassant, Taymûr a montré que le lien qui existe entre le monde culturel arabe et occidental n'était pas si ténu. Certes, dans cette comparaison l'auteur français se trouve au faîte de son art alors que l'Égyptien est l'un des pionniers du récit court en Égypte, mais malgré cela il existe entre les deux auteurs une relation d'influence et une appréhension assez proche de l'écriture qui se trouve à la source des correspondances que nous avons mises en lumière.

Mais les deux auteurs ont à l'origine des inquiétudes, des aspirations et des opinions divergentes. Maupassant c'est l'anticonformisme, le pessimisme foncier, le rejet de la religion, alors que Taymûr est issu d'une Égypte qui commençait à peine à se moderniser et qui ne reniait en rien ses croyances, s'y accrochant plutôt pour préserver son identité face à l'influence occidentale grandissante. Le nihilisme et les idées schopenhaueriennes nés d'une fin de siècle désenchantée étaient très éloignés des préoccupations socioculturelles d'un XXe siècle arabe où tous les espoirs étaient permis. Mais il est certain que si Taymûr le discret n'a pas donné un coup de pied dans la fourmilière sociale et culturelle de son pays, c'est aussi parce que, tout comme Maupassant, il était avant tout l'héritier de son histoire socioculturelle ; on ne mène que les combats légués par ses prédécesseurs directs et rarement ceux empruntés à l'étranger. Le fils de cette famille égyptienne lettrée d'origine kurdo-turque et arabe a hérité du combat des siens, celui de participer à la renaissance culturelle de l'Égypte pour mieux marquer leur appartenance à cette nation. Pour cela, il fallait libérer la culture de sa tendance au ressassement, en s'émancipant de ses modèles anciens et en s'ouvrant à la modernité. Et comme c'est le cas dans d'autres histoires littéraires, la confrontation avec des cultures étrangères est souvent nécessaire pour amener une littérature à accéder à une nouvelle étape de son évolution : « Aucune œuvre n'est et ne peut être une invention totalement originale. Tout récit renvoie à d'autres textes antérieurs : Le récit est toujours un écho de récits »[569] affirme très justement Tzvetan Todorov.

Mais le fait que la littérature arabe a été à un moment de son évolution sensible à l'apport étranger ne signifie pas qu'elle ait été totalement dépendante de celui-ci ; l'échange n'impose pas une sujétion ; l'art étant universel, ses éléments appartiennent à tous. Quant à ceux qui considèrent que la littérature arabe ne doit rien aux littératures étrangères, ils essaient de nier une influence qui est pourtant inscrite dans les œuvres et dans les genres littéraires arabes modernes qui, dans leur forme actuelle, sont la preuve de cette rencontre et de cet échange. L'œuvre de Taymûr est là pour prouver que le fruit de cette rencontre n'est pas un produit hybride dont le fond est arabe et la forme occidentale, mais bien une littérature authentique qui accéda simplement à un nouveau stade de son évolution.

Laissons le mot de la fin au comparatiste René Etiemble qui nous exhorte à ne pas concevoir l'Orient et l'Occident comme étant irrémédiablement séparés et nous demande de reconnaître ce que les Occidentaux et les Arabo-musulmans se doivent mutuellement pour apprécier « ce qu'ont su réaliser de grand, chaque fois qu'ensemble ils l'ont voulu, Chrétiens, Juifs, et Musulmans »[570].

---

[569] TODOROV (T.), *La Grammaire du Décaméron*, Paris, Mouton, 1969, p. 12.
[570] ETIEMBLE (R.), *Quelques essais de littérature…*, chap. « Du monde arabe », *op.cit.* pp. 219-220.

BIBLIOGRAPHIE

I. Le corpus

A) Les œuvres de Guy de Maupassant utilisées dans cette thèse

Contes et nouvelles, préface d'Armand Lanoux, introduction de Louis Forestier, texte établi et annoté par Louis Forestier, Paris, N.R.F., Gallimard, 1974, T.I, 1670, p., T.II, 1782 p.

Chroniques, éditées par H. Juin, Paris, U.G.E., 1980, T.I, 438 p., T.II, 444 p., T.III, 441 p.

Notre cœur, des Vers et autres poèmes, avant-propos de Pascal Pia, Paris, Ed. d'art H. Piazza, 1970, 280 p.

Ecrits sur le Maghreb, préface de Denise Brahimi, Paris, Minerve, 1991, 250 p.

Guy de Maupassant sur les Chemins d'Algérie, textes rassemblés et présentés par Jean Emmanuel, préface d'Olivier Frébourg, Edition Magellan et Cie, 2003, 191 pages.

Pierre et Jean, préface « Le Roman », édition établie par Daniel Leuwers, chronologie par Pierre Cogny, Paris, Flammarion, 1992, 191 p.

Le Maupassant du Horla, éd. présentée et annotée par Pierre Cogny, Paris, Minard, 1970, 149 p.

Marocca et autres nouvelles africaines, Présentation de Gérard Delaisement, Paris, Arcantère, 1992, 123 p.

Boule de suif et autres contes normands, texte établi avec introduction, chronologie, bibliographie, appendice et notes par M.-C. Bancquart, Paris, Ed. Garnier, 1971, 645 p.

Lettres de Gustave Flaubert à George Sand, précédées d'une étude par Guy de Maupassant, Paris, Charpentier et Cie, 1884, LXXXVI, 291 p.

Gustave Flaubert et Guy de Maupassant, Correspondance, 1872-1880, éd. par Sylvain Kerandoux, Paris, La Part Commune, 2009, 320 pages.

B) Les œuvres de Mahmûd Taymûr

Recueils de contes et nouvelles

Ammi Mitwvallî (*Oncle Mitwalli*), Le Caire, al-Matba'a al-salafiyya, 1925, 201 p.

Abu 'Ali 'âmil artist (*Abu Ali fait l'artiste*), al-Matba'a al-salafiyya, 1934, 112 p.

Abu al-shawârib (*Le Moustachu*), Le Caire, Maktabat al-'adab, 1966, 189 p.

Anâ al-qâtil (*Je suis l'assassin*), Le Caire, dâr nahdat misr, 1969, 189 p.

Al-Bârûna (*La Baronne*), Le Caire, dâr al-Ma'arif, 1967, 110 p.

Fir'aw al-sahgîr (*Le Petit pharaon*), Le Caire, al-Ma'ârif, 1963, 285 p.

Al-Hajj Shalabî, Le Caire, Lajnat al-ta'lif, 1930, 259 p.

Hikayat Abû 'Awf (*L'Histoire de Abû 'Awf*), Le Caire, dar Nahdat misr li al-tiba'a wa al-nashr, 1969, 135 p.

Ihsân li-Allâh (*L'Aumône*), Le Caire, Ma'ârif, 1949, 220 p.

Kull 'âm wa antum bikhayr (*Bonne année*), Le Caire, dâr al-Ma'ârif, 1976, 208 p.

Maktûb 'alâ al-jabîn (*Mektoub*), Le Caire, Ma'arif, 1941, 218 p.

Nida' al-majhul (*L'Appel de l'inconnu*), Beyrouth, al-maktaba al-'asriyya, 1939, 166 p.

Nubbût al-ghafîr (*Le Sucre d'orge*), Le Caire, Maktabat al-'adab, 1958, 252 p.

Qalb ghâniya (*Cœur de femme*), Le Caire, al-Matba'a al-salafiyya, 1936, 203 p.

Qâla al-râwi (*Le Conteur a dit*), préface de Taha Hussein, Le Caire, al-Maktaba al-tijariyya, 1942, 312 p.

Rajab Effendi, Le Caire, al-Matba'a al-salafiyya, 1928, 145 p.

Al-Shaykh Jum'a, Le Caire, al-Matba'a al-salafiyya, 1927, 195 p.

Al-Shaykh Sayyid al-'abit (*Le Cheikh Saïd, l'idiot*), Le Caire, al-Matba'a al-salafiyya, 1926, 222 p.

Shifâh ghalîza (*La belle aux lèvres charnues*), Beyrouth, al-Maktaba al-'asriyya, 1959, 240 p.

Zâmir al-hayy (*Le Flûtiste du quartier*), Beyrouth, al-Maktaba al-'asriyya, 1956, 128 p.

Zawj fî al-mazâd (*Un Mari aux enchères*), Beyrouth, al-maktaba al-'asriyya, [s.d.], 168 p.

Pensées, récits de voyage, études littéraires

Abû al-hawl yatîr (*Le Sphinx qui vole*), Beyrouth, al-maktaba al-'asriyya, [1955], 262 p.

'Adab wa 'udabâ' (*De la littérature et des hommes de lettres*), Dâr al-kitâb al-'arabî li al-Tibâ'a wa al-nashr, Le Caire, [s.d.].

Dilâl mudî'a (*Ombres lumineuses*), Le Caire, Maktabat al-nahda al-misriyya, 1953,

'*Itr wa duhân* (*Parfum et fumée*), Le Caire, al-maktaba al-'asriyya li al-tibâ'a wa al-nashr, 1988, 256 p, 162 p.

Shams wa layl (Soleil et nuit), Le Caire al-Matba'a al-namûzajiyya, [1958], 214 p.

Traductions des œuvres de Mahmûd Taymûr

En français :

Le Rêve de Samara (conte illustré pour la jeunesse), Le Caire, Éd. Horus, [s. d.].

Les Amours de Sari (roman égyptien, suivi de 10 contes), 1938, Paris, Écrivains contemporains.

Le Courtier de la mort (et autres contes égyptiens), Paris, Nouvelles Éditions Latines, 1950, 267 p.

La Belle aux lèvres charnues (nouveaux contes égyptiens), Paris, Nouvelles Éditions Latines, 1952, 185 p.

La Fleur du cabaret (et autres contes égyptiens), Paris, Nouvelles Éditions Latines, 1953, 185 p.

L'Amour par-delà l'inconnu, Paris, Nouvelles Éditions Latines, 1954, 155 p.

Bonne fête (nouveaux contes égyptiens), Paris, Nouvelles Ed. Latines, 1954, 218 p.

La Vie des fantômes (nouveaux contes égyptiens), Paris, N. Ed. Latines, 1956, 189 p.

« Un Homme redoutable », *Nouvelles Arabes,* par R.R. Khawam, Paris, Seghers, 1964, pp. 200-208

« Le Fantôme de la mère Khalîl », *Les plus beaux textes arabes,* par E. Dermenghem, Paris, La Colombe, 1951, pp. 407-420.

« Osta Chehâta, le cocher », *Anthologie de la littérature arabe contemporaine* (le roman et la nouvelle), par R. et L. Makarius, Paris, Le Seuil, 1964, pp. 113/118.

« Préfaces des auteurs arabes à leurs romans et à leurs recueils de contes et nouvelles », *Annales de l'Institut d'Études Orientales,* Alger, tome V, 1939-41, pp 37-195.

En italien :

NALLINO (C. A.), « Ammi Mitwalli », *Oriente moderno,* tome VII, 1927, p. 391-400.

GABRIELI (Francesco), *Narratori egiziani,* Milan, 1941, p.85-193 *Storia e civiltà musulmana,* Napoli. 1947, p. 124-127.

En anglais :

Tales from Egyptian life, traduction by Johnson Davies (D.), Dâr al-Maarif, Cairo, 1949.

Modern Arabic Short Stories, Oxford University Press, 1967.

En allemand :

Übertragungen aus der neu arabischen Literatur von Dr. G. Widmer 1 : *Mahmûd Taimur, Ägyptische Erzählungen nebst Taimurs Abhandlung Die Anfange und die Entwicklung der arabischen erzählenden Literatur*, Berlin : Deutsche Gesellschaft für Islamkunde; 1st Edition 1932.

II. Ouvrages critiques

A) Ouvrages consacrés à Maupassant

1) Revues et colloques

Europe, revue littéraire mensuelle, Spécial Guy de Maupassant, juin 1969, 224 p.

Europe, spécial Guy de Maupassant, août-sept. 1993, n° 772-773, 217 p.

Magazine littéraire, spécial Maupassant, n° 156, janvier 1980, 74 p.

Magazine littéraire, n°310-mai 1993, 160 p.

« Maupassant, miroir de la nouvelle », *Colloque de Cerisy,* sous la direction de Jacques Lacarme, Bruno Vercier, Paris, P.U.F., 1988, 284 p.

« Maupassant et l'écriture », *Actes du colloque de Fécamp,* 21-22-23 mai 1993, sous la direction de L. Forestier, Nathan, 1993, 304 p.

Flaubert et Maupassant, écrivains normands, Publications de l'université de Rouen, P.U.F., 1981, 285 p.

2) Ouvrages et articles

BANCQUART (Marie-Claire), « Maupassant conteur fantastique », *Archives des Lettres modernes,* 1976, n° 163, 110 p.

BESNARD-COURSODON (Micheline), *Étude thématique et structurale de l'œuvre de Maupassant, le piège,* Nizet, 1973, 279 p.

BRUNETIERE (Ferdinand), « Les Petits naturalistes », *Revue des deux mondes,* tome 64, 1884, pp. 693-704.

BURY (Mariane), *La Poétique de Maupassant,* Paris, S.E.D.E.S., 1994, 304 p.

- « Maupassant pessimiste », *Romantisme, revue du dix-neuvième siècle,* 1988, n°61, pp. 75-83.

CASTEX (Pierre-Georges), *Le Conte fantastique en France de Nodier à Maupassant,* Paris, Corti. 1951, 468 p.

CHESSEX (Jacques), *Maupassant et les autres,* Paris, Ed. Ramsay, 1981, 179 p.

COGNY (Pierre), *Maupassant, l'homme sans Dieu,* Éd. Bruxelles, La Renaissance du livre, 1968, 197 p.

- « La Structure de la farce chez Guy de Maupassant », *Europe,* juin 1969, pp. 93-98.

DELAISEMENT (Gérard), *Maupassant, journaliste et chroniqueur,* Éd. Albin Michel, 1956, 303p.

DEMONBYNES-GAUDEFROY (Lorraine), *La Femme dans L'œuvre de Guy de Maupassant,* Paris, Mercure de France, 1943, 261 p.

DUMESNIL (René), *La Publication des Soirées de Médan,* Paris, Société française d'éditions littéraires, 1933, 208 p.

FONYI (Maria-Antonia), *Maupassant 1993,* Paris, Éd. Kimé, 1993, 212 p.

GAMARRA (P.), « Maupassant et l'art de la nouvelle », *Europe,* juin, 1969, pp. 226-232.

GIACHETTI (Claudine), *Maupassant, espace du roman,* 1993, Droz, 241 p.

GICQUEL (A.L.), *Maupassant tel un météore,* Éd. Le Castor astral, 1993, 267 p.

- *Tombeau de Guy de Maupassant,* Paris, Éditions l'Incertain, 1993, 83 p.

JAMES (Henry), *Sur Maupassant,* précédé de l'art de la fiction, préface d'Évelyne Labbé, Éd. Complexe, Bruxelles, 1987, 226 p.

JENNING (Chantal), « La Dualité de Maupassant : son attitude envers la femme », *Revue des sciences humaines,* fasc. 137, oct.-déc., 1970, tome XXXV, pp. 559-578.

KURT (Willi), *Déterminisme et liberté chez Guy de Maupassant,* thèse dirigée par M. Georges Poulet, Université de Zurich, 1972, 108 p.

LEMOINE (Fernand), *Maupassant,* Paris, Éditions universitaires, coll. classiques du XIXe siècle, 1957, 141 p.

MARMOT-RAIM (Anne), *La Communication non verbale chez Maupassant,* Paris, A.G. Nizet, 1986, 176 p.

MAYNIAL (Edmond), *La Vie et l'œuvre de G. de Maupassant,* Paris, Mercure de France, 1906.

NOIREAUT (Catherine), *Le Fantastique dans les contes et nouvelles de Guy de Maupassant,* thèse de IIIe cycle, littérature française et comparée. Bordeaux III, 1980, 321 p.

PASQUET (Martin), *Maupassant,* Paris, Ed. Albin-Michel, 1993, 188 p.

ROLLE (Madeleine), *L'Ironie et l'humour dans les contes et nouvelles de Barbey d'Aurevilly, de Villiers de L'Isle-Adam et de Maupassant,* Paris, thèse de 3ème cycle, littérature française, Bordeaux III, 1984, T.I : 232 p., T.II : 222 p.

SAVINIO (Alberto), *Maupassant et « l'Autre »,* Paris, Gallimard, 1977, 330 p.

SCHMIDT (Albert-Marie) *Maupassant par lui-même,* Paris, Éd. du Seuil, 1962, 192 p.

THUMEREL (Thérèse et Fabrice), *Maupassant,* Paris, Armand Colin, 1992, 159 p.

TOUGARD (Robert), *À la rencontre de Maupassant au séminaire d'Yvetot,* Yvetot, Imprimerie Nouvelle, 1992, 134 p.

TROYAT (Henri), *Maupassant,* Paris, Flammarion, 1989.

VIAL (André), « Le Lignage clandestin de Maupassant conteur fantastique », *Revue d'histoire littéraire de la France,* juillet-août 1973, N° 4, pp. 993-1009.

- *Guy de Maupassant et l'art du roman,* Paris, Nizet, 1954, 643 p.

- *Faits et significations,* Paris, Nizet, 1973, 355 p.

B) Ouvrages consacrés à Taymûr et à sa famille

CHAKROUN (Abdallah), « Du conte dans la littérature arabe moderne : Les frères Taymûr », *Bulletin des Etudes arabes,* Alger, n ° 23, 1945, pp. 99-101.

GABRIELI (Francesco), « L'Opera Letteraria di Mahmûd Taymûr », *Oriente moderno,* Rome, Instituto per l'Oriente, n° 32, mai-juin 1952, pp. 142-152.

- « Uno scritto di Mahmûd Taimur sulla sua formazione letteraria », *Oriente moderno,* XIX, 1939, pp. 605-615

GALVEZ (Eugenia Vasquez), *El Cairo de Mahmûd Taymûr,* (Personajes literarios) publicaciones de la Universidad de Sevilla, 1974.

IBYARI (Fathi Husayn al-), *Mahmûd Taymûr wa fann al-uqsûsa* (*Mahmûd Taymûr et l'art de la nouvelle*), Le Caire, al-hay'a al-misriyya li-al-kitâb, 1976, 339 p.

KHABBAZ (Pierre), *La Technique de la nouvelle chez Mahmûd Taymûr,* thèse de doctorat, sous la direction de Charles Vial, Université de Provence - Aix-Marseille, 1981, 387 p.

MOOR (Eduardus Cornelius Maria de), *Un Oiseau en cage,* Amsterdam, Rodopi, 1991, 292 p.

SCHOONOVER (Kermit), « Contemporary Egyptian authors Mahmûd Taymûr and the arabic short story », *Muslim world,* 1957, tome 47, pp. 36-45.

TAYMÛR, Ahmad, *Târîkh al-usra al-taymuriyya* (*L'Histoire de la famille taymurienne*), Le Caire, Lajnat nashr al-mu'allafât al-Taymûriyya, [s.d] [2ème édition 1948].

III. Ouvrages généraux

A) Littérature française

1) Ouvrages collectifs et revues

Entretien sur le temps, sous la direction de Jeanne Hersch et René Poirier, Paris, Mouton, 1967, 351 p.

Histoire de France, sous la direction de Jean Carpentier et François Lebrun, Préface de Jacques Le Goff, éd. du Seuil, 1987, 488 p.

Précis de littérature comparée, sous la direction de Pierre Brunel et Yves Chevrel, P.U.F., 1989, 376 p.

Qu'est-ce que la littérature comparée ? par P. Brunel, Cl. Pichois, A.-M. Rousseau, Paris, Armand Colin, 1983, 172 p., Coll. U.

Revue de littérature comparée, dir. M. Bataillon et J. Voisine, spécial « Problématique de la nouvelle » n° 4, oct.-déc. Paris, M. Didier, 1976, pp. 339-510.

« Le Réalisme », *Bulletin du séminaire de littérature générale,* 1959-1960, fascicule VIII, Faculté des lettres et sciences humaines de Bordeaux, 19 p.

« Réalisme et Naturalisme », *Revue des sciences humaines,* numéro spécial, Lille, Faculté des lettres, fasc. 69, jan.-mars 1953, 104 p.

Théorie de la littérature, textes des formalistes russes réunis, présentés, traduits et produits par T. Todorov, Paris, 1965, 320 p.

2) Études littéraires et ouvrages critiques

ADAM (J.-M.), *Le Texte narratif,* Paris, Nathan, 1985, 239 p.

ANZIEU (Didier), *Le Corps de l'œuvre* (Essais de psychanalyse sur le travail créateur), Paris. Gallimard. 1981, 377p.

BACHELARD (Gaston), *L'Eau et les rêves (*Essai sur l'imagination de la matière), Paris, José Corti, 1978, 265 p.

BANCQUART (Marie-Claire), *Images du Paris « fin-de-siècle »,* Éd. La différence, 1979, 269 p.

BARONIAN (Jean-Baptiste), *Panorama de la littérature fantastique,* Paris, Stock, 1978, 334 p.

BARTHES (R.), Bersani (L.), Hamon (Ph.), Riffaterre (M.), Watt (L), *Littérature et Réalité,* Éd. du Seuil, 1982, 181 p.

Le Degré zéro de l'écriture, Paris, Ed. Gonthier, 1970, 191 p.

BRUNETIERE (Ferdinand), « Les Petits Naturalistes », *Revue des deux mondes,* tome soixante-quatrième, 1884, pp. 703-704.

BECKER (Colette), *Lire le réalisme et le naturalisme,* Paris, Dunod, 1992, 202 p.

BURY (Mariane), *La Poétique du récit*, Paris, S.E.D.E.S., 1994, 304 p.

DUMESNIL (René), « Le Réalisme », *Histoire de la littérature française)*, sous la direction de J. Calvêt, Paris, Éd. J. de Gigord, 1936, (tome IX), 649 p.

DURAND (Gilbert), *Les Structures anthropologiques de l'imaginaire*, thèse de doctorat Lettres, Paris, 1960, 514 p.

FAIVRE (Antoine), « Genèse d'un genre narratif », *La littérature fantastique*, Colloque de Cerisy, Paris, Albin Michel, 1991, pp. 15-41.

ELIADE (Mircea), *Mythes, rêves et mystères*, Paris, Gallimard, 1961, 311 p.

EMELINA (Jean), *Le Comique* (Essai d'interprétation générale), Paris, S.E.D.E.S., 1991, 211 p.

ETIEMBLE (René), *Comparaison n'est pas raison*, Paris, Gallimard, 1963, 118 p.

Essais de littérature (vraiment) générale, Paris, Gallimard, 1975, 350 p.

FONYI (Antonia), « Nouvelle et subjectivité, un chapitre de l'histoire de la théorie de la nouvelle », *Revue de littérature comparée*, 1976, n° 4, pp. 355-375.

GLEYES (Chantal), *L'Amour coupable*. De l'adultère considéré comme un des beaux-arts par les bourgeois à l'époque de Maupassant, thèse de doctorat, littérature française BX III. 1988, T. I : 345 p, T. II : 270 p.

GODENNE (René), *La Nouvelle française*, Paris. P.U.F., 1974, 176 p.

GOYET (Florence), *La Nouvelle (1870-1925)* (description d'un genre à son apogée), Paris, P.U.F., 1993, 261 p.

GROJNOWSKI (Daniel), *Lire la nouvelle*, Paris, Dunod, 1993, 210 p.

GUYARD (Marius-François), *La Littérature comparée* (avant-propos de Jean-Marie Carré), P.U.F., 1958, 128 p.

IMBERT (Henri-François), « Un Intense scrupule ou avatars de la forme courte », *Revue de littérature comparée*, « Problématique de la nouvelle » n° 4, oct.-déc., 1976, pp. 341-354.

LABROUSSE (Alain), *Le Conte fantastique moderne (1870-1940)* (Étude de structures et de thèmes), directeur de thèse Robert Escarpit, Université de BX III, Thèse de 3e cycle, BX III, 1973, 225 p.

LINTVELT (Jaap), *Essai de typologie narrative, le point de vue*, Paris, José Corti, 1989, 315 p.

MARTINO (Pierre), *Le Naturalisme français*, Paris, Armand Colin, 1969, 208 p.

MAURON (Charles), *Des Métaphores obsédantes au mythe personnel*, Paris, Corti, 1964, 380 p.

MITTERAND (Henri), *L'Illusion réaliste, de Balzac à Aragon*, Paris, P.U.F., 1994, 203 p.

NODIER (Charles), *Du fantastique en littérature*, Paris, Éd. Chimères, 1989, 38 p.

PAGEAUX (Daniel-Henri), *La Littérature générale et comparée*, Paris, Armand Colin, 1994, 191 p.

PHAM (Thi That), « Nouvelle française contemporaine et théories du genre », *Synergies Pays Riverains du Mékong*, n ° 1, 2010, pp. 15-34.

PIERROT (Jean), *Merveilleux et fantastique, une histoire de l'imaginaire dans la prose française du romantisme à la décadence (1830-1900)*, thèse présentée devant l'Université de Paris IV, Université de Lille III, 1975, 796 p.

PRAZ (Mario), *La Chair, la mort et le diable*, Paris, Denoël, 1977, 488 p.

RENARD (Jules), *Journal (1887-1910)*, texte établi par L. Guichard et G. Sigaux, Paris, Gallimard, 1960, 1409 p.

RICHET (Charles), « Les Démoniaques d'aujourd'hui », *Revue des deux mondes*, 15 janvier, 1880, pp. 340-372.

SCHOPENHAUER (Arthur), *Le Monde comme volonté et comme représentation*, trad. Bourdeau, Paris. Ed. Félix Alcan, 1890, T.I : 438, p., T.II : 325 p., T.III : 460 p.

Pensées et fragments, trad. par J. Bourdeau. Paris, Ed. F. Alcan, 1886, 231 p.

SEMPOUX (André), *La Nouvelle*, Belgique, Brepols *Turnhout* A. VII, B. 2, Fascicule 9, 1973, 36 p.

SPARDLEY (James P.) et Mann (Benda J.), *Les Bars, les femmes et la culture*, Paris, P.U.F., 1979.

TODOROV (Tzvetan), *Introduction à la littérature fantastique*, Paris, Éd. du Seuil, 1970.

- *La Grammaire du Décaméron*, Paris, Mouton, 1969.

VAN TIEGHEM (Philippe), *La Littérature comparée*, Paris, A. Colin, 1946, 224 p.

- *Les Influences étrangères sur la littérature française* (1550-1880), Paris, P.U.F., 1961, 275 p.

VAX (Louis), *La Séduction de l'étrange*, Paris, P.U.F., 1965, 305 p.

- *Les chefs-d'œuvre de la littérature fantastique*, Paris, P.U.F., 1979, 230 p.

WAJEMAN (Gérard), « Psyché de la femme : Notes sur l'hystérie au XIXe siècle » *Romantisme* n° 13-14, 1976, pp. 57-66.

B) Ouvrages généraux sur le monde et la littérature arabes

ABDEL-MALEK (Anouar), *La Formation de l'idéologie dans la renaissance nationale de l'Égypte*, thèse de doctorat, Paris, publiée par le CNRS, 1969, 333 p.

ANGHELESCU (Nadia), *Langage et culture dans la civilisation arabe*, préface de J.-L. Roy et A.O. Altwaijri, Paris, l'Harmattan, 1995, 206 p.

ARKOUN (M.), Le Goff (J.), Fahd (T.) et Rodinson (M.), *L'Étrange et le merveilleux dans l'islam médiéval* (actes du colloque tenu au collège de France à Paris, en mars 1974), Institut du monde arabe, 1978, 227 p.

'AWAD (Luwis), *Dirâsât fî adabinâ al-hadît* (*Études sur notre littérature moderne*), Le Caire, Dâr al-maʿârif, 1961.

- *Al-Mu'athirât al-ajnabiyya fî al-'adab al-'arabî al-hadith* (*Les Influences étrangères sur la littérature arabe moderne*), Le Caire, Ma'had al-dirâsât al-'arabiyya al-'âliya, 1962-1963.

BADR ('Abd al-Muhsin Taha), *Tatawwur al-riwâya al-'arabiyya al-hadîta fî Misr, (1870-1938)* (*Évolution du roman arabe moderne en Égypte*), Le Caire, Dâr al-Ma'ârif, 1968 (1ᵉᵐᵉ éd. 1963), 432 p.

BENCHEIKH (Jamel Eddine), Bremond (Claude) et Miquel (André), *Mille et un contes de la nuit,* N.R.F., Paris, Éd. Gallimard, 1991, 366 p.

BERQUE (Jacques), « Études de la société égyptienne contemporaine », *Studia Islamica* XXII, 1965, pp. 91-118.

- *Langages arabes au présent,* Paris, Gallimard, 1974, 392 p.

- *L'Égypte, Impérialisme et Révolution,* Paris, Gallimard, 1967, 749 p.

BURLOT (Joseph), *La Civilisation islamique,* Paris, Hachette, 1982, 288 p.

CARRÉ (Jean-Marie), *Voyageurs et écrivains français en Égypte,* Le Caire, Institut français d'archéologie orientale du Caire, 1932, 3e partie, chap. VII, pp. 166-319.

CHUKRI ('Ayyâd), *Al-Qissa al-qasîra fî misr* (*La Nouvelle en Égypte*), Le Caire, Ma'had Al-buhût wa al-dirâsât al-'arabiyya, 1967-68.

DAYF (Shawqi), *Al-Adab al-mu'âsir fî misr* (*La littérature contemporaine en Égypte*), Le Caire, Dâr al-Ma'arif, 1971, 307 p.

DERMENGHEM (Émile), « Littérature arabe », *Encyclopédie de la Pléiade,* Histoire des littératures, Paris, 1956, tome I, pp. 825-885.

GONZALEZ-QUIJANO (Yves), « La Renaissance arabe au XIXe siècle : médiums, médiations et médiateurs », *Histoire de la littérature arabe moderne (1800-1945),* B. Hallaq et H. Toelle Eds, Sindbad Actes Sud, 2007, pp. 71-104.

HAQQI (Yahyâ), *Fajr al-qissa al-misriyya* (*L'Aube de la nouvelle égyptienne*), Le Caire, Al-hay'a al-misriyya al-'âmma li al-kitâb, 1975, 269 p.

HASSAN (Muhammad Rushdî), *Âtâr al-maqâma fî nash'at al-qissa al-misriyya al-hadîtha,* Le Caire, Al-Hay'a al-misriyya -'âmma li al-kitâb, 1974, 213 p.

HASSAN (Kadhim Jihad), *Le Roman arabe, 1834-2004 : bilan critique,* Sindbad/Actes Sud, 2006.

HAYKAL (Ahmed), *Tatawwur al-adab al-hadît fî misr* (*L'Evolution de la littérature moderne en Égypte*), Le Caire, Dâr al-Ma'ârif, [s. d.], 432 p.

HOURANI (Albert), *La Pensée arabe et l'Occident,* Paris, Ed. Nawfal, 1991, 415 p.

ISMAIL (Mahmoud), *Le Caire une cité mère à sauver,* Paris, l'Harmattan, 2010, 392 p.

IBRAHIM (Amr Helmy), « 1798-1976. Le français référentiaire des élites égyptiennes », *Documents pour l'histoire du français langue étrangère ou seconde,* 38/39 | 2007.

JACQUEMOND (Richard), « Traductions croisées Égypte-France : stratégies de traduction et échange culturel inégal », *Égypte/Monde arabe,*

Première série, Les crises soudanaises des années 80, mis en ligne le 08 juillet 2008. : http://ema.revues.org/1109.

KILITO (Abdelfettah) : *Les Arabes et l'art du récit, une étrange familiarité*, Sindbad-Actes-Sud, janvier 2009.

KILPATRICK (Hilary) et MARDAM BEY (Farouk), « L'État des lieux dans le monde arabe à la fin du XVIIe siècle », *Histoire de la littérature arabe moderne*, Tome I, Sindbad, Actes Sud, 2007, pp. 33-70.

LOUCA (Anouar), « La Renaissance égyptienne et les limites de l'œuvre de Bonaparte », *Cahier de l'histoire égyptienne*, VII, 1955, n° 1, pp. 1-20.

- *Voyageurs et écrivains égyptiens en France au XIXe siècle*, Paris, Didier, 1970.

- *Anthologie de la littérature arabe contemporaine*, Paris, Ed. du Seuil, 1965.

MIQUEL (A.), *Propos de littérature arabe* (Essais), Paris, Le Calligraphe, 1983, 74 p.

NAJM (Mohammed Yusuf), *Al-Qissa fî al-adab al-'arabî al-hadîth* (*La Nouvelle dans la littérature arabe moderne*). Beyrouth, Dâr al-taqâfa. [s.d.], 368 p.

NASSAJ (Sayyid Hâmid al-), *Tatawwur fann al-qissa al-qasîra fî misr, 1910-1933* (*L'Évolution de l'art de la nouvelle en Égypte*), Le Caire, Dâr al-Kâtib al-'arabî, 1968, 381 p.

PERES (Henri), « Les Premières manifestations de la renaissance littéraire arabe en Orient au XIXe siècle », *Annales de l'Institut d'Études orientales,* Alger, tome I, (1934-35), pp. 233-256.

- « Préfaces des auteurs arabes à leurs romans ou à leurs recueils de contes et nouvelles », *Annales de l'Institut d'Études orientales,* Alger, tome V, 1939-41, pp. 37-195.

- « Les Origines d'un roman célèbre de la littérature arabe moderne : Hadit 'Isa b. Hisham de Muhammad al-Muwaylihî », *Bulletin d'Études orientales de l'Institut français de Damas,* Beyrouth, 1944, tome X, pp. 101-118.

- « Le Roman, le conte et la nouvelle dans la littérature arabe moderne », *Annales de l'Institut d'Études orientales,* 1937, tome III, pp. 266-337.

SAID (Edward), *L'Orientalisme, L'Orient créé par l'Occident,* [*Orientalism*, 1978], traduction de Catherine Malamoud, préface de Tzvetan Todorov, Le Seuil, 1980, (rééd. augm., 2003), 392 p..

TAHTÂWÎ (Rifa'a Râfi' al-), *L'Or de Paris (relation de voyage) 1826-1831,* traduction et préface de Anouar Louca, Paris, éd. Sindbad, 1988, 342 p.

TOMICHE (Nada), *Histoire de la littérature romanesque de l'Égypte moderne,* préface de Jacques Berque, Paris, Maisonneuve et Larose, 1981, 356 p.

- « L'Égypte depuis l'islam », *Encyclopædia Universalis,* 1995, vol.8, pp. 11- 14.

- *L'Égypte moderne,* Paris, P.U.F., 1967, 2e éd., 1976, 128 p.
- « La femme en Islam », *Histoire mondiale de la femme,* Paris, 1967, tome III, pp. 97-156.
- « Naissance et avatars du roman arabe avant *Zaynab* », *Annales Islamologiques,* tome XVI, Institut français d'archéologie orientale du Caire, 1980, pp. 321-351.
- « La Femme dans l'Égypte moderne », *Revue d'études méditerranéennes,* Paris, 1957, pp. 99-111.
- VIAL (Charles), « Contribution à l'étude du roman et de la nouvelle en Égypte, des origines à 1960 », *Revue de l'Occident musulman et de la Méditerranée,* Aix-en-Provence, 1967, 2ème semestre, n° 4, pp. 133-174.
- *Le Personnage de la femme dans le roman et la nouvelle en Égypte de 1914 à 1960,* Institut français de Damas, 1979, 494 p.
- WIET (Gaston), *Introduction à la littérature arabe,* Paris, Maisonneuve et Larose, 1966, 311 p.
- « Le Rôle de la France en Égypte », *Bulletin de la société des amis de l'Université de Lyon,* nov.-déc., 1913, pp. 265-280.

INDEX NOMINUM

259

TABLE DES MATIÈRES

L'HARMATTAN ITALIA
Via Degli Artisti 15; 10124 Torino

L'HARMATTAN HONGRIE
Könyvesbolt ; Kossuth L. u. 14-16
1053 Budapest

L'HARMATTAN KINSHASA
185, avenue Nyangwe
Commune de Lingwala
Kinshasa, R.D. Congo
(00243) 998697603 ou (00243) 999229662

L'HARMATTAN CONGO
67, av. E. P. Lumumba
Bât. – Congo Pharmacie (Bib. Nat.)
BP2874 Brazzaville
harmattan.congo@yahoo.fr

L'HARMATTAN GUINÉE
Almamya Rue KA 028, en face
du restaurant Le Cèdre
OKB agency BP 3470 Conakry
(00224) 657 20 85 08 / 664 28 91 96
harmattanguinee@yahoo.fr

L'HARMATTAN MALI
Rue 73, Porte 536, Niamakoro,
Cité Unicef, Bamako
Tél. 00 (223) 20205724 / +(223) 76378082
poudiougopaul@yahoo.fr
pp.harmattan@gmail.com

L'HARMATTAN CAMEROUN
BP 11486
Face à la SNI, immeuble Don Bosco
Yaoundé
(00237) 99 76 61 66
harmattancam@yahoo.fr

L'HARMATTAN CÔTE D'IVOIRE
Résidence Karl / cité des arts
Abidjan-Cocody 03 BP 1588 Abidjan 03
(00225) 05 77 87 31
etien_nda@yahoo.fr

L'HARMATTAN BURKINA
Penou Achille Some
Ouagadougou
(+226) 70 26 88 27

L'HARMATTAN SÉNÉGAL
10 VDN en face Mermoz, après le pont de Fann
BP 45034 Dakar Fann
33 825 98 58 / 33 860 9858
senharmattan@gmail.com / senlibraire@gmail.com
www.harmattansenegal.com

L'HARMATTAN BÉNIN
ISOR-BENIN
01 BP 359 COTONOU-RP
Quartier Gbèdjromèdé,
Rue Agbélenco, Lot 1247 I
Tél : 00 229 21 32 53 79
christian_dablaka123@yahoo.fr

Achevé d'imprimer par Corlet Numérique - 14110 Condé-sur-Noireau
N° d'Imprimeur : 123145 - Dépôt légal : novembre 2015 - *Imprimé en France*

Printed in Poland
by Amazon Fulfillment
Poland Sp. z o.o., Wrocław

63946785R00152